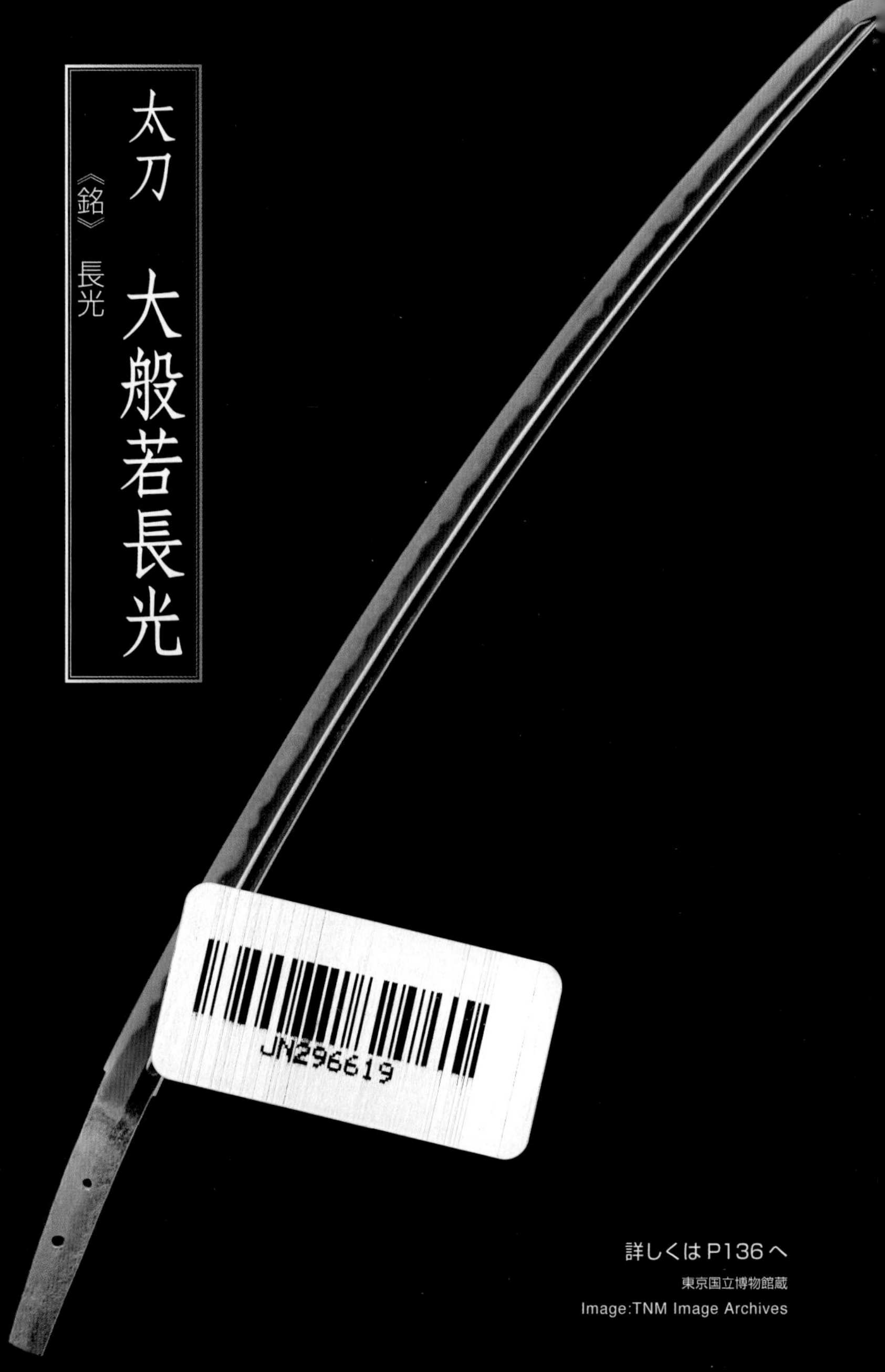

太刀 大般若長光

《銘》長光

詳しくはP136へ

東京国立博物館蔵

Image:TNM Image Archives

打刀　観世正宗

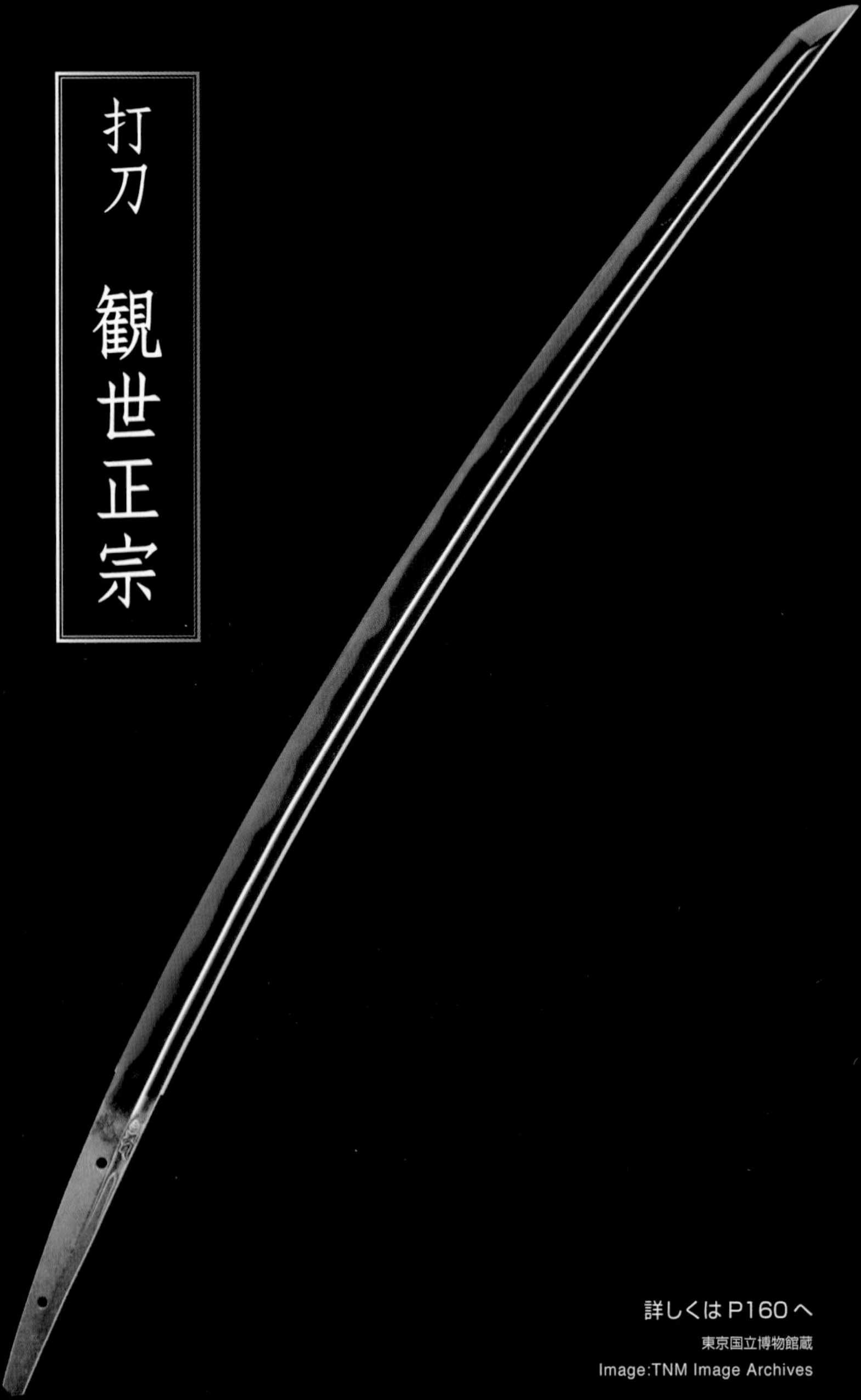

詳しくは P160 へ

東京国立博物館蔵

Image:TNM Image Archives

打刀　亀甲貞宗

詳しくは P203 へ

東京国立博物館蔵
Image:TNM Image Archives

脇差　石田貞宗

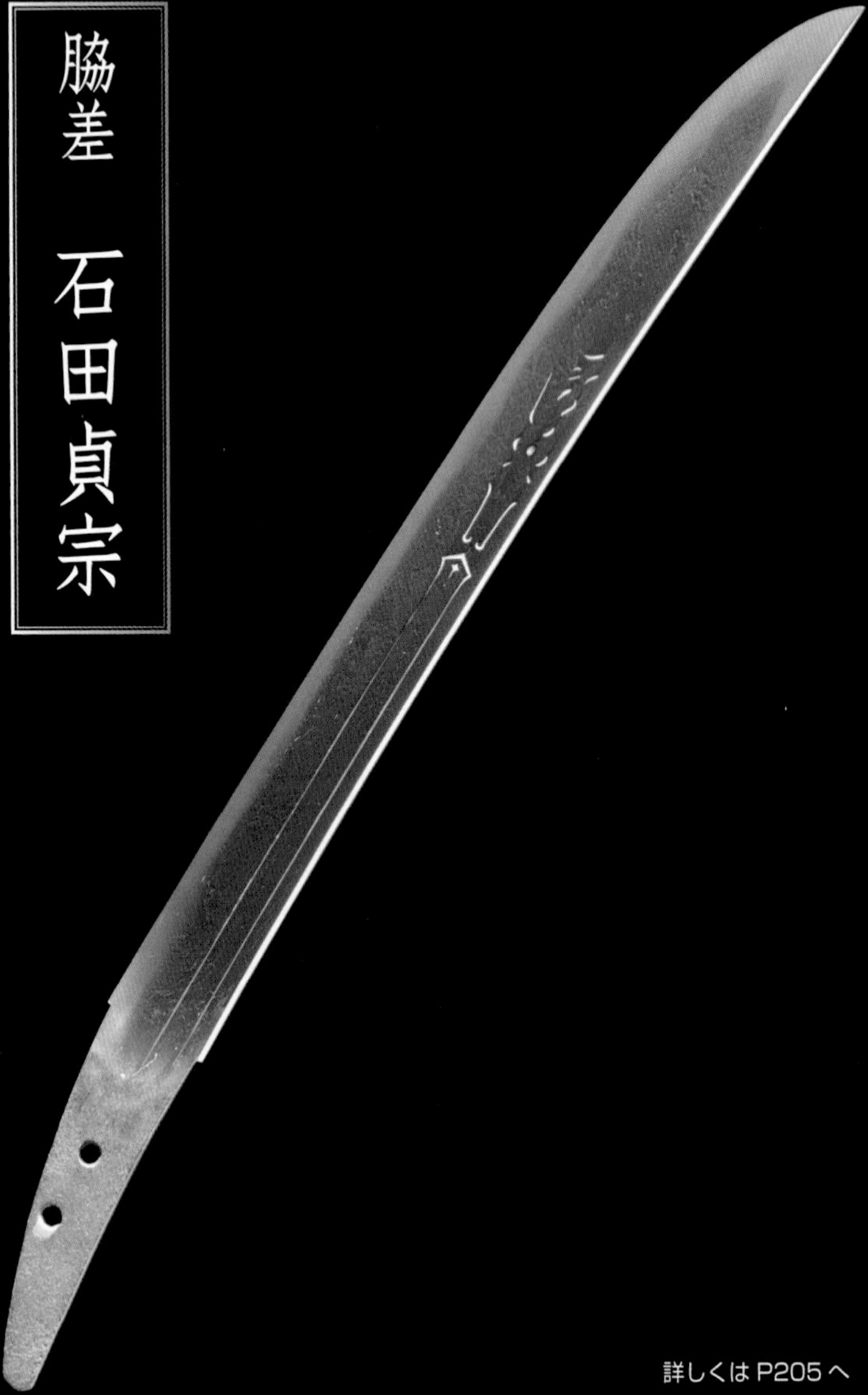

詳しくは P205 へ

東京国立博物館蔵
Image:TNM Image Archives

刀剣目録

小和田泰経 著

新紀元社

【目次】

《第一章》平安時代

《第二章》鎌倉時代

《第三章》 南北朝・室町時代

《第四章》 安土桃山・江戸時代

【主要参考文献】

『詳註刀剣名物帳』羽皐隠史（嵩山堂）、『図説刀剣名物帳』辻本直男（雄山閣）、『日本名刀図鑑』本間順治（人物往来社）、『日本名刀伝』大野熊雄（日本武教社）、『日本の名刀』柴田光男・大河内常平（雄山閣）、『新・日本名刀一〇〇選』佐藤寒山（秋田書店）、『武将とその愛刀』佐藤寒山（新人物往来社）、『名刀と名将』福永酔剣（雄山閣）、『戦国武将と名刀』横田孝雄（体育とスポーツ出版社）、『名刀伝』牧秀彦（新紀元社）、『名物日本刀展』名物日本刀展実行委員会、『名物刀剣—宝物の日本刀—』佐野美術館

◆序章◆ 日本刀の歴史と種類

◎日本刀の歴史

■戦いのはじまり

日本では、すでに縄文《じょうもん》時代（紀元前一万四〇〇〇頃～紀元前三〇〇頃）には石製の刀剣が作られていた。しかし、その刀剣は戦闘で用いられたものではなく、狩猟などに使われていたらしい。その後、弥生《やよい》時代（紀元前三〇〇頃～二五〇頃）になって本格的に稲作が始まると、食糧をめぐって争いがおこるようになる。こうして、刀剣は、戦争で使われる武器となり、日本でも青銅製や鉄製の刀剣が作られるようになったのである。

古墳《こふん》時代（二五〇～六〇〇頃）には、日本の各地に王とよばれる豪族《ごうぞく》が生まれ、やがて、大和国《やまと》（奈良県）の朝廷《ちょうてい》によって統一されることになった。このころには、日本でも鉄の生産が盛んになったため、鉄製の刀剣が用いられている。ちなみに、この時代の刀剣は、反りのない直刀《ちょくとう》であった。

■太刀の出現

飛鳥《あすか》時代（五九三頃～七〇九）に入ると、朝廷による中央集権化が進められた。そして、奈良《なら》時代（七一年～七九三）から平安《へいあん》時代（七九四～一一八四）の初期にかけて、朝廷は国内の反乱を鎮圧するとともに、東北地方の平定に着手する。このころ、東北地方では柄《つか》を彎曲《わんきょく》させた蕨手刀《わらびてとう》とよばれる刀剣が用いられていた。柄の先端が蕨のように見えたから蕨手刀とよばれたもので、大陸から北海道などを経由して日本に入ってきたらしい。

平安時代中期になると、軍事を専業とした源氏《げんじ》や平氏《へいし》のような下級貴族が、武士《ぶし》として勢力を拡大していく。武士は、馬に乗りながら弓を射る騎射戦で戦ったが、矢を射尽くしたり決着がつかなかったりすると、太刀《たち》で斬り合う太刀打ちで戦った。直刀は、突くには都合がよいが、斬るには不便である。このため、蕨手刀のように反りをもたせた彎刀《わんとう》が作られるようになったとされる。これが太刀である。

■長柄の刀剣

やがて、朝廷内では源氏と平氏による権力争いがおこり、平安時代末期には、平清盛《たいらのきよもり》が政治の実権を握ることになった。しかし、平氏は一門を朝廷の要職に就けたことで、武士の不満が高まっていく。そして、治承《じしょう》四年（一一八〇）には、諸国の源氏が蜂起したのである。

ここから始まった治承・寿永《じゅえい》の乱は、源氏の棟梁《とうりょう》源頼朝《みなもとのよりとも》によって終息し、頼朝は征夷《せいい》大将軍《たいしょうぐん》に任ぜられて、鎌倉《かまくら》に幕府《ばくふ》を開いた。こうして、鎌倉時代（一一八五～一三三三）には、武士が政権を担うこととなり、幕府は、武士を守護《しゅご》・地頭《じとう》として地方に派遣したのである。刀剣も、武士の需要に応じて各地で作られるようになった。

鎌倉幕府は、文永《ぶんえい》の役《えき》・弘安《こうあん》の役という二度にわたるモンゴル軍の襲来を防いだものの、恩賞《おんしょう》として与える土地がなかったことで武士の不満を買ってしまう。そうしたなかで、政治の実権を幕府から朝廷に取り戻そうとする後醍醐《ごだいご》天皇の命をうけた足利尊氏《あしかがたかうじ》・新田義貞《にったよしさだ》らによって幕府は滅ぼされた。

しかし、恩賞を不満とする足利尊氏が後醍醐天皇から離反したことで、足利尊氏が擁立した北朝《ほくちょう》と、後醍醐天皇の南朝《なんちょう》が対立するという、いわゆる南北朝《なんぼくちょう》時代（一三三四～一三九一）に突入する。北朝方の中心は騎馬での戦いに長けた関東の武士であったことから、南朝方は山城を築いて籠城《ろうじょう》した。山城での戦いは、弓矢が活用できないため、薙刀《なぎなた》・長巻《ながまき》・槍《やり》といった長柄《ながえ》の刀剣で戦うようになったのである。それにともない、太刀も、刀身が長大な大太刀《おおだち》も出現している。

■戦場の主要武器は槍

その後、征夷大将軍に任じられた足利尊氏が政治の実権を握り、三代将軍となった尊氏の孫義満《よしみつ》のときに南北朝は合体し、南北朝時代が終わる。義満は強大な権力を持つようになるが、室町《むろまち》時代（一三九二～一五七二）中期、八代将軍足利義政《よしまさ》の後継をめぐる争いから応仁《おうにん》・文明《ぶんめい》の乱が起きてしまう。このとき、武士は京都の市中や馬の近寄れない場所で戦わなければならなくなり、太刀に代わって腰に差す打刀《うちがたな》が登場する。打刀は、馬上でも抜きやすく、歩くのにも邪魔にならない。

やがて、室町幕府の弱体化とともに、戦国《せんごく》大名《だいみょう》が割拠《かっきょ》するようになった。戦いは集団戦となり、振り回す薙刀・長巻ではなく、槍が主要な武器となる。槍は、常に向かい側の敵を刺すことができたからである。その後、織田信長《おだのぶなが》が室町幕府を滅ぼし、天正《てんしょう》十八年（一五九〇）、信長の後継者となった豊臣秀吉《とよとみひでよし》により日本は統一された。この時代を安土桃山《あずちももやま》時代（一五七三～一六〇二）という。秀吉は、刀狩《かたなが》り令を発して、農民が持っている刀などの武器を没収したが、これは農民の武装解除が目的ではなく、農民の帯刀《たいとう》を禁止したものとされる。武士以外の帯刀が禁止されただけで、所持そのものが禁止されたわけではない。

■武士の象徴

刀狩り令により、帯刀は武士の特権となり、江戸《えど》時代（一六〇〇年～一八六七）には打刀と脇差《わきざし》という大小の刀を差した「大小二本差《だいしょうにほんざし》」が武士の象徴となった。泰平《たいへい》の世の中が続くなか、刀剣が実際に使われることはなくなり、新たに作られることも減っていく。こうして、刀剣は、主に武士同士の贈答品として用いられるようになったのである。

明治維新《めいじいしん》後、かつての武士は士族《しぞく》とよばれ、明治九年（一八七六）には、廃刀令《はいとうれい》により軍や警察関係者などをのぞき、帯刀を禁止される。そのため、特権の否定につながりかねない廃刀令に反対する士族の反乱もおきたが、ほどなく鎮圧された。

◎日本刀の種類

■太刀《たち》（たち）

太刀《たち》は、大きく反りをつけた彎刀《わんとう》のことで、平安《へいあん》時代（七九四〜一一八四）の中期頃に誕生した。それまで日本で用いられていたのは、反りのない直刀《ちょくとう》であったが、直刀だと馬上では抜刀《ばっとう》しにくい。その点、太刀は、刀身が反っているので抜きやすく、片手で持ち、馬上から斬りつけることもできた。

太刀は、刃を下に向け、鞘《さや》に緒《お》をつけて腰に吊るす。これを「佩《は》く」という。このため、博物館でも、太刀は刃を下にして展示されている。ちなみに、腰に吊るしたときの状態で、外側を佩表《はきおもて》、内側を佩裏《はきうら》という。一般的に、作者銘《めい》が佩表に、紀年銘《きねんめい》が裏に刻まれる。紀年銘とは、制作した年月日を刻んだものである。もちろん、銘をどのように刻むのかは、刀鍛冶によって異なるため、例外も少なくない。

一般的な太刀でいえば、刀身の長さは二尺（約六〇センチ）以上で、二尺に満たない短い太刀は小太刀とよぶ。南北朝《なんぼくちょう》時代（一三三四〜一三九二）には、山岳での野戦が多くなり、三尺（約九〇センチ）以上の太刀も流行した。こうした太刀を大太刀《おおだち》といい、背負って携行するため、背負太刀《せおいだち》ともいう。一般的な太刀よりも刀身《とうしん》の幅は広い代わりに反《そ》りは浅く、先端部分の鋒《きっさき》も大きい。大太刀は、重さが五キロを超えるものもあり、腰にぶら下げて佩くことはできなかった。

室町《むろまち》時代（一三九二〜一五七二）には、大太刀を改良して、柄《つか》の部分を長くした長巻《ながまき》も用いられた。長巻は、長巻太刀《ながまきだち》とよばれることもある。

■打刀（うちがたな）

室町時代の中期頃になると、戦いの中心は足軽《あしがる》を用いた集団戦へと移行し、戦闘にも敏捷《びんしょう》性《せい》が求められるようになっていく。集団戦のなかでは、大太刀などを振り回すことはできない。それに太刀は、打撃力には優れていたが、鞘《さや》から抜いたあと、一度、刃を返さなければ敵に攻撃することができないという欠点があった。このため、太刀は戦場で用いられなくなっていく。

室町時代末期、太刀に代わって登場したのが打刀《うちがたな》である。打刀は、刀身が二尺（約六〇センチ）以上というように、ふつうの太刀と同じくらいの長さである。しかし、打刀は、刃を上に向けて腰に差すという点で、太刀とは大きく違う。刃を上向きにしているため、抜刀してすぐ攻撃に移ることができた。打刀は、日本でもっとも普及した刀剣であり、一般に「刀」といえば、この打刀のことを指す。

刃を上にして腰に差したとき、外側を差表《さしおもて》、内側を差裏《さしうら》という。ふつうは作者銘《めい》が差表に、紀年銘《きねんめい》が差裏に刻まれるが、太刀と同じく例外もある。いずれにしても、博物館では、刃を上にして展示されている。打刀には、最初から打刀として作られたものもあるが、太刀を短く詰めて打刀に仕立てたものもある。これを「磨上《すりあげ》」という。その場合、もともと太刀にあった銘が削られてしまったものも少なくない。そうして無銘《むめい》になった打刀の銘を「磨上無銘《すりあげむめい》」といっている。

■脇差（わきざし）

打刀と同じく刃を上にして差すが、刃身が一尺（約三〇センチ）以上二尺未満というように、打刀よりも短い。いわば、小型の打刀である。室町時代末期に打刀が普及すると、打刀と一緒に差すようになる。打刀よりも短く、接近戦や狭い場所での戦闘には有利であった。ちなみに、宮本武蔵《みやもとむさし》の二刀流《にとうりゅう》も、打刀と脇差《わきざし》を用いたものである。ただし、打刀と脇差を両手に持って戦うわけではなく、打刀と脇差を時と場合に応じて使い分けるという論理だった。

江戸《えど》時代には、「大小二本差《だいしょうにほんざし》」が武士の象徴になった。いうまでもなく、「大」が打刀、「小」が脇差である。のち、「大小は武士の魂」といわれるようになった。

■短刀（たんとう）

刀身が一尺（約三〇センチ）未満の刀剣のことで、古くは腰刀《こしがたな》とよばれていた。反りはなく、太刀と一緒に用いられている。敵と組討《くみうち》になったとき、太刀では刃長が長すぎるため、うまく使うことができない。そのため、短刀《たんとう》を使ったのである。

刀身を細くしたものは「鎧通し《よろいどおし》」といって、甲冑《かっちゅう》を貫く。戦場では、短刀で敵を刺し、首を掻《か》き切った。

組討をする必要がなくなった桃山《ももやま》時代にになると短刀は用いられなくなる。ただ、江戸時代には、主として護身用に必要とされた。

■槍（やり）

刺突《しとつ》を主な目的とした武器で、ふつう、刃長は一尺から二尺あった。なかには、二尺以上ある槍もあって、大身槍《おおみやり》とよばれる。大身槍は、重量をもって甲冑を貫き通すため、殺傷力が高いものの、逆に、その重量ゆえに扱いは難しい。それなりの技術がなければ、戦場で使いこなすことはできなかった。「天下三槍《てんかさんそう》」に数えられている蜻蛉切《とんぼきり》（313ページ）・御手杵《おてぎね》（314ページ）・日本号《にほんごう》（312ページ）は、いずれも大身槍である。

穂先《ほさき》にはいろいろな形があるが、刀身がまっすぐなものを直槍《すぐやり》あるいは素槍《すやり》という。このほか、十字型になっているものを十文字槍《じゅうもんじやり》といい、両鎌槍《りょうがまやり》・十文字鎌槍《じゅうもんじがまやり》ということもある。片方のみが鎌状になっているものは片鎌槍《かたかまやり》といった。鎌は、敵の脚を斬るためにつけられたものだが、槍を深く貫きすぎないようにする役目もあったらしい。鎌がついている分、馬上で使いこなすのは難しく、下手をすれば、馬を傷つけることになった。

足軽が用いる槍は、柄の長い直槍である。柄の長い槍を長柄槍《ながえやり》といい、長いものでは三間《げん》半（約六四〇センチ）もあった。槍を立てて敵の進撃を食い止め、敵を叩き倒すのだが、敵からは襖《ふすま》が立ちはだかっているように見えるため、「槍襖《やりぶすま》」という。

室町時代末期、槍は戦場の主役とみなされ、戦功のことは「槍働き《やりばたらき》」、先陣をきることを「一番槍《いちばんやり》」などとよんだ。江戸《えど》時代（一六〇三〜一八六七）にも、大名行列《だいみょうぎょうれつ》の先頭に立てられるなど槍は武士の象徴であり続けたが、明治《めいじ》維新《いしん》後、軍が武器として採用しなかったことから、用いられなくなっている。

■薙刀（なぎなた）

長い柄《え》の先に反りのある刃をつけた刀剣が薙刀《なぎなた》で、振り回して薙ぎ切ることを目的とした。そのため、もともとは長刀《なぎなた》と書かれていたが、江戸時代以降は薙刀の字があてられている。太刀よりは敏捷性に欠けるが、敵から離れた位置でも攻撃を加えることができた。

　平安時代中期頃から僧兵《そうへい》などが用いており、平安時代末期以降は武士にも普及。南北朝時代には、刀身が二尺三寸（約七六センチ）以上もある大薙刀《おおなぎなた》も出現したが、集団戦が行われるようになると、槍に取って代わられた。

　薙刀を扱う方法は、江戸時代には護身術として武家の妻女に普及し、現在でもスポーツとして残されている。

◉第一章

平安時代

【一九〇】

平安時代の刀剣と刀鍛冶

■武士の時代

古来、日本の刀剣は、反りのない直刀《ちょくとう》であった。直刀は、突くには適しており、当初はそれでよかったのかもしれない。しかし、平安《へいあん》時代（七九四～一一八四）中期になると、朝廷《ちょうてい》による東北地方の平定や関東地方における反乱の鎮圧《ちんあつ》に活躍した下級貴族が、在地の武士団《ぶしだん》の棟梁《とうりょう》にまつりあげられて勢力を拡大していく。騎馬に乗って弓矢で戦う武士にとって、直刀は抜刀《ばっとう》がしにくいうえ、斬るには不便という欠点があった。そこで、反りのある彎刀《わんとう》として太刀《たち》が誕生したと考えられている。この時代の太刀は、手で握る柄《え》に近いほうで反っており、先端近くにいくほど直線的で細くなっていた。

遺品《いひん》そのものが少ないため、どのような刀鍛冶《かたなかじ》がいたのかについてはよくわからない。この時代の刀鍛冶は、山城《やましろ》国（京都府）・大和《やまと》国（奈良県）・伯耆《ほうき》国（鳥取県）・備前《びぜん》国（岡山県）・備中《びっちゅう》国（岡山県）・豊後《ぶんご》国（大分県）・薩摩《さつま》国（鹿児島県）など、良質な鉄を入手しやすい場所に限られていた。

■謡曲「小鍛冶」

太刀としては、承平《じょうへい》・天慶《てんぎょう》の乱《らん》に際し、平将門《たいらのまさかど》の追討《ついとう》を命じられた平貞盛《さだもり》が朱雀《すざく》天皇から拝領《はいりょう》したとされる小烏丸《こがらすまる》（25ページ）が古い。小烏丸の作者は、大和国（奈良県）の刀鍛冶であった天国《あまくに》とされるが、無銘《むめい》のため確かなことは不明である。

この時代の刀鍛冶で特に名高いのは、京都三条《きょうとさんじょう》に住《じゅう》していた宗近《むねちか》である。謡曲《ようきょく》の「小鍛冶《こかじ》」には、一条《いちじょう》天皇の命をうけた宗近が、童子に化けた稲荷明神《いなりみょうじん》の助けを借りて小狐丸を作る様子が描かれている。宗近の紀年銘《きねんめい》がないため、いつごろ活躍していたのかはわからない。仮に一条天皇（在位九八六〜一〇一〇）の時代という「小鍛冶」の伝承が正しいとすれば、その在位中ということになる。ちょうど藤原道長《ふじわらのみちなが》が政治の実権を握りつつあったころと考えてよいだろう。それはともかく、宗近は、人口に膾炙《かいしゃ》した刀鍛冶であったらしい。後世に編纂された『義経記《ぎけいき》』でも、源《みなもとのよしつね》義経の今剣《いまのつるぎ》、武蔵坊弁慶《むさしぼうべんけい》の岩融《いわとおし》など、伝説的な刀剣の作者とされている。鶴丸国永《つるまるくになが》を作った国永《くになが》は宗近の弟子といい、京都五条《ごじょう》に住した。

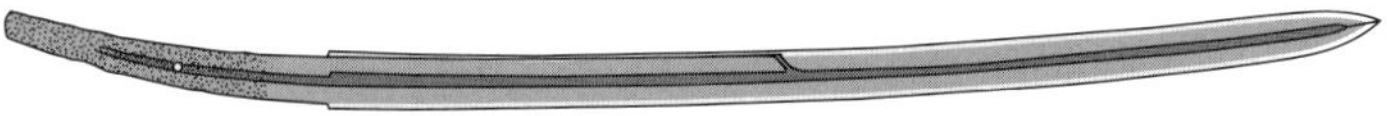

小烏丸

■各地の刀鍛冶

備前国《びぜん》は、古くから刀剣の産地として知られ、鶯丸《うぐいすまる》（38ページ）の友成《ともなり》が有名である。この時代の刀鍛冶の銘は二字がほとんどであるが、友成には「備前国友成造」や「友成作」との銘《めい》がある。銘が異なる遺品があることから、何代か同名の刀鍛冶が続いたものとみられている。

このほか、備前国には、蜂須賀正恒《はちすかまさつね》（39ページ）・縄切正恒《なわきりまさつね》（40ページ）を作った正恒《まさつね》や大包平《おおかねひら》（44ページ）で知られる包平《かねひら》がいる。正恒や包平は、友成よりも時代は下るとみられている。友成・正恒・包平など、この時代に活躍した刀鍛冶を古備前《こびぜん》という。正恒は、隣国の備中《びっちゅう》国にも同銘の刀鍛冶がおり、作風が似ていることから何らかの関連があるものとみられている。

伯耆《ほうき》国の安綱《やすつな》は、童子切安綱《どうじぎりやすつな》（26ページ）や鬼切安綱《おにきりやすつな》（28ページ）の作者としてつとに名高い。古剣書では大同《だいどう》年間（八〇六～八一〇）頃と記すものもあるが、宗近と同じく、一条《いちじょう》天皇のころ活躍した刀鍛冶と考えられている。

大典太光世《おおでんたみつよ》（45ページ）を作った光世《みつよ》は、承保《じょうほう》年間（一〇七四～七七）頃、筑後《ちくご》国三池《みいけ》で活躍したというが、詳しいことはわかっていない。

太刀

平氏の重宝

小烏丸《こがらすまる》

《銘》無銘

大和《やまと》国（奈良県）宇陀《うだ》の刀鍛冶天国《あまくに》が作ったとされるが、確かなことはわからない。伊勢神宮《いせじんぐう》のお使いである大烏《おおがらす》によって桓武《かんむ》天皇にもたらされたという伝承から、小烏丸と名付けられたのだという。承平《じょうへい》・天慶《てんぎょう》の乱において、平将門《たいらのまさかど》の追討に向かった平貞盛《さだもり》が朱雀《すざく》天皇から拝領《はいりょう》し、以来、平氏一門の重宝となり、子孫の清盛《きよもり》に伝わった。しかし、清盛の死後、平氏《へいし》は治承《じしょう》・寿永《じゅえい》の乱で源氏《げんじ》に敗れて滅亡し、小烏丸も行方不明になってしまう。

その後の経緯は不明だが、江戸《えど》時代には、平氏の一門伊勢《いせ》家に伝来。明治維新《めいじいしん》後、対馬《つしま》国（長崎県）の宗《そう》家から明治《めいじ》天皇に献上された。現在は御物《ぎょぶつ》として東京国立博物館《とうきょうこくりつはくぶつかん》に保管されている。

【刃長】
二尺七分（約63ｃｍ）

【刀鍛冶】
大和国宇陀　天国？

平安時代初期？

◎主な所有者——
平貞盛←平清盛

平将門：平安時代中期の武将。下総《しもうさ》北部を本拠地として関東一帯に勢力を誇った。新皇と称して朝敵となり、藤原秀郷《ふじわらのひでさと》・平貞盛らによって討伐された。

平貞盛：平安時代中期の武将。承平五年（九三五）、父国香《くにか》を平将門に殺され、天慶三年（九四〇）、藤原秀郷の協力を得て将門を討った。

平清盛：平安時代末期の武将。保元・平治の乱で躍進し、武士としては初めて太政大臣となる。娘徳子の産んだ安徳天皇を擁して政治の実権を握った。

■所蔵情報
東京国立博物館
〒110-8712
東京都台東区上野公園13-9

太刀

国宝

酒呑童子を斬った名刀

童子切安綱《どうじぎりやすつな》

《銘》安綱

【刃長】二尺六寸五分（約80cm）

【刀鍛冶】伯耆国大原　安綱

平安時代中期

◎主な所有者―

源満仲 → 源頼光

清和源氏《せいわげんじ》の祖となった源経基《みなもとのつねもと》の子満仲《みつなか》が伯耆《ほうき》国（鳥取県）大原《おおはら》の刀鍛冶安綱《やすつな》に作らせた太刀。満仲の子頼光《よりみつ》がこの太刀で、丹波《たんば》国・丹後《たんご》国（ともに京都府）の境に位置する大江山《おおえやま》に住んでいたと伝わる鬼の酒呑童子《しゅてんどうじ》を討ったことから、童子切安綱という。室町《むろまち》時代末期に成立した『酒呑童子物語』などによると、朝廷からの勅命《ちょくめい》を受けた頼光は、山伏《やまぶし》に変装して大江山に行き、酒呑童子に毒酒を勧めると、酔いつぶれたところをみはからって首を斬ったことになっている。もちろん、頼光が鬼を討ったというのは伝説にすぎない。ただ、頼光は寛仁《かんにん》元年（一〇一八）、大江山の賊徒追討を朝廷《ちょうてい》から命じられているので、朝廷に従わない勢力を平定したのは事実なのだろう。

源満仲：平安時代中期の武将。安和《あんな》二年（九六九）に起きた「安和の変」をきっかけに藤原摂関家と強く結びつき、その地位を確立した。摂津源氏の祖。

源頼光：平安時代中期の武将。源満仲の長男。父親の築いた摂津《せっつ》国の基盤を受け継ぎ、藤原道長に仕えて勢力を伸長した。

徳川秀忠：江戸幕府第二代将軍。家康の三男。「大坂の陣」では総大将として家康とともに参加。武家諸法度などを発令して幕政の基礎を固めた。

松平忠直：江戸時代初期の大名。徳川家康の次男、結城秀康の長男。元和元年（一六一五）の「大坂夏の陣」では真田幸村を討ち取る活躍をしたが、戦功に不満を抱き豊後に流された。

頼光の活躍により、清和源氏は朝廷で重きをなすことになった。なかでも、頼光の甥にあたる頼義《よりよし》とその子義家《よしいえ》は、前九年《ぜんくねん》・後三年《ごさんねん》の役《えき》で奥羽《おうう》を平定。その子孫にあたる源頼朝《よりとも》が、鎌倉《かまくら》幕府を開き、武家政権を樹立することになる。以来、童子切安綱は源氏に伝わり、室町《むろまち》時代には源氏の流れをくむ足利《あしかが》将軍家の所蔵になっていたとされる。

その後、一五代将軍足利義昭《よしあき》から豊臣秀吉《とよとみひでよし》に贈られ、江戸《えど》幕府を開いた徳川家康《とくがわいえやす》とその子秀忠《ひでただ》に受け継がれた。そして、慶長《けいちょう》十六年（一六一一）、秀忠の娘勝姫《かつひめ》が越前《えちぜん》国（福井県）福井《ふくい》藩主松平忠直《まつだいらただなお》に嫁ぐ際、婿引出物として秀忠が忠直に贈っている。さらに、忠直から子の光長《みつなが》に譲られ、光長の子孫にあたる美作《みまさか》国（岡山県）津山《つやま》藩主松平家に伝わった。津山藩で、童子切安綱の試し切りをしたときには、重ねた六体の死体を切断したのみならず、刃が土台にまで達したという。

近代になって売り立てられたが、文化庁《ぶんかちょう》が買い上げたために国の所有となった。現在は、東京国立博物館《とうきょうこくりつはくぶつかん》に保管されている。

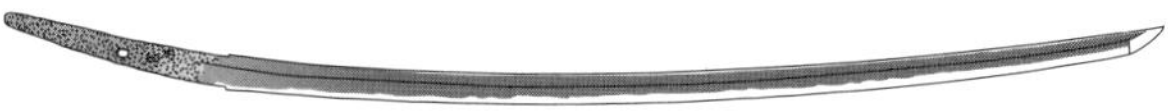

■所蔵情報
東京国立博物館
〒110-8712
東京都台東区上野公園13-9

太刀

鬼切安綱《おにきりやすつな》

鬼の腕を切り落とした伝説

重要文化財

《銘》安綱

【刃長】二尺七寸九分（約85cm）

【刀鍛冶】伯耆国大原　安綱

平安時代中期

◎主な所有者―

源頼光
←
新田義貞

童子切安綱《どうじぎりやすつな》とともに、伯耆国《ほうき》（鳥取県）大原《おおはら》の刀鍛冶安綱《やすつな》が作った太刀で、源頼光《みなもとのよりみつ》の家臣渡辺綱《わたなべのつな》が鬼の腕を切り落とした伝説により、鬼切安綱という。なお、後世、「国綱」の銘に改竄《かいざん》されているが、本来の銘は「安綱」である。頼光の死後、甥の頼義《よりよし》とその子義家《よしいえ》に伝わり、義家の曽孫義朝《よしとも》は、罪人を試し切りした際に髭《ひげ》も切り落としたことから髭切《ひげきり》ともよぶ。この義朝の子が鎌倉《かまくら》幕府を開いた頼朝《よりとも》である。だが、頼朝に始まる源氏の将軍は三代で滅び、鬼切安綱は執権の北条《ほうじょう》家の手に渡ることになった。

鎌倉幕府は、元弘《げんこう》三年・正慶《しょうきょう》二年（一三三三）、後醍醐《ごだいご》天皇の倒幕に加担した新田義貞《にったよしさだ》によって鎌倉を落とされ、滅亡する。このと

源頼光：平安時代中期の武将。源満仲の長男。父親の築いた摂津の基盤を受け継ぎ、藤原道長に仕えて勢力を伸長した。

新田義貞：鎌倉末期～南北朝時代の武将。鎌倉幕府を滅亡させ、後醍醐天皇による建武新政の立役者となったが、足利尊氏と対立して戦死した。

足利尊氏：室町幕府初代将軍。後醍醐天皇の鎌倉幕府倒幕運動「元弘の変」では、幕府に反旗を翻し京都を制圧。のちに後醍醐天皇と対立し、光明天皇を擁立すると、室町幕府を創設した。

斯波家兼：南北朝時代の武将。斯波高経の弟。兄とともに足利尊氏の挙兵に従い、南朝方の有力武将、新田義貞を敗死させた。

き、義貞が北条家の家宝であった鬼丸国綱とともに鬼切安綱を手に入れるが、ほどなく後醍醐天皇に反旗を翻した同族の足利尊氏《あしかがたかうじ》と対立。後醍醐天皇の息子の恒良親王《つねよししんのう》・尊良《たかよし》親王を奉じて北陸《ほくりく》に赴き、越前《えちぜん》国（福井県）を拠点として足利方と戦うものの、延元《えんげん》三年・建武《けんむ》五年（一三三八）、足利方の斯波高経《しばたかつね》により越前国藤島《ふじしま》で討ち取られることになってしまった。

鬼切安綱は、その戦功として、高経に与えられたらしい。そして、高経の弟家兼《いえかね》が奥州管領《おうしゅうかんれい》として陸奥《むつ》国（宮城県ほか）に下向するさい、家兼に譲られたとみられている。以来、鬼切安綱は、家兼の後裔にあたる最上《もがみ》家に伝来した。

最上家は戦国時代の義光《よしあき》のときに出羽《でわ》国（山形県ほか）南部《なんぶ》を平定。豊臣秀吉《とよとみひでよし》・徳川家康《とくがわいえやす》に従い、江戸《えど》時代には出羽国山形《やまがた》藩五七万石の大名となる。しかし、義光の孫義俊《よしとし》のとき、失政の咎《とが》で所領を没収され、子孫は五〇〇〇石の旗本《はたもと》として存続している。

近代になって売り立てられたが、有志によって買い戻され、北野《きたの》天満宮《てんまんぐう》に奉納された。こうして現在も、北野天満宮の所蔵となっている。

■所蔵情報
北野天満宮
〒602-8386
京都府京都市上京区馬喰町

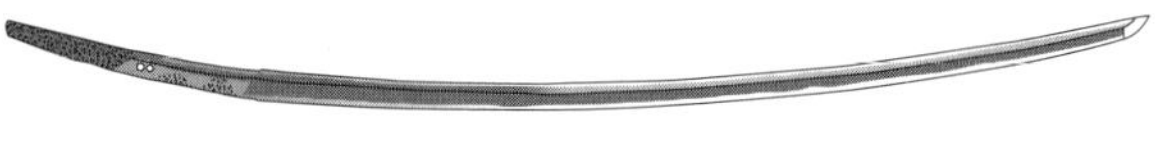

太刀

天下五剣の筆頭

三日月宗近《みかづきむねちか》

国宝

《銘》三条

【刃長】二尺六寸四分半（約80cm）

【刀鍛冶】山城国三条　宗近

平安時代中期

◎主な所有者—

豊臣秀吉

三日月の形をした模様がいくつも浮き出たような刃紋をしていることから、三日月宗近という。室町《むろまち》将軍家の重宝として伝わったが、永禄《えいろく》八年（一五六五）、一三代将軍足利義輝《あしかがよしてる》が松永久秀《まつながひさひで》らに殺害されたとき、奪い去られたものとみられる。

その後、織田信長《おだのぶなが》・豊臣秀吉《とよとみひでよし》の手に渡り、秀吉の正室お禰《ね》が所持するところとなった。お禰は、北政所《きたのまんどころ》とよばれ、秀吉の死後は出家して高台院《こうだいいん》と号している。お禰が寛永《かんえい》元年（一六二四）に死去したとき、その遺品として三日月宗近がすでに将軍職を譲って大御所《おおごしょ》とよばれていた徳川秀忠《とくがわひでただ》に贈られたという。以来、徳川将軍家の重宝として伝わり、現在は東京国立博物館《とうきょうこくりつはくぶつかん》に収蔵されている。

足利義輝：室町幕府第一三代将軍。畿内の戦国大名、三好長慶らと対立。長慶の死後、三好義継、三好三人衆らの軍勢に二条御所を襲撃されて討死した（永禄の変）。

松永久秀：戦国～安土桃山時代の武将。畿内を支配した三好長慶の家臣。長慶の死後、三好三人衆らとともに足利義輝を襲って殺害したが、義輝の弟義昭を奉じて上洛した織田信長によって滅ぼされた。

徳川秀忠：江戸幕府第二代将軍。家康の三男。「大坂の陣」では総大将として家康とともに参加。武家諸法度などを発令して幕政の基礎を固めた。

■所蔵情報

東京国立博物館

〒110-8712

東京都台東区上野公園13-9

太刀

謡曲「小鍛冶」のモデル

小狐丸《こぎつねまる》

《銘》不明

【刃長】不明

【刀鍛冶】山城国三条　宗近

平安時代中期

◉主な所有者——
一条天皇？

藤原道長《ふじわらのみちなが》の流れをくむ九条家《くじょう》に伝わった重宝で、儀式の際に用いる太刀であったという。ただし、現在は行方不明のため、九条家の太刀が、この小狐丸であったのかどうかはわからない。

謡曲《ようきょく》「小鍛冶《こかじ》」によると、小狐丸は、一条《いちじょう》天皇が京都三条《きょうとさんじょう》の刀鍛冶宗近《むねちか》に守り刀として作らせたものということになっている。このとき、宗近が崇敬《すうけい》していた稲荷明神《いなりみょうじん》が童子《どうじ》の姿をして、太刀を完成させたというのが、「小鍛冶」のあらすじである。謡曲は、室町《むろまち》時代に発展した能《のう》の歌曲であり、どこまで史実であるのかはわからない。ただ、一条天皇は道長の岳父《がくふ》にあたるため、一条天皇が早世したのち、道長に下賜《かし》された可能性もあろう。

藤原道長：平安時代中期の公卿。一条天皇の摂政、兼家の五男。娘三人を后にたてて天皇の外戚となり、政権を独占した。通称は御堂関白。

一条天皇：平安時代中期の第六六代天皇。第六四代円融天皇の第一皇子。母は藤原兼家の娘、詮子。

太刀

鵜が見つけた太刀

鵜丸《うまる》

《銘》不明

白河天皇《しらかわ》が、京都《きょうと》の神泉苑《しんせんえん》で鵜飼《うかい》を見ていたとき、鵜が魚ではなく、宗近の太刀をくわえて戻ってきた。これにより、白河天皇は、その太刀を鵜丸とよび、秘蔵することにしたという。白河天皇の死後は、崇徳《すとく》天皇に伝わり、崇徳天皇が近臣の源為義《みなもとのためよし》に下賜《かし》した。

保元《ほうげん》元年（一一五六）、保元の乱で崇徳天皇と弟の後白河《ごしらかわ》天皇が争ったとき、為義は崇徳天皇に与《くみ》して敗死。鵜丸は、後白河天皇の手に渡った。その後、治承《じしょう》・寿永《じゅえい》の乱で、源氏《げんじ》に敗れた平氏《へいし》が都落ちする際、平清盛《たいらのきよもり》の孫清経《きよつね》が鵜丸を奪っていったが、文治《ぶんじ》元年（一一八五）、源頼朝《よりとも》の弟範頼《のりより》が、同じく弟義経《よしつね》とともに壇ノ浦《だんのうら》の戦いで平氏を滅ぼして奪還。範頼が頼朝から鵜丸を下賜されたと伝わる。

【刃長】 不明

【刀鍛冶】 山城国三条　宗近？

平安時代中期

◉主な所有者──

白河天皇 ← 源為義

白河天皇：平安時代後期の第七二代天皇。第七一代後三条天皇の第一皇子。譲位後、堀河・鳥羽・崇徳の三代にわたって院政を行なった。

崇徳天皇：平安時代後期の第七五代天皇。第七四代鳥羽天皇の第一皇子。譲位後、皇位継承をめぐって鳥羽法皇と対立。挙兵（保元の乱）するも敗れ讃岐に流された。

源為義：平安時代末期の武将。保元元年（一一五六）の「保元の乱」では崇徳上皇についたが、後白河天皇側についた長男の源義朝に敗れ処刑された。

源範頼：平安末期～鎌倉時代初期の武将。源義朝の六男。「治承・寿永の乱」では兄頼朝に従い、弟義経とともに出兵し、源（木曽）義仲を討伐。壇ノ浦で平氏を滅亡させた。

太刀

「悪源太」義平の佩刀

石切丸《いしきりまる》

《銘》不明

【刃長】
不明

【刀鍛冶】
山城国三条　宗近？

平安時代中期

◎主な所有者――
源義平

石切丸の名の由来については、はっきりしない。源義朝《みなもとのよしとも》の長男義平《よしひら》が所持していたという。義平は、父義朝が弟の義賢《よしかた》と争ったときには、叔父にあたる義賢を攻め殺しており、悪源太《あくげんた》とよばれている。平治《へいじ》元年（一一五九）の平治の乱では、父義朝に従って平《たいらの》清盛《きよもり》と戦うが、敗走するところを捕らえられ、処刑された。

石切丸は、捕らえられる前に手放したというが、行方についてはわかっていない。現在、東大阪《ひがしおおさか》市の石切劔箭《いしきりつるぎや》神社には石切丸という同名の太刀が奉納《ほうのう》されているが、この石切丸が義平の佩刀《はいとう》であった可能性もある。刀鍛冶についても、山城《やましろ》国（京都府）の宗近《むねちか》とも、備前《びぜん》国（岡山県）の友成《ともなり》ともいい、よくわからない。

源義朝：平安時代末期の武将。保元元年（一一五六）の「保元の乱」では平清盛とともに後白河天皇側について勝利した。のちに清盛と対立。平治元年（一一六〇）「平治の乱」を起こして敗れ、殺害された。

源義平：平安時代末期の武将。源義朝の長男。頼朝の兄。平治元年（一一六〇）「平治の乱」では父に従って奮戦するも敗れ、処刑された。

平清盛：平安時代末期の武将。「保元・平治の乱」で躍進し、武士としては初めて太政大臣となる。娘徳子の産んだ安徳天皇を擁して政治の実権を握った。

■所蔵情報
石切劔箭神社
〒579-8011
大阪府東大阪市東石切町1-1-1

脇差

鷹の巣から見つけ出された!?

鷹巣宗近《たかのすむねちか》

《銘》三条

【刃長】一尺四寸四分（約44cm）
【刀鍛冶】山城国三条　宗近
平安時代中期

◉主な所有者—
豊臣秀吉
←
島津義久

『享保名物帳《きょうほうめいぶつちょう》』によると、鷹《たか》の巣に使われていたのを見つけたことから鷹巣宗近とよばれるようになったというが、にわかに信じがたい。鷹巣というのは、地名である可能性もあろう。

関白《かんぱく》となった豊臣秀吉《とよとみひでよし》が所持し、島津《しまづ》家に下賜《かし》されたという。薩摩《さつま》国（鹿児島県）の戦国大名であった島津義久《よしひさ》は、九州《きゅうしゅう》全土を平定しようとしたが、秀吉による九州攻めを受け、天正《てんしょう》十五年（一五八七）に降伏する。鷹巣宗近も、このとき、秀吉から贈られたものかもしれない。島津家は、慶長《けいちょう》五年（一六〇〇）の関ヶ原《せきがはら》の戦いでは、石田三成《いしだみつなり》に与《くみ》したものの、本領《ほんりょう》は安堵《あんど》された。鷹巣宗近は、江戸《えど》時代を通じて、薩摩藩主島津家の重宝として伝わっている。

島津義久：戦国時代の武将。永禄九年（一五六六）に家督をつぐと、弟義弘とともに九州全域を平定。豊臣秀吉の「九州征伐」で降伏し、薩摩・大隅二国（鹿児島県）を安堵された。

石田三成：安土桃山時代の武将。豊臣政権の五奉行の一人。豊臣秀吉の死後、徳川家康と対立。慶長五年（一六〇〇）の「関ヶ原の戦い」では西軍を主導したが敗れ、斬首された。

短刀

足利将軍が元日に差す

海《え》老《び》名《な》宗《むね》近《ちか》

《銘》宗近

名前の由来については、よくわかっていない。相模《さがみ》国（神奈川県）に海老名《えびな》というところがあり、地名あるいは家名に関係があると考えられている。室町《むろまち》幕府の八代将軍足利義政《あしかがよしまさ》が佩用《はいよう》しており、幕臣の海老名家と関係があったものかもしれない。

足利将軍家の重宝として伝わり、毎年正月の元日には、将軍が差す決まりであった。室町幕府の滅亡後、織田信長《おだのぶなが》・豊臣秀吉《とよとみひでよし》に伝わったが、元和《げんな》元年（一六一五）の大坂夏《おおさかなつ》の陣《じん》で焼けてしまう。その後、徳川家康《とくがわいえやす》が手に入れたらしく、家康から子の義直《よしなお》に譲られ、尾張《おわり》徳川家に伝来した。現在、徳川黎明会《とくがわれいめいかい》が所蔵し、徳川美術館《とくがわびじゅつかん》に収蔵されている。

【刃長】九寸八分（約30cm）

【刀鍛冶】山城国三条　宗近

平安時代中期

◎主な所有者―

足利義政←豊臣秀吉←徳川家康

足利義政：室町幕府第八代将軍。後継者問題が、応仁元年（一四六七）に発生した「応仁・文明の乱」に発展。戦国時代に突入するきっかけとなった。将軍職を義尚にゆずると京都東山に移り、銀閣寺などに代表される東山文化を生み出した。

■所蔵情報

徳川美術館

〒461-0023

名古屋市東区徳川町1017

短刀

源義経が所持したとされる伝説の刀

今剣《いまのつるぎ》

《銘》不明

【刃長】六寸五分（約20cm）

【刀鍛冶】山城国三条　宗近

平安時代中期

●主な所有者―

源義経

現存しないが、『義経記《ぎけいき》』によると、平安《へいあん》時代中期に活躍した京都《きょうと》三条《さんじょう》の刀鍛冶宗近《むねちか》が、鞍馬寺《くらまでら》に奉納した短刀であるという。それを平安時代末期、鞍馬寺別当《べっとう》の東光坊蓮忍《とうこうぼうれんにん》が引き出して秘蔵し、鞍馬寺に預けられていた源義経《みなもとのよしつね》に与えたということになっている。

源義経は、鎌倉《かまくら》幕府を開いた源頼朝《よりとも》の実弟である。治承《じしょう》・寿永《じゅえい》の乱では、平氏《へいし》を滅ぼす功を立てたが、兄と対立して追討されてしまう。義経は陸奥《むつ》国（岩手県ほか）に落ち延びたが、文治《ぶんじ》五年（一一八九）に自害した。今剣は、義経が自害したときに用いたとされるが、『義経記』は南北朝《なんぼくちょう》時代から室町《むろまち》時代初期に成立したとされる軍記物語であるため、どこまでが史実であるのかはわからない。

源義経：平安末期から鎌倉時代初期の武将。源義朝の九男。幼名牛若丸。平治元年（一一六〇）の「平治の乱」後、捕らえられて京都の鞍馬寺にあずけられる。兄頼朝の挙兵に応じ、平家追討に活躍したが、のちに頼朝対立し自刃し果てた。

源頼朝：鎌倉幕府初代将軍。源義朝の三男。以仁王の命を受けて平氏打倒の兵を挙げ、鎌倉を本拠として関東を支配。平氏を全滅させると、諸国に守護・地頭を設置して、武家政権の基礎を確立させた。

薙刀

弁慶が用いた大薙刀

岩融《いわとおし》

《銘》不明

【刃長】三尺五寸（約106cm）

【刀鍛冶】山城国三条　宗近？

平安時代中期

◎主な所有者―

弁慶

源《みなもとの》義経《よしつね》に仕えた僧の弁慶《べんけい》が所持していたとされる薙刀。弁慶は、兄の源頼朝《よりとも》と対立して追討された義経を最後まで守り抜き、陸奥《むつ》国（岩手県ほか）の衣川《ころもがわ》の戦いでは、全身に矢を受けて立ちながら息絶えたという逸話で知られている。

しかし、こうした逸話は、室町《むろまち》時代に編纂された『義経記《ぎけいき》』に基づくものであり、鎌倉《かまくら》幕府が編纂した『吾妻鏡《あずまかがみ》』といった当時の史料からは、僧侶であったことくらいしかわからない。岩融は、刀身だけでも三尺五寸もある大薙刀とされるが、弁慶の逸話から創作されたものであろう。いずれにしても、現存していないため、どのような薙刀であったのかは不明である。

源義経：平安末期から鎌倉時代初期の武将。源義朝の九男。幼名牛若丸。平治元年（一一六〇）の「平治の乱」後、捕らえられて京都の鞍馬寺にあずけられる。兄頼朝の挙兵に応じ、平家追討に活躍したが、のちに頼朝対立し自刃し果てた。

弁慶：平安末期～鎌倉時代初期の僧。武蔵坊。源義経の郎党。文治五年（一一八九）の「衣川の戦い」で、全身に矢を受けて死んだとされている。

源頼朝：鎌倉幕府初代将軍。源義朝の三男。以仁王の命を受けて平氏打倒の兵を挙げ、鎌倉を本拠として関東を支配。平氏を全滅させると、諸国に守護・地頭を設置して、武家政権の基礎を確立させた。

太刀

結城合戦で小笠原政康が拝領

鶯丸友成《うぐいすまるともなり》

《銘》備前国友成

古備前《こびぜん》とよばれる平安《へいあん》時代に備前《びぜん》国（岡山県）で活躍した刀鍛冶友成《ともなり》の作。鶯丸《うぐいすまる》という名の由来についてはよくわかっていない。

室町《むろまち》時代には、足利《あしかが》将軍家の所蔵となっており、永享《えいきょう》十二年（一四四〇）の結城合戦《ゆうきかっせん》で功のあった小笠原政康《おがさわらまさやす》が、六代将軍足利《あしかが》義教《よしのり》から拝領《はいりょう》している。結城合戦は、幕府に反旗を翻して追討された鎌倉公方《かまくらくぼう》足利持氏《もちうじ》の遺子春王丸《しゅんおうまる》・安王丸《やすおうまる》を奉じた下総《しもうさ》国（茨城県）の結城氏朝《ゆうきうじとも》が挙兵しておきたものである。

江戸《えど》時代には、政康の後裔《こうえい》にあたる越前《えちぜん》国（福井県）勝山《かつやま》藩主小笠原《おがさわら》家に伝わり、明治維新《めいじいしん》後、明治天皇に献上された。現在は、御物《ぎょぶつ》として宮内庁三《くないちょうさん》の丸尚蔵館《まるしょうぞうかん》に収蔵されている。

【刃長】二尺七寸（約82cm）

【刀鍛冶】備前国内　友成

平安時代中期

◎主な所有者―

足利義教→小笠原政康

小笠原政康：室町時代の武将。永享一〇年（一四三八）、六代将軍足利義教が鎌倉公方足利持氏討伐を命じた「永享の乱」で功をあげ、続く「結城合戦」でも幕府方として参戦した。

足利義教：室町幕府第六代将軍。三代将軍義満の三男。五代将軍義量が急死し、くじ引きで後継者に選ばれる。将軍専制を志したが、赤松満祐により惨殺された（嘉吉の変）。

■ **所蔵情報**

三の丸尚蔵館（宮内庁）

〒110-8111

東京都千代田区千代田1-1

徳島藩主蜂須賀家に伝来

太刀

国宝

蜂須賀正恒《はちすかまさつね》

《銘》正恒

平安《へいあん》時代中期の「古備前《こびぜん》」を代表する刀鍛冶正恒《まさつね》の作。阿波《あわ》国（徳島県）徳島《とくしま》藩主蜂須賀《はちすか》家に伝来したため、蜂須賀正恒という。蜂須賀家は、藩祖正勝《まさかつ》が豊臣秀吉《とよとみひでよし》に仕え、天正《てんしょう》十三年（一五八五）、秀吉の四国平定後、正勝の子家政《いえまさ》に阿波一国が与えられた。家政の子至鎮《よししげ》は、関ヶ原《せきがはら》の戦いで徳川家康《とくがわいえやす》に与《くみ》し、大坂《おおさか》の陣《じん》でも活躍したことにより、淡路《あわじ》一国を加増されている。

蜂須賀正恒が、どのような経緯で蜂須賀家に伝わったのかはわからない。秀吉あるいは家康から拝領した可能性もあろう。江戸《えど》時代を通じて徳島藩主蜂須賀家に伝わった。近代になって売り立てられ、現在はふくやま美術館に寄託されている。

【刃長】二尺六寸六分半（約81cm）

【刀鍛冶】備前国内　正恒

平安時代中期

◎主な所有者―

蜂須賀正勝？←蜂須賀家政？←蜂須賀至鎮？

蜂須賀正勝：戦国～安土桃山時代の武将。通称小六。豊臣秀吉の主要な戦いに従軍して活躍。四国平定では、黒田孝高とともに高松城開城で功をあげた。平定後、阿波（徳島県）一国を与えられるも、辞して子家政に拝領させた。

蜂須賀至鎮：安土桃山～江戸時代初期の武将。阿波国徳島藩初代藩主。家政の長男。幼少から豊臣秀吉に仕えたが、死後は徳川家康に接近。慶長五年（一六〇〇）の「関ヶ原の戦い」では東軍の先鋒として活躍した。

■ **所蔵情報**

ふくやま美術館

〒720-0067

広島県福山市西町2-4-3

太刀

宇治川の先陣争いをした太刀

縄切正恒《なわきりまさつね》

《銘》不明

【刃長】二尺四寸六分（約75cm）

【刀鍛冶】備前国内　正恒

平安時代中期

◉主な所有者――

佐々木高綱

平安《へいあん》時代末期の寿永《じゅえい》三年（一一八四）の宇治川《うじがわ》の戦いで、梶原《かじわら》景季《かげすえ》と「宇治川の先陣争い」をした佐々木高綱《ささきたかつな》が、川底に張り巡らされていた縄をこの太刀で切って渡河したことから、縄切正恒という。宇治川の戦いは、京都を押さえる木曽義仲《きそよしなか》に対し、鎌倉にいる頼朝《よりとも》が弟義経《よしつね》に京都の制圧を命じたことによっておこった。木曽軍が宇治川に架かる橋の板をはずしていたため、高綱は馬に乗ったまま宇治川に乗り入れたのである。渡河に成功した義経は、そのまま入京し、いっぽうの義仲は、退却するところを討ち取られた。

江戸《えど》時代には、徳川《とくがわ》将軍家が所有していたが、明暦《めいれき》三年（一六五七）の大火で焼けてしまったらしい。

梶原景季：平安末期～鎌倉時代初期の武将。通称源太。父景時とともに源頼朝に仕え、「治承・寿永の乱」で活躍。有力御家人となったが、政争によって幕府を追われ、上洛途中に駿河国で討たれた。

佐々木高綱：平安末期～鎌倉時代初期の武将。源頼朝の挙兵に加わる。治承四年（一一八〇）、木曽義仲討伐の「宇治川の戦い」では、頼朝に与えられた名馬にまたがって、梶原景季と先陣を争い勝利した。

木曽義仲：源義仲。平安時代末期の武将。以仁王の平氏討伐の命を受けて挙兵、倶利伽羅峠で平氏の大軍を破って入京した。しかし後白河法皇と対立し、源頼朝が向けた源義経・範頼との戦いで戦死。

太刀

鎌倉幕府の執権北条家の重宝

鶴丸国永《つるまるくになが》

《銘》国永

【刃長】二尺五寸九分半（約79cm）

【刀鍛冶】山城国五条　国永

平安時代中期

◎主な所有者―　織田信長

山城国《やましろ》（京都府）五条《ごじょう》の刀鍛冶国永《くになが》の作である。国永は、同じ山城国三条《さんじょう》の刀鍛冶宗近《むねちか》の弟子であったともいわれる。名前の由来については、確かなことはわかっていない。拵《こしらえ》に鶴丸《つるまる》の紋様があったことから、鶴丸国永とよばれるようになったものとみられている。

もともとは、鎌倉《かまくら》幕府の執権北条《しっけんほうじょう》家の重宝で、のちに手に入れた織田信長《おだのぶなが》が幕臣御牧景則《みまきかげのり》に与えたという。御牧家の没落後、京都伏見《ふしみ》の藤森《ふじのもり》神社の神事に用いられていたらしい。江戸《えど》時代に刀剣鑑定家の本阿弥光的《ほんあみこうてき》が取り出し、仙台《せんだい》藩主伊達《だて》家に譲渡した。

明治維新《めいじいしん》後、伊達家から明治《めいじ》天皇に奉納されたため、現在は御物《ぎょぶつ》となっている。

■所蔵情報
三の丸尚蔵館（宮内庁）
〒110-8111
東京都千代田区千代田1-1

太刀

酒井信房《さかいのぶふさ》

徳川四天王、酒井忠次の愛刀

国宝

《銘》信房作

平安《へいあん》時代に活躍したいわゆる「古備前《こびぜん》」の刀鍛冶信房《のぶふさ》の作で、徳川家康《とくがわいえやす》が重臣の酒井忠次《さかいただつぐ》に与えたものであったことから、酒井信房という。酒井忠次は、徳川四天王《してんのう》のひとりとしても有名であるが、家康の父松平広忠《まつだいらひろただ》の妹を正室に迎えるなど、四天王のなかでも別格の存在であったといってよい。姉川《あねがわ》の戦い、長篠《ながしの》・設楽原《したらがはら》の戦い、小牧《こまき》・長久手《ながくて》の戦いなどで活躍し、子孫は出羽国《でわ》（山形県など）庄内《しょうない》藩主となっている。

酒井信房は、江戸《えど》時代を通じて庄内藩主酒井家の重宝として伝わった。現在は、酒井家の歴史遺産を保管する致道博物館《ちどうはくぶつかん》に収蔵されている。

【刃長】二尺五寸一分（約76cm）

【刀鍛冶】備前国内　信房

平安時代後期

◉主な所有者―
酒井忠次

酒井忠次：戦国～安土桃山時代の武将。徳川四天王の一人。家康が幼い頃から仕え、「姉川、長篠、小牧・長久手の戦い」など、主要な戦いのほとんどに参戦し功をあげている。

■所蔵情報
公益財団法人 致道博物館
〒997-0036
山形県鶴岡市家中新町10-18

太刀

鵺退治の源頼政が拝領

獅子王《ししおう》

重要文化財

《銘》無銘

【刃長】三尺五寸五分（約176cm）

【刀鍛冶】大和国内？

平安時代後期

◎主な所有者―

源頼政

号《ごう》の由来については、たしかなことはわからない。平安《へいあん》時代末期、近衛《このえ》天皇の命により、鵺《ぬえ》を退治した源頼政《みなもとのよりまさ》が拝領《はいりょう》したという。鵺は、頭が猿《さる》、胴が狸《たぬき》、尾が蛇《へび》、手足が虎《とら》に似ているとされた怪獣である。頼政は、平清盛《たいらのきよもり》の専横《せんおう》に対する不満が高まるなか、後白河《ごしらかわ》天皇の皇子である以仁王《もちひとおう》に加担して兵を挙げたが、治承《じしょう》四年（一一八〇）、平氏《へいし》に追討されて自害を遂げている。

その後の経緯はわからないが、徳川家康《とくがわいえやす》が美濃《みの》国（岐阜県）の守護《しゅご》土岐《とき》家の流れをくむ高家《こうけ》の土岐頼次《よりつぐ》に下賜《かし》。江戸《えど》時代を通じて土岐家に伝わった。明治維新《めいじいしん》後、明治《めいじ》天皇に献上され、現在は、東京国立博物館《とうきょうこくりつはくぶつかん》が所蔵している。

源頼政：平安時代末期の武将。平治元年（一一六〇）の「平治の乱」では平清盛側につき、平家政権に唯一源氏としてのこった。治承四年（一一八〇）、以仁王と平氏追討を企てるも、戦いに敗れて自害した。

土岐頼次：戦国時代の武将。父頼芸は美濃国（岐阜県）の守護大名だったが、家臣の斎藤道三に追われてしまう。のちに徳川家康に仕え、慶長五年（一六〇〇）の「関ヶ原の戦い」では東軍につき、旗本となった。

■**所蔵情報**
東京国立博物館
〒110-8712
東京都台東区上野公園13-9

太刀

大包平《おおかねひら》

包平のなかでも傑出した一振

国宝

《銘》備前国包平作

【刃長】二尺九寸四分（約89cm）

【刀鍛冶】備前国内　包平

平安時代末期

◉主な所有者―

池田輝政

古備前《こびぜん》といわれる平安《へいあん》時代末期に活躍した備前《びぜん》国（岡山県）の刀鍛冶包平《かねひら》の作。包平の作刀のなかでも傑出しているため、大包平という。江戸《えど》時代の初めには、姫路《ひめじ》城を築いたことでも知られる池田《いけだ》輝政《てるまさ》の佩刀《はいとう》となっていた。

ただし、輝政が入手するまでの経緯についてはまったくわかっていない。おそらくは、平安時代末期の治承《じしょう》・寿永《じゅえい》の乱のころには、源氏《げんじ》か平氏《へいし》の重宝だったのではなかろうか。

江戸時代を通じて備前国（岡山県）岡山《おかやま》藩主池田家に伝来し、戦後、国が買い上げた。現在は、国の所有となり、東京国立博物館《とうきょうこくりつはくぶつかん》に保管されている。

池田輝政：安土桃山～江戸時代前期の武将。織田信長・豊臣秀吉に使え、慶長五年（一六〇〇）の「関ヶ原の戦い」では、徳川方につき岐阜城を攻略するなどの戦功をあげた。初代姫路藩主。

■所蔵情報
東京国立博物館
〒110-8712
東京都台東区上野公園13-9

太刀

国宝

病気を治癒させた伝説の霊刀

大典太光世《おおでんたみつよ》

《銘》光世作

【刃長】二尺一寸七分（約66ｃｍ）

【刀鍛冶】筑後国三池　光世

平安時代末期

◎主な所有者―
足利尊氏←豊臣秀吉←徳川家康

作者は、筑後国《ちくご》（福岡県）三池《みいけ》の刀鍛冶光世《みつよ》で、通称を典太《でんた》という。その傑作とみなされていることから、大典太光世とよばれる。足利《あしかが》尊氏《たかうじ》以来、足利将軍家の重宝で、一三代将軍足利義輝《よしてる》が松永久秀《まつながひさひで》らに殺害されたあと、織田信長《おだのぶなが》・豊臣秀吉《とよとみひでよし》の手に渡ったらしい。その後、江戸《えど》幕府を開いた徳川家康《とくがわいえやす》、その子秀忠《ひでただ》に伝わった。

江戸時代の初め、加賀《かが》藩主前田利常《まえだとしつね》は、正室の珠姫《たまひめ》が病気になったとき、珠姫の父秀忠からこの大典太光世を借り受けると、珠姫の枕元に置き、病気が治癒すると返却。これを三度繰り返したのちに、下賜《かし》されたという。江戸時代には前田家の重宝として伝わり、現在も前田家の歴史遺産を管理する前田育徳会《まえだいくとくかい》が所蔵している。

足利尊氏：室町幕府初代将軍。後醍醐天皇の鎌倉幕府倒幕運動「元弘の変」では、幕府に反旗を翻し京都を制圧。のちに後醍醐天皇と対立し、光明天皇を擁立すると、室町幕府を創設した。

前田利常：江戸時代前期の大名。加賀藩二代藩主。藩祖前田利家の四男。慶長二〇年（一六一五）の「大坂夏の陣」で功をあげ、家康から四国を恩賞として提示されたが、これを固辞した。

■**所蔵情報**
財団法人前田育徳会
〒153-0041
東京都目黒区駒場4-3-55

■名刀は天下人に集まる？

古来、質の高い刀剣は、贈答品として用いられてきた。贈答としては、恩賞《おんしょう》として主君から下賜《かし》する場合もあったが、家臣から献上する場合も少なくない。家臣が主君に献上するのは、忠誠心《ちゅうせいしん》があることを示すためである。このため、室町《むろまち》時代には、足利将軍家に多くの名刀が集まった。

応仁《おうにん》元年（一四六七）に始まった応仁《おうにん》・文明《ぶんめい》の乱《らん》を機に幕府《ばくふ》の権威は失墜し、一三代将軍足利義輝《あしかがよしてる》は、永禄《えいろく》八年（一五六五）、幕府に反旗《はんき》を翻《ひるがえ》した三好長逸《みよしながゆき》・三好《みよし》政康《まさやす》・石成友通《いわなりともみち》の三好三人衆《みよしさんにんしゅう》と、松永久秀《まつながひさひで》らによって御所《ごしょ》を襲撃されてしまう。このとき、義輝は殺害され、将軍家が所蔵していた多くの名刀も、三好三人衆と松永久秀に奪われたらしい。

永禄十一年（一五六八）、義輝の弟義昭《よしあき》を奉じた織田《おだ》信長《のぶなが》が入京し、義昭を将軍につける。このとき、松永久秀は信長に降伏し、忠誠の証として刀剣を献上した。ほどなく、三好三人衆も滅ぼされ、名刀の数々は天下人となった信長の手に渡ったようである。

天正《てんしょう》十年（一五八二）の本能寺《ほんのうじ》の変《へん》で信長が横死《おうし》したあと、名刀は豊臣秀吉《とよとみひでよし》のもとに集まり、秀吉はこれを子の秀頼《ひでより》に譲った。しかし、元和《げんな》元年（一六一五）、秀頼は大坂夏《おおさかなつ》の陣《じん》で徳川家康《とくがわいえやす》に滅ぼされ、豊臣家の名刀は家康の手に渡っている。元和二年（一六一六）、家康が駿府《すんぷ》城で死去したとき、家康の遺品は「駿府御分物《すんぷおわけもの》」として子の義直《よしなお》・頼宣《よりのぶ》・頼房《よりふさ》に譲られた。この三人が、尾張《おわり》徳川家、紀伊《きい》徳川家、水戸《みと》徳川家を創始したことで、多くの名刀が徳川将軍家と御三家《ごさんけ》に所蔵されることになったのである。

◉第二章

鎌倉時代

【一五七〇】

鎌倉時代の刀剣と刀鍛冶

■後鳥羽上皇の御番鍛冶

平安《へいあん》時代末期の治承《じしょう》・寿永《じゅえい》の乱《らん》を制した源頼朝《みなもとのよりとも》は、建久《けんきゅう》三年（一一九二）、征夷大将軍《せいいたいしょうぐん》に任ぜられ、鎌倉幕府《かまくらばくふ》を開く。こうして、武士《ぶし》が政治の実権を握ると、必然的に刀剣の需要は高まった。そのため、鎌倉時代には刀鍛冶《かたなかじ》が急増し、現在でも名刀とされる刀剣のほとんどが、この鎌倉時代に作られている。

鎌倉時代初期に、刀剣に影響を与えたのは、後鳥羽上皇《ごとばじょうこう》である。上皇は、山城国《やましろ》（京都府）・備前国《びぜん》・備中国《びっちゅう》（ともに岡山県）の三か国から刀鍛冶を召集し、月番を定めて刀を作らせたという。召集された刀鍛冶は、「御番鍛冶《ごばんかじ》」とよばれ、その輪番《りんばん》は次の通りである。

正月　則宗《のりむね》（備前国 福岡《ふくおか》）
二月　貞次《さだつぐ》（備中国 青江《あおえ》）
三月　延房《のぶふさ》（備前国 福岡）
四月　国安《くにやす》（山城国 粟田口《あわたぐち》）
五月　恒次《つねつぐ》（備中国 青江）
六月　国友《くにとも》（山城国 粟田口）
七月　宗吉《むねよし》（備前国 福岡）

八月　次家《つぐいえ》（備中国 青江）
九月　助宗《すけむね》（備前国 福岡）
十月　行国《ゆきくに》（備前国 福岡）
十一月　助成《すけなり》（備前国 福岡）
十二月　助延《すけのぶ》（備前国 福岡）
閏月《うるうづき》　久国《ひさくに》（山城国 粟田口）

実際にこのような形で刀鍛冶が御所《ごしょ》につめていたのかどうかはわからない。ただし、上皇が十六弁《べん》の菊紋《きくもん》を彫った刀剣を作らせていたのは事実である。上皇は、「菊御作《きくごさく》」とよばれる刀剣を、公家《くげ》や西面《さいめん》・北面《ほくめん》の武士に下賜《かし》していた。なかには、上皇自ら作刀したものもあったという。西面の武士あるいは北面の武士というのは、上皇を警備するために御所につめていた武士のことであり、鎌倉幕府の倒幕《とうばく》を図ろうとする上皇は、こうした刀剣を下賜することで、結束を固めようとしていたのである。

しかし、承久《じょうきゅう》三年（一二二一）、後鳥羽上皇はついに倒幕の兵を挙げたが、鎌倉幕府の軍勢に敗れてしまう。結局、上皇は隠岐《おき》国に配流され、鎌倉幕府の権力は磐石《ばんじゃく》となった。

■刀鍛冶が名乗った受領名

御番鍛冶《ごばんかじ》の中心を担っていたのは、後鳥羽上皇《ごとばじょうこう》の師にもなっていた閏月《うるうづき》の久国《ひさくに》であったという。久国は、御鳥羽上皇に近侍《きんじ》することから、「大隅権守《おおすみごんのかみ》」に任ぜられた。「大隅権守」というのは、大隈国《おおすみ》（鹿児島県）の「権守《ごんのかみ》」という意味である。当時、朝廷《ちょうてい》は諸国に国司《こくし》を送り込み、各国の統治にあたらせていた。その国司は上から守《かみ》・介《すけ》・掾《じょう》・目《さかん》の四等官に分かれており、そのうちの権守ということになる。「権」というのは、定員外であることを意味しており、当初から名目的に与えられたものであったろう。もちろん、久国が実際に国司として大隈国に赴いたというわけではない。あくまで、名目的な称号であった。

こうした国司の称号を受領名《ずりょうめい》という。江戸《えど》時代には、受領名を拝領《はいりょう》する刀鍛冶が多く、たとえば、和泉守兼定《いずみのかみかねさだ》（306ページ）、陸奥守吉行《むつのかみよしゆき》（324ページ）、大和守安定《やまとのかみやすさだ》（329ページ）といった刀鍛冶の名は、いずれも受領名ということになる。

■初期の太刀は平安時代から

鎌倉《かまくら》時代の初期に活躍したのは、「御番鍛冶《ごばんかじ》」としてでてくる山城国粟田口《やましろあわたぐち》、備前国福岡《びぜんふくおか》、備中国青江《びっちゅうあおえ》の刀鍛冶である。このころの太刀は、平安《へいあん》時代とそれほど変わらなかった。

山城国粟田口は、東海道《とうかいどう》の山科《やましな》から京都《きょうと》への入り口にあたる。この粟田口を拠点としたのが、粟田口一門で、御賀丸久国《おんがまるひさくに》（59ページ）・村雲久国《むらくもひさくに》（60ページ）の久国《ひさくに》、鬼丸国綱《おにまるくにつな》（64ページ）・善鬼国綱《ぜんきくにつな》（66ページ）の国綱《くにつな》、鳴狐《なきぎつね》（121ページ）・抜国吉《ぬけくによし》（123ページ）の国吉《くによし》で知られる。骨喰藤四郎《ほねばみとうしろう》（85ページ）などの藤四郎吉光《よしみつ》も、かなりの数の名刀を残している。

備前国福岡は、山陽道《さんようどう》の商都として繁栄していたところである。ちなみに、現在の福岡県の「福岡《ふくおか》」は、福岡藩主となった黒田《くろだ》家の先祖がこの備前国福岡にいたことにちなむものである。福岡には、二《ふた》つ銘則宗《めいのりむね》（58ページ）の則宗《のりむね》、日光助真《にっこうすけざね》（79ページ）の助真《すけざね》らが活躍した。とくに、福岡の刀鍛冶集団は、個銘ではなく長篠一文字《ながしのいちもんじ》（72ページ）や姫鶴一文字《ひめづるいちもんじ》（71ページ）のように銘を「一」とだけ刻んだことから、「福岡一文字《ふくおかいちもんじ》」とよばれている。

備前国の隣国にあたる備中《びっちゅう》国の青江《あおえ》では、狐ケ崎為次《きつねがさきためつぐ》（62ページ）の為次《ためつぐ》、数珠丸恒次《じゅずまるつねつぐ》（61ページ）の恒次《つねつぐ》らが活躍していた。

■豪壮な刀剣へ

承久《じょうきゅう》の乱《らん》を機に、鎌倉幕府《かまくらばくふ》の体制は安定していった。こうして武士《ぶし》の世の中になると、豪壮な刀剣が作られるようになっていく。

山城国《やましろ》では、粟田口《あわたぐち》一門とは異なり、「来《らい》」の字を関する刀鍛冶《かたなかじ》集団が興った。「来」の由来は、朝鮮《ちょうせん》半島からの渡来人《とらいじん》を出自《しゅつじ》としていたからともいわれるが、はっきりしたことはわからない。事実上の祖を国行《くにゆき》とし、その子とされる国俊《くにとし》には「国俊《くにとし》」と「来国俊《らいくにとし》」の銘《めい》がある。「国俊」と「来国俊」が、同人であるか別人であるか、はっきりしない。来一門は、来国光《くにみつ》、来国次《くにつぐ》などがいて、南北朝《なんぼくちょう》時代まで繁栄した。

備前国《びぜん》では、福岡一文字《ふくおかいちもんじ》の一門に代わり、長船《おさふね》の一門が繁栄する。長船の一門には、燭台切光忠《しょくだいぎりみつただ》（80ページ）などの光忠《みつただ》を事実上の祖とし、大般若長光《だいはんにゃながみつ》（136ページ）の長光《ながみつ》、小龍景光《こりゅうかげみつ》（218ページ）の景光《かげみつ》、竹俣兼光《たけのまたかねみつ》（282ページ）などの兼光《かねみつ》と続き、南北朝時代まで繁栄した。

■大鋒の刀剣

文永《ぶんえい》の役《えき》・弘安《こうあん》の役《えき》で、鎌倉幕府《かまくらばくふ》はかろうじてモンゴル軍を撤退させることに成功したが、従来の刀剣では、文字通り太刀打ちできないことがわかったらしい。このころになると、刀身の幅を広く、また、鋒《きっさき》の大きい大鋒《おおきっさき》の太刀《たち》が作られるようになった。

大和国《やまと》は、古来、刀鍛冶《かたなかじ》が活躍していたが、銘《めい》がみられるようになるのは、鎌倉時代の後期にかけてである。当麻寺《たいまでら》の御用を務めた当麻《たいま》一門、児手柏包永《こてがしわかねなが》（142ページ）の包永《かねなが》を祖とする手掻《てがい》一門、桑山《くわやま》保昌《ほうしょう》（221ページ）などの保昌《ほうしょう》一門がいた。

鎌倉幕府の本拠である相模国《さがみ》（神奈川県）では、会津新藤五《あいづしんとうご》（148ページ）の新藤五国光《しんとうごくにみつ》が見た目にも美しい華麗な相州伝《そうしゅうでん》の祖として活躍。その門弟の正宗《まさむね》によって大成されたとされる。後世における正宗の評価は高く、名物に選ばれた正宗の刀剣は多い。正宗の門弟とされる貞宗《さだむね》は、南北朝時代まで活躍した。

短刀

秋田実季の愛刀

秋田行平《あきたゆきひら》

《銘》不明

【刃長】
一尺分半（約31cm）

【刀鍛冶】
豊後国高田　行平

鎌倉時代初期

◎主な所有者―
秋田実季

出羽国《でわ》（秋田県ほか）北部の戦国大名秋田実季《あきたさねすえ》が所持していたことから、秋田行平という。実季は、天正《てんしょう》十九年（一五九一）、豊臣《とよとみ》秀吉《ひでよし》による奥羽仕置《おううしおき》に従い、本領《ほんりょう》の秋田五万石を安堵《あんど》された。

しかし実季は、慶長《けいちょう》五年（一六〇〇）の関ヶ原《せきがはら》の戦いで東軍徳川《とくがわ》家康《いえやす》に与《くみ》したものの、出羽《でわ》国南部《なんぶ》の山形《やまがた》城主最上義光《もがみよしあき》から西軍に通じていたと讒訴《ざんそ》されてしまう。そのころ、秋田行平は家康に献上されたものかもしれない。秋田家は、常陸《ひたち》国（茨城県）宍戸《ししど》五万石に転封《てんぽう》となり、所領没収はまぬがれた。

こうして、秋田行平は徳川将軍家に伝わったのだが、明暦《めいれき》三年（一六五七）の大火で焼けてしまっている。

秋田実季：安土桃山～江戸時代初期の大名。安東愛季の二男。慶長五年（一六〇〇）の「関ヶ原の戦い」では東軍につき、常陸国（茨城県）宍戸に転封され、宍戸藩初代藩主となった。

最上義光：安土桃山～江戸時代初期の大名。伊達政宗の伯父。慶長五年（一六〇〇）の「関ヶ原の戦い」では東軍につき、上杉景勝と戦う。戦後、五七万石に加増され、山形藩初代藩主となった。

太刀

古今伝授で救われた細川藤孝

古今伝授行平《こきんでんじゅゆきひら》

国宝

《銘》豊後国行平作

【刃長】	二尺六寸四分(約80cm)
【刀鍛冶】	豊後国高田　行平
	鎌倉時代初期

◎主な所有者―

細川藤孝

もともとは、室町《むろまち》幕府の幕臣細川藤孝《ほそかわふじたか》（幽斎《ゆうさい》）の愛刀であった。藤孝は、永禄《えいろく》十一年（一五六八）に足利義昭《あしかがよしあき》を奉じて上洛《じょうらく》した織田《おだ》信長《のぶなが》に従い、丹後《たんご》国（京都府）宮津《みやづ》一二万石を与えられる。天正《てんしょう》十年（一五八二）の本能寺《ほんのうじ》の変《へん》後は、豊臣秀吉《とよとみひでよし》に従い、家督《かとく》を子の忠興《ただおき》に譲って田辺《たなべ》城に隠居。慶長《けいちょう》五年（一六〇〇）の関ヶ原《せきがはら》の戦いでは、子の忠興が東軍徳川家康《とくがわいえやす》に従って出陣した。

しかし、このとき近隣の国はほとんどが西軍であり、藤孝が守る田辺城は、一万五〇〇〇の西軍に包囲されてしまう。藤孝は田辺城を二か月ほど守ったが、城兵はわずか五〇〇ほどしかおらず、落城は必至だったといってよい。そうしたなか、朝廷《ちょうてい》から勅使《ちょくし》が田辺城に

細川藤孝：戦国～江戸時代初期の武将。室町幕府一三代将軍足利義輝に仕え、のちに義昭擁立に尽力。以後、織田信長、豊臣秀吉、徳川家康に重用された。慶長五年（一六〇〇）の「関ヶ原の戦い」では、長男忠興が東軍について活躍。忠興は戦後に豊前国（福岡県ほか）小倉藩初代藩主となった。

派遣され、藤孝の救出が図られることになった。藤孝が、古今伝授《こきんでんじゅ》を継承する当代一流の歌人であったからである。

古今伝授とは、平安《へいあん》時代の勅撰《ちょくせん》和歌集『古今和歌集《こきんわかしゅう》』の秘訣を伝えることをいう。藤孝は、このとき、勅使のひとりであった烏丸《からすまる》光広《みつひろ》に古今伝授を行い、この太刀も贈ったと伝わっていることから、以来、古今伝授行平とよばれるようになった。

勅使の仲介により、田辺城の無血開城が決まったものの、一万五〇〇〇の大軍を田辺城に釘付けにした功績は少なくない。その大軍が、関ヶ原に集結することを阻止したからである。細川家は、そうした藤孝・忠興父子の活躍により、戦後、丹後国宮津から豊前《ぶぜん》国（福岡県）小倉《こくら》四〇万石に加増転封《かぞうてんぽう》となる。そして、江戸《えど》時代には肥後《ひご》国熊本《くまもと》藩主として、幕末《ばくまつ》を迎えた。

いっぽうの古今伝授行平は、烏丸《からすまる》家に伝来したあと、売り立てられたらしい。明治維新《めいじいしん》後、細川家が買い戻し、再び細川家の所有となった。現在は、細川家の歴史遺産を管理する永青文庫《えいせいぶんこ》が所蔵している。

■所蔵情報
永青文庫
〒112-0015
東京都文京区目白台1-1

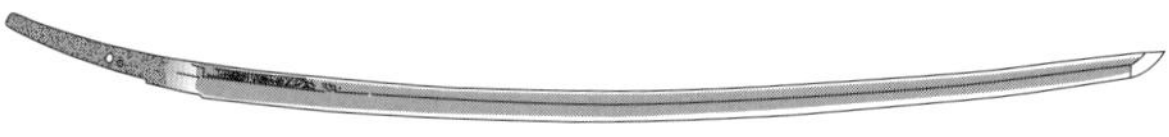

太刀

豊臣秀吉が御鬢所に置いた

御鬢所行平《おびんどころゆきひら》

《銘》豊後国行平作

【刃長】
二尺四寸八分半
（約75cm）

【刀鍛冶】
豊後国高田　行平

鎌倉時代初期

◎主な所有者—
豊臣秀吉

御鬢所《おびんどころ》とは、鬢や髪を整えたり、あるいは衣服をつけたりした場所のことである。この太刀は、豊臣秀吉《とよとみひでよし》が自らの御鬢所に常置させていたものという。そのため、御鬢所行平とよばれるようになったと考えられる。

秀吉は、摂津国《せっつ》（大阪府）大坂城《おおさか》・山城国《やましろ》（京都府）伏見城《ふしみ》を居城とし、慶長《けいちょう》三年（一五九八）、伏見城で最期を迎えた。御鬢所行平も、これらの城の御鬢所におかれていたものと思われる。

秀吉死後、子の秀頼《ひでより》は、秀吉の遺命に従って伏見城から大坂城に移った。このとき、御鬢所行平は大坂城に移されたようである。そのため、元和《げんな》元年（一六一五）の大坂夏《なつ》の陣《じん》で焼けてしまった。

豊臣秀頼：秀吉の三男。安土桃山～江戸時代前期の大名。秀吉の死後、関ヶ原の戦い以降も、影響力を持ったが、大坂夏の陣で徳川方に迫られ、母淀殿らと共に自害した。

短刀

本多行平《ほんだゆきひら》

本多忠政秘蔵の行平

《銘》豊後国行平作

【刃長】一尺分半（約31cm）
【刀鍛冶】豊後国高田　行平
鎌倉時代初期

◎主な所有者―
本多忠政

徳川家康《とくがわいえやす》の家臣で「徳川四天王《とくがわしてんのう》」のひとりとして有名な本多《ほんだ》忠勝《ただかつ》の子忠政《ただまさ》が所持していたことから本多行平という。刀身には、倶利伽羅龍《くりからりゅう》と梵字《ぼんじ》の彫物がある。ただし、本多行平の詳しい伝来などについては、よくわかっていない。忠政は忠勝の嫡男《ちゃくなん》であり、父から譲られたことは十分に考えられる。

忠政は、大坂冬《おおさかふゆ》の陣《じん》・夏《なつ》の陣《じん》で活躍し、播磨《はりま》国（兵庫県）姫路《ひめじ》一五万石を与えられた。本多行平は、忠政が死去した寛永《かんえい》八年（一六三一）か、忠政の子政朝《まさとも》が死去した寛永十五年（一六三八）に、徳川将軍家へ献上されたのであろう。江戸《えど》城に保管されていたが、明暦《めいれき》三年（一六五七）の大火で惜しくも焼けてしまった。

本多忠勝：戦国～江戸時代初期の武将。徳川四天王の一人。通称、平八郎。三河一向一揆、姉川の戦いなど、家康の主要な戦いで武勲をたてた。伊勢国（三重県）桑名藩初代藩主。

本多忠政：安土桃山～江戸時代初期の武将。本多忠勝の長男。桑名藩二代藩主。徳川家康、秀忠につかえ、「大坂の陣」で活躍。その功績から、播磨国（兵庫県）姫路藩に転封となった。

太刀

豊臣秀吉が愛宕権現に奉納

二《ふた》つ銘《めい》則宗《のりむね》

重要文化財

《銘》備前国則宗

「二つ銘」という名の由来についてはわかっていない。「則宗《のりむね》」銘《めい》の刀剣が複数現存していることを考えると、「備前《びぜん》国」と「則宗」の二つが銘になっていることにちなむものかもしれない。足利《あしかが》将軍家の重宝であったが、永禄《えいろく》八年（一五六五）に一三代将軍足利義輝《よしてる》が松永久秀《まつながひさひで》らに殺害されたあと、鬼丸国綱《おにまるくにつな》（64ページ）・大典太《おおでんた》光世《みつよ》（45ページ）とともに豊臣秀吉《とよとみひでよし》へ伝わったという。

その後、秀吉が京都の愛宕権現《あたごごんげん》に奉納した。愛宕権現が、軍神として戦国武将の崇敬《すうけい》を集めていたからである。ちなみに、明治維新《めいじいしん》後、愛宕権現は神仏分離によって愛宕神社となった。二つ銘則宗は、現在も愛宕神社が所蔵し、京都国立博物館に寄託されている。

【刃長】	二尺六寸八分（約81cm）
【刀鍛冶】	備前国福岡　則宗
	鎌倉時代初期

◎主な所有者―
足利尊氏
←
豊臣秀吉

足利義輝：室町幕府第一三代将軍。畿内の戦国大名、三好長慶らと対立。長慶の死後、三好義継、三好三人衆らの軍勢に二条御所を襲撃されて討死した（永禄の変）。

松永久秀：戦国～安土桃山時代の武将。畿内を支配した三好長慶の家臣。長慶の死後、三好三人衆らとともに足利義輝を襲って殺害したが、義輝の弟義昭を奉じて上洛した織田信長によって滅ぼされた。

■**所蔵情報**
京都国立博物館
〒605-0931
京都府京都市東山区茶屋町527

太刀

足利将軍家が所蔵

御《おん》賀《が》丸《まる》久《ひさ》国《くに》

《銘》無銘

【刃長】二尺四寸四分（約74cm）

【刀鍛冶】山城国粟田口　久国

鎌倉時代初期

◎主な所有者──
足利義満
←
山名宗全

号は、室町《むろまち》幕府の三代将軍足利義満《あしかがよしみつ》に近侍した僧の御賀丸にちなむと考えられる。その後、将軍家から但馬《たじま》国（兵庫県）守護山名家に下賜《かし》したらしい。山名一族は、そのころ、但馬国を中心に全国六六か国のうち一一か国の守護職《しゅごしき》を得て、「六分の一殿」とよばれていた。時氏の曾孫にあたる宗全《そうぜん》は、応仁《おうにん》元年（一四六七）から始まる応仁《おうにん》・文明《ぶんめい》の乱では、西軍の総大将として活躍。このとき、戦功のあった家臣太田垣宗近《おおたがきむねちか》に下賜したものとされる。

戦国時代、宗近の後裔にあたる輝延《てるのぶ》は主家の山名祐豊《すけとよ》とともに織田信長《おだのぶなが》に抵抗して没落。御賀丸久国は、信長、豊臣秀吉《とよとみひでよし》、徳川《とくがわ》家康《いえやす》に伝わった。幕末《ばくまつ》に、徳川将軍家から朝廷《ちょうてい》に献上されたらしい。

足利義満：室町幕府第三代将軍。二代将軍義詮の長男。南北朝を合一させて、幕府権力を確立。将軍職を義持にゆずると京都北山に金閣寺等を造営して、北山殿と呼ばれた。

山名宗全：室町時代の武将。山名持豊。八代将軍義政の後継問題で、義尚を支持する宗全と、義視を支持する細川勝元が対立し、「応仁・文明の乱」へと発展。西軍の総大将を務めたが、陣中で病死した。

太刀

村雲久国《むらくもひさくに》

豊臣秀次の母の守り刀

《銘》無銘

【刃長】二尺五寸五分（約77cm）

【刀鍛冶】山城国粟田口　久国

鎌倉時代初期

◉主な所有者―

瑞龍院

豊臣秀吉《とよとみひでよし》の姉で、秀吉の養子となった秀次《ひでつぐ》の実母瑞龍院《ずいりゅういん》の守り刀であったと伝わる。瑞龍院の子秀次は、天正《てんしょう》十九年（一五九一）に関白《かんぱく》になるが、四年後の文禄《ぶんろく》四年（一五九五）、謀反《むほん》をおこしたとして秀吉に自害させられてしまう。その後、瑞龍院は、京都《きょうと》の西に位置する嵯峨《さが》の村雲《むらくも》に瑞龍寺《ずいりゅうじ》を建て、秀次の菩提を弔った。のち、瑞龍寺は皇女などが門跡《もんぜき》となる尼《あま》門跡となり、「村雲御所《ごしょ》」とも呼ばれたことから、この太刀も、村雲久国とよばれる。

村雲久国は、江戸《えど》時代の火災で焼けてしまったらしい。瑞龍寺は、昭和三十六年、京都から秀次が居城としていた近江八幡《おうみはちまん》市の八幡山跡に移っている。

太刀

日蓮宗祖の守り刀

数珠丸恒次《じゅずまるつねつぐ》

重要文化財

《銘》恒次

【刃長】二尺七寸七分（約84ｃｍ）

【刀鍛冶】備中国青江　恒次

鎌倉時代初期

◎主な所有者――
日蓮

日蓮宗《にちれんしゅう》の祖として知られる日蓮が所持していた太刀である。文永《ぶんえい》十一年（一二七四）、日蓮は甲斐国《かい》（山梨県）身延《みのぶ》一帯の地頭《じとう》であった南部《なんぶ》（波木井《はきい》）実長《さねなが》から身延山を寄進され、久遠寺《くおんじ》を開く。このとき、実長からこの太刀を贈られた日蓮が、数珠《じゅず》を巻きつけて佩用《はいよう》したことにより、数珠丸恒次とよばれるようになったという。

日蓮の死後、数珠丸恒次は、日蓮宗の総本山となった久遠寺の寺宝として伝わった。明治維新《めいじいしん》後の混乱のなか、行方が知れなくなってしまうが、宮内省《くないしょう》の刀剣御用掛《とうけんごようがかり》によって見つけ出される。しかし、久遠寺との折り合いがつかず、返却されることはなかった。現在は、法華宗本門流《ほっけしゅうほんもんりゅう》の大本山《だいほんざん》で尼崎《あまがさき》市にある本興寺《ほんこうじ》が所蔵している。

■所蔵情報
本興寺
〒660-0862
兵庫県尼崎市開明町3-13

太刀

国宝

狐《きつね》ケ《が》崎《さき》為《ため》次《つぐ》

《銘》為次

【刃長】
二尺五寸九分
（約78cm）

【刀鍛冶】
備中国青江　為次

鎌倉時代初期

◎主な所有者―
吉川友兼
↑
吉川元春

鎌倉《かまくら》幕府の初代将軍となった源頼朝《みなもとのよりとも》が正治《しょうじ》元年（一一九九）に死去したあと、腹心であった梶原景時《かじわらかげとき》は御家人《ごけにん》から弾劾《だんがい》されてしまう。景時が、御家人を統率する侍所《さむらいどころ》の別当《べっとう》（長官）として御家人を監視しており、恨みを買っていたからである。

翌正治二年（一二〇〇）、景時は一族を率いて相模《さがみ》国（神奈川県）から上洛《じょうらく》しようとするが、その途中、駿河《するが》国（静岡県）の吉香郷《きっかごう》を本領とする吉川友兼《きっかわともかね》に行く手を阻まれてしまう。

友兼は、駿河国の狐ケ崎《きつねがさき》というところで、景時の一族を襲撃し、梶原一族を討ち取った。友兼自身は、狐ケ崎での戦闘時に受けた傷がもとで死去するが、このとき友兼が佩用していた太刀は、梶原

梶原景時：平安末期～鎌倉時代初期の武将。源頼朝に仕え、「治承・寿永の乱」で活躍。有力御家人となったが、政争によって幕府を追われ、上洛途中に駿府国で討たれた。

吉川友兼：鎌倉時代の武士。源頼朝の奥州藤原氏攻めに参加。正治二年（一二〇〇）、所領の駿河国狐ケ崎で、梶原景時一行を襲撃。景時の三男景茂を討ち取った。

毛利元就：戦国時代の武将。周防国の守護、大内義隆につかえる。義隆を殺した陶晴賢を「厳島の戦い」で討ち破り、中国全域を支配する戦国大名となった。隆元・元春・隆景の三子に与えた教訓が「三本の矢の教え」として有名。

一族を追討した場所の地名にちなみ、狐ヶ崎為次とよばれるようになったという。

その後、吉川家は、友兼の孫経光《つねみつ》のとき、承久《じょうきゅう》の乱の戦功により、安芸《あき》国（広島県）大朝荘《おおあさのしょう》の地頭職《じとうしき》を与えられ、嫡流は安芸国に下向。そのまま土着し、戦国時代には、安芸国の有力な国人であった毛利《もうり》元就《もとなり》に接近した。ちなみに、元就の正室は吉川家の出身であり、元就の次男元春《もとはる》が、吉川家を継いでいる。

やがて元就は勢力を拡大して戦国大名化を遂げ、吉川家もその重臣に位置づけられる。慶長《けいちょう》五年（一六〇〇）の関ヶ原《せきがはら》の戦いでは、元春の子広家《ひろいえ》が徳川家康《とくがわいえやす》に通じ、宗家の毛利輝元が取り潰しにならないように画策。戦後、家康から恩賞として与えられるはずだった三六万九〇〇〇石を輝元《てるもと》に譲ると、自らは毛利家の家老に甘んじ、周防《すおう》国（山口県）岩国《いわくに》六万石を領した。

狐ヶ崎為次は、江戸《えど》時代を通じて、吉川家の重宝として伝わった。現在も、吉川家の歴史遺産を管理する吉川報效会《ほうこうかい》が所有し、山口県岩国市の吉川史料館《きっかわしりょうかん》に収蔵されている。

■所蔵情報
吉川史料館
〒741-0081
山口県岩国市横山2-7-3

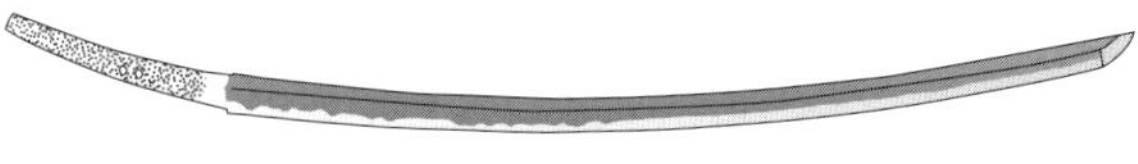

太刀

執権北条時頼が国綱に依頼

鬼丸国綱《おにまるくにつな》

《銘》国綱

【刃長】二尺五寸八分半（約78cm）

【刀鍛冶】山城国粟田口　国綱

鎌倉時代初期

◎主な所有者―

北条時頼←新田義貞←足利尊氏

山城国《やましろ》（京都府）粟田口《あわたぐち》の刀鍛冶国綱《くにつな》が、鎌倉《かまくら》幕府の五代執権《しっけん》北条時頼《ほうじょうときより》から呼び寄せられて作った太刀とされる。名前の由来についてはよくわからない。夢に出てくる鬼に悩まされていた時頼がこの太刀を磨いて立てかけておいたところ、倒れた太刀が火鉢の鬼の頭を切り落とした。以来、時頼が鬼に悩まされなくなったから鬼丸国綱とよばれたという。もちろん、これは後世の創作であり、事実とは考えられない。

いずれにしても、その後、鬼丸国綱は、北条家の家宝として伝わった。しかし、正慶《しょうきょう》二・元弘《げんこう》三年（一三三三）、倒幕を図る後醍醐《ごだいご》天皇に呼応した新田義貞《にったよしさだ》によって鎌倉は陥落し、鎌倉幕府は滅亡した。

新田義貞：鎌倉末期～南北朝時代の武将。鎌倉幕府を滅亡させ、後醍醐天皇による建武新政の立役者となったが、足利尊氏と対立して戦死した。

足利尊氏：室町幕府初代将軍。後醍醐天皇の鎌倉幕府倒幕運動「元弘の変」では、幕府に反旗を翻し京都を制圧。のちに後醍醐天皇と対立し、光明天皇を擁立すると、室町幕府を創設した。

こうして、鬼丸国綱は義貞の手にわたったものの、義貞は後醍醐天皇に反旗を翻した足利尊氏《あしかがたかうじ》と争い、尊氏に従った斯波《しば》高経《たかつね》に討ち取られてしまう。その後、尊氏と対立した高経は、鬼丸国綱を尊氏に献上して降伏。これにより、鬼丸国綱は足利将軍家の重宝として伝わった。

しかし、一三代将軍足利義輝《よしてる》は、永禄《えいろく》八年（一五六五）、室町《むろまち》幕府の実権を握っていた三好長慶《みよしながよし》の家臣であった松永久秀《まつながひさひで》に殺されてしまう。そのとき、鬼丸国綱も久秀らに奪われたらしい。のち、織田《おだ》信長《のぶなが》・豊臣秀吉《とよとみひでよし》の手に渡ったが、秀吉はどういうわけか鬼丸国綱を手元におかず、京都の刀剣鑑定家である本阿弥光徳《ほんあみこうとく》に預けている。もしかしたら、所有者が何度も戦いで命を落としていることを忌避《きひ》したものかもしれない。元和《げんな》元年（一六一五）に豊臣家が滅亡したあと、光徳は徳川家康《とくがわいえやす》に献上するが、家康も手元におくことはなかった。江戸《えど》時代には、代々の将軍が、一度だけ見ることができることになっていたという。

明治維新《めいじいしん》後、徳川家から明治《めいじ》天皇に献上されたため、現在は御物《ぎょぶつ》として、宮内庁三《くないちょうさん》の丸尚蔵館《まるしょうぞうかん》に収蔵されている。

■所蔵情報
三の丸尚蔵館（宮内庁）
東京都千代田区千代田1-1

太刀

善《ぜん》鬼《き》国《くに》綱《つな》

修験道の本山聖護院に伝わる秘刀

《銘》不明

【刃長】二尺五寸（約76ｃｍ）
【刀鍛冶】山城国粟田口　国綱
鎌倉時代初期

◉主な所有者――
聖護院門跡

室町《むろまち》時代に天台宗《てんだいしゅう》系の修験道《しゅげんどう》の中心であった京都の聖護院《しょうごいん》に納められていた太刀である。聖護院の門跡《もんぜき》が大和《やまと》国（奈良県）の大峰山《おおみねさん》に峰入りするときの儀式で、道案内を務めた先達《せんだつ》の善鬼《ぜんき》が佩用《はいよう》していたことから名づけられたとされる。修験道の開祖として知られる役小角《えんのおづぬ》は、善鬼とよばれる鬼を従えていたとされ、その子孫が「大峰五鬼《ごき》」として大峰山の先達となっていた。

聖護院を中心とする天台宗系の修験道は本山派《ほんざんは》とよばれ、醍醐寺《だいごじ》三宝院《さんぼういん》を中心とする真言宗系の当山派《とうざんは》と勢力争いをおこす。その調停を徳川家康《とくがわいえやす》に依頼したとき、善鬼国綱を贈ったのであろうか。江戸《えど》時代を通じて、徳川将軍家に伝来した。

太刀

大振りな国綱

大国綱《おおくにつな》

《銘》国綱

【刃長】二尺七寸七分（約84cm）

【刀鍛冶】山城国粟田口　国綱

鎌倉時代初期

◎主な所有者―
徳川家康

刃身が長いことから、大国綱とよばれたという。詳しい伝来の経緯については、よくわかっていない。室町《むろまち》時代には、足利《あしかが》将軍家歴代の重宝であったと伝わっている。永禄《えいろく》八年（一五六五）、一三代将軍足利義輝《よしてる》が室町幕府の実権を握っていた三好長慶《みよしながよし》の家臣であった松永久秀《まつながひさひで》らに殺されたとき、奪われたものであろう。

その後、織田信長《おだのぶなが》・豊臣秀吉《とよとみひでよし》の手に渡ったあと、元和《げんな》元年（一六一五）の大坂夏《おおさかなつ》の陣《じん》後、徳川家康《とくがわいえやす》が入手したとみられる。こうして、大国綱は、江戸《えど》時代の初めには徳川将軍家の重宝となっていた。しかし、明暦《めいれき》三年（一六五七）の大火で、惜しくも焼けてしまったようである。

足利義輝：室町幕府第一三代将軍。畿内の戦国大名、三好長慶らと対立。長慶の死後、三好義継、三好三人衆らの軍勢に二条御所を襲撃されて討死した（永禄の変）。

三好長慶：戦国時代の武将。管領細川晴元につかえたが、のちに対立。晴元から実権を奪って足利義輝らを京都から追放し、権勢を振るった。

松永久秀：戦国～安土桃山時代の武将。畿内を支配した三好長慶の家臣。長慶の死後、三好三人衆らとともに足利義輝を襲って殺害したが、義輝の弟義昭を奉じて上洛した織田信長によって滅ぼされた。

太刀

国宝

日光山に奉納されていた宝刀

日光一文字《にっこういちもんじ》

《銘》無銘

【刃長】二尺二寸四分（約68cm）

【刀鍛冶】備前国福岡

鎌倉時代中期

◉主な所有者

北条氏政←黒田孝高

備前国《びぜん》（岡山県）福岡で作られたもので、銘を「一」とするため、その鍛冶集団を「一文字《いちもんじ》」という。刀鍛冶個人の銘が入る場合もあるが、この太刀には銘そのものがない。相模国《さがみ》（神奈川県）の戦国大名北条早雲《ほうじょうそううん》が下野国《しもつけ》（栃木県）の日光山《にっこうさん》（二荒山神社《ふたらさんじんじゃ》と輪王寺《りんのうじ》の総称）から譲り受けたという伝承により、日光一文字とよばれている。

ただ、北条早雲が小田原《おだわら》城を奪ったとされる明応《めいおう》五年（一四九六）頃、北条家の勢力範囲は伊豆《いず》国（静岡県）と相模国の一部にすぎず、下野国まで影響をおよぼしていたわけではない。日光山そのものが武力を擁する権力者であり、早雲が望んだからといって宝刀の太刀

北条氏政：戦国～安土桃山時代の武将。武田信玄、上杉謙信と戦いを繰り広げ、北関東に領国を拡大した。天正一八年（一五九〇）、豊臣秀吉に小田原城を包囲されて降伏。弟氏照とともに切腹させられた。
黒田孝高：戦国～江戸初期、豊臣秀吉の側近として活躍した武将・大名。軍師黒田官兵衛、出家後の黒田如水の名が広く知られている。天正三年（一五七五）、織田信長より「へし切長谷部」を拝領。

を譲るなどということは、とうてい考えられないことである。戦国時代末期、日光山は、対立する下野国の戦国大名宇都宮国綱《うつのみやくにつな》との戦いを有利にするため、そのころ、下野国に進出を図っていた北条氏政《うじまさ》と結ぶ。日光一文字は、そのころ、同盟の証として氏政に贈られたものではなかろうか。

天正《てんしょう》十八年（一五九〇）、氏政とその子氏直《うじなお》は関白《かんぱく》となった豊臣《とよとみ》秀吉《ひでよし》への服属を拒み、秀吉に攻められることになった。このとき、秀吉は二〇万ともよばれる大軍を動員したが、力攻めをすれば味方の犠牲も少なくはない。そのため、黒田孝高《くろだよしたか》に命じて降伏を勧告させたのである。孝高は、丸腰で小田原城に乗り込み、氏政・氏直父子を説得。その場で快諾を得ることはできなかったが、ここで、鎌倉《かまくら》幕府の歴史を記した『吾妻鏡《あずまかがみ》』や軍陣で用いた法螺貝《ほらがい》「北条白貝《しろがい》」などとともに日光一文字を贈られたという。

孝高の死後、子の長政《ながまさ》は『吾妻鏡』を江戸《えど》幕府の二代将軍徳川《とくがわ》秀忠《ひでただ》に献上したが、日光一文字は黒田家の家宝として残った。昭和《しょうわ》五三年（一九七八）、黒田家の重宝が一括して福岡市に寄贈されたため、日光一文字は福岡《ふくおか》市《し》博物館《はくぶつかん》に収蔵されている。

■所蔵情報
福岡市博物館
〒814-0001
福岡県福岡市早良区百道浜3-1-1

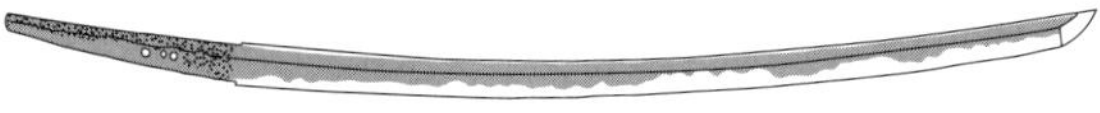

太刀

国宝

山鳥毛一文字《やまとりげいちもんじ》

山鳥の羽毛にみえる刃文

《銘》無銘

刃文が山鳥の羽毛のように見えることから、山鳥毛一文字という。もともとは関東管領上杉《かんとうかんれいうえすぎ》家の家宝であったらしく、その重臣で上野《こうずけ》国（群馬県）白井《しらい》城主長尾憲景《ながおのりかげ》が所持していた。このころ、関東では相模《さがみ》国（神奈川県）の北条氏康《ほうじょううじやす》が台頭し、関東管領上杉憲政《のりまさ》は、居城であった上野国平井《ひらい》城を落とされてしまう。進退に窮した憲政が越後《えちご》国（新潟県）の上杉謙信《うえすぎけんしん》を頼った際、長尾憲景が謙信に山鳥毛一文字を贈ったものであるらしい。

上杉家では、当初、備前《びぜん》国長船《おさふね》の刀鍛冶兼光《かねみつ》の作とされてきたが、いまでは、一文字の作とされている。江戸《えど》時代を通じて上杉家に伝わり、現在は岡山県立博物館《おかやまけんりつはくぶつかん》が所蔵している。

【刃長】二尺六寸一分半（約79cm）

【刀鍛冶】備前国福岡

鎌倉時代中期

◎主な所有者—

長尾憲景
←
上杉謙信

長尾憲景：戦国時代の武将。上野国（群馬県）白井城城主。室町幕府の関東管領、上杉憲政に仕えた。永禄一〇年（一五六七）、武田信玄に攻め込まれ、憲政の養子である越後の上杉謙信のもとへ逃れる。謙信の死後は、武田勝頼らに仕えた。

上杉謙信：戦国時代の武将。初名は長尾景虎。甲斐国の武将、武田信玄と五度に渡って戦った「川中島の戦い」が有名。足利将軍家の信任も厚く、関東管領に任命され、関東の覇権を争って北条氏と対立した。

■所蔵情報
岡山県立博物館
〒703-8257
岡山県岡山市北区後楽園1-5

太刀

上杉謙信の愛刀

姫鶴一文字《ひめづるいちもんじ》

《銘》一

重要文化財

【刃長】
二尺三寸七分
（約72cm）

【刀鍛冶】
備前国福岡

鎌倉時代中期

◎主な所有者―
上杉謙信
←
上杉景勝

上杉謙信《うえすぎけんしん》の愛刀であったもので、もともとは関東管領《かんとうかんれい》上杉家の重宝であったにちがいない。同じく上杉家に伝わった山鳥毛一文字《やまとりげいちもんじ》と比べてやや小ぶりであったことから姫鶴一文字と名づけられたのではなかろうか。謙信の死後は、養子として跡を継いだ景勝《かげかつ》に伝わった。景勝は、家中の名刀を集めて「上杉家御手選三十五腰《おてえらびさんじゅうごよう》」を定めているが、姫鶴一文字は、山鳥毛一文字とともに、「上杉家御手選三十五腰」に選ばれている。

明治維新《めいじいしん》後、行幸の途中に米沢《よねざわ》の上杉邸に立ち寄った明治《めいじ》天皇は、この姫鶴一文字を気に入ったという。そのため、上杉家では押形《おしがた》（刀身の拓本）を作って明治天皇に献上した。

上杉謙信：戦国時代の武将。初名は長尾景虎。甲斐国の武将、武田信玄と五度に渡って戦った「川中島の戦い」が有名。足利将軍家の信任も厚く、関東管領に任命され、関東の覇権を争って北条氏と対立した。

上杉景勝：安土桃山～江戸時代初期の大名。叔父上杉謙信の養子。秀吉に従い、陸奥国（福島県）会津一二〇万石の領主となる。豊臣政権五大老の一人。慶長五年（一六〇〇）の「関ヶ原の戦い」では徳川家康に敵対。出羽国（山形県）米沢藩三〇万石に減封された。

■**所蔵情報**
米沢市上杉博物館
〒992-0052
山形県米沢市丸の内1-2-1

太刀

国宝

長篠の戦いの戦功で奥平信昌が拝領

長《なが》篠《しの》一《いち》文《もん》字《じ》

《銘》一

【刃長】二尺三寸四分（約71cm）

【刀鍛冶】備前国福岡

鎌倉時代中期

◉主な所有者―
織田信長
↓
奥平信昌

もともとは織田信長《おだのぶなが》が所持していたが、天正《てんしょう》三年（一五七五）、長篠《ながしの》・設楽原《したらがはら》の戦いで徳川家康《とくがわいえやす》とともに甲斐国《かい》（山梨県）の武田《たけだ》勝頼《かつより》を破った信長は、戦後、家康の家臣奥平信昌《おくだいらのぶまさ》にこの太刀を与えた。信昌は、武田軍に包囲された長篠城を死守しており、そのことが長篠での勝利に貢献したと信長はみていたからである。事実、長篠城が落城して武田方の拠点となってしまったら、長篠の戦いの結果も、どうなっていたのかはわからない。

長篠の戦い後、信昌はこの太刀を長篠一文字とよび、奥平家の家宝とする。信昌の子忠明《ただあきら》は、家康から松平《まつだいら》姓を与えられ、長篠一文字も、後裔《こうえい》の武蔵《むさし》国（埼玉県）忍《おし》藩藩主松平家に伝わった。

武田勝頼：戦国～安土桃山時代の武将。武田信玄の四男。信玄の死により家督を相続。天正三年（一五七五）の「長篠の戦い」で、織田・徳川連合軍に大敗。上杉景勝と同盟を結ぶなどして再建をはかったが、織田軍の攻撃を受けて自害した。

奥平信昌：安土桃山～江戸時代初期の武将。徳川家康に仕えた。天正三年（一五七五）の「長篠の戦い」では長篠城を守り抜き、織田・徳川連合軍の勝利を呼び寄せた。上野国（群馬県）小幡藩初代藩主。のちに美濃国（岐阜県）加納藩初代藩主。

太刀

婆娑羅大名佐々木導誉が所持

道誉一文字《どうよいちもんじ》

《銘》一

【刃長】二尺六寸四分（約80cm）	【刀鍛冶】備前国福岡	鎌倉時代中期

◎主な所有者──

佐々木道誉

　足利尊氏《あしかがたかうじ》に従って室町《むろまち》幕府の開幕にも大きな役割を果たした佐々木道誉《ささきどうよ》が所持していたことから道誉一文字という。道誉は、連歌・茶の湯などにも通じた文化人で、派手な振る舞いから婆娑羅《ばさら》大名《だいみょう》ともよばれている。しかし、戦国時代になると、後裔《こうえい》の京極《きょうごく》高清《たかきよ》が家臣の浅井亮政《あざいすけまさ》に追放され、没落してしまう。道誉一文字も、そのとき浅井家に渡ったものかもしれない。

　天正《てんしょう》元年（一五七三）、浅井長政《ながまさ》が織田信長《おだのぶなが》に反旗《はんき》を翻《ひるがえ》して滅ぼされたあとは、豊臣秀吉《とよとみひでよし》・徳川家康《とくがわいえやす》の手に渡ったようである。江戸《えど》時代には、岡山《おかやま》藩主池田《いけだ》家、盛岡《もりおか》藩主南部《なんぶ》家に伝わった。明治維新《めいじいしん》後、南部家から明治天皇に献上され、現在は御物《ぎょぶつ》となっている。

足利尊氏：室町幕府初代将軍。後醍醐天皇の鎌倉幕府倒幕運動「元弘の変」では、幕府に反旗を翻し京都を制圧。のちに後醍醐天皇と対立し、光明天皇を擁立すると、室町幕府を創設した。

佐々木道誉：鎌倉末期～南北朝時代の武将。佐々木高氏。足利尊氏に従い、室町幕府創設に関与。近江（滋賀県）・出雲（島根県）などの守護を務めた。

浅井長政：戦国～安土桃山時代の武将。織田信長の妹、お市を妻として同盟を結び、北近江に勢力を拡大。のちに信長と対立し、元亀元年（一五七〇）の「姉川の戦い」で敗北。続いて小谷城を攻められて自害した。

■所蔵情報

三の丸尚蔵館（宮内庁）

〒100-8111

東京都千代田区千代田1-1

太刀

浅井長政が所持

浅《あざ》井《い》一《いち》文《もん》字《じ》

《銘》一

【刃長】二尺一寸六分（約65cm）

【刀鍛冶】備前国福岡

鎌倉時代中期

◎主な所有者—

浅井長政

近江国《おうみ》（滋賀県）の戦国大名浅井長政《あざいながまさ》が所持していたことから、浅井一文字とよぶ。長政は、織田《おだ》信長《のぶなが》の妹お市《いち》の方《かた》を正室に迎えており、このとき、信長から一文字の太刀を贈られている。

その後、義兄にあたる信長から離反した長政は、天正《てんしょう》元年（一五七三）、居城の小谷《おだに》城を攻められて自害した。浅井一文字は、長政の長女淀殿《よどどの》に形見分けされ、その淀殿が豊臣秀吉《とよとみひでよし》の側室になったことで、秀吉との子秀頼《ひでより》に伝わったという。

元和《げんな》元年（一六一五）の大坂夏《なつ》の陣《じん》後、徳川家康《とくがわいえやす》の手に渡り、二代将軍秀忠《ひでただ》が加賀《かが》藩主前田利常《まえだとしつね》に下賜《かし》。その後、徳川綱吉《つなよし》の近臣柳沢吉保《やなぎさわよしやす》が一〇〇〇貫文（約三〇〇〇万円）で譲り受けたという。

浅井長政：戦国～安土桃山時代の武将。織田信長の妹、お市を妻として同盟を結び、北近江に勢力を拡大。のちに信長と対立し、元亀元年（一五七〇）の「姉川の戦い」で敗北。続いて小谷城を攻められて自害した。

豊臣秀頼：秀吉の三男。安土桃山～江戸時代前期の大名。秀吉の死後、関ヶ原の戦い以降も、影響力を持ったが、大坂夏の陣で徳川方に迫られ、母淀殿らと共に自害した。

太刀

荒波一文字《あらなみいちもんじ》

荒波のなかでの武功

《銘》一

【刃長】二尺三寸七分（約72cm）
【刀鍛冶】備前国福岡
鎌倉時代中期

◎主な所有者——織田信長

天正《てんしょう》元年（一五七三）、織田信長《おだのぶなが》によって一五代将軍に擁立された足利義昭《あしかがよしあき》は、信長に反旗《はんき》を翻《ひるがえ》して追放された。だが、義昭を支援していた三好三人衆《みよしさんにんしゅう》、すなわち三好長逸《ながゆき》・三好政康《まさやす》・石成友通《いわなりともみち》は抵抗を続ける。信長は細川藤孝《ほそかわふじたか》に命じ、石成友通が籠もる山城《やましろ》国（京都府）の淀《よど》城を攻めさせた。友通とともに淀城を守っていた幕臣は信長に内通していて動かず、友通が城から打って出たところ、藤孝の家臣下津権内《おりつごんない》がこの太刀で友通を討ち取ったという。

このあと下津権内は、淀川の荒波のなかで討ち取ったことから、自らの太刀を荒波一文字とよぶ。そして、この荒波一文字を信長に献上したと伝わる。

細川藤孝：戦国〜江戸時代初期の武将。室町幕府一三代将軍足利義輝に仕え、のちに義昭擁立に尽力。以後、織田信長、豊臣秀吉、徳川家康に重用された。慶長五年（一六〇〇）の「関ヶ原の戦い」では、長男忠興が東軍について活躍。忠興は戦後に豊前国（福岡県ほか）小倉藩初代藩主となった。

太刀

大内家の家宝

千鳥一文字《ちどりいちもんじ》

《銘》一

◉主な所有者―
毛利輝元
←
豊臣秀吉

【刃長】
二尺一寸五分
（約65cm）

【刀鍛冶】
備前国福岡

鎌倉時代中期

千鳥一文字という名前の由来についてはわかっていない。もともとは、周防国《すおう》（山口県）の戦国大名大内家《おおうち》の家宝であったといい、大内義隆《よしたか》の滅亡後、毛利輝元《もうりてるもと》が所持していた。一説に、大内家から厳島《いつくしま》神社に奉納されたものを輝元が譲りうけたともいわれるが、その間の経緯については不明である。

天正《てんしょう》十四年（一五八六）、関白《かんぱく》となった豊臣秀吉《とよとみひでよし》は、薩摩《さつま》国（鹿児島県）の島津義久《しまづよしひさ》を討つべく、自ら出陣。総勢一八万余の大軍で九州に上陸し、翌天正十五年、義久を服属させた。その帰途、赤間関《あかまがせき》（現在の下関《しものせき》）で秀吉を迎えた輝元が、戦勝を祝賀してこの千鳥一文字を献上したという。

大内義隆：戦国時代の武将。周防国（山口県）を本拠として中国地方から北九州までを支配。家臣陶晴賢の反逆によって自害した。

毛利輝元：安土桃山～江戸前期の大名。長州藩（山口県）の藩祖。豊臣政権五大老の一人。慶長五年（一六〇〇）の「関ヶ原の戦い」では西軍総大将を務めた。

打刀

猫を切った高僧南泉の故事

南《なん》泉《せん》一《いち》文《もん》字《じ》

重要文化財

《銘》無銘

【刃長】二尺三分（約62cm）

【刀鍛冶】備前国福岡

鎌倉時代中期

◎主な所有者―

豊臣秀吉

↓

徳川家康

もともとは足利《あしかが》将軍家の家宝で、研ぎに出して立てかけていたところ、飛び込んできた猫が、真っ二つになってしまったのだという。唐《とう》代の中国に猫を切った南泉《なんせん》という高僧がおり、その故事にちなんで南泉一文字とよばれるようになったと伝わる。ちなみに、中国の仏教書『碧巌録《へきがんろく》』によると、南泉は、猫に仏性があるか否かについて言い争う修行僧たちに悟りを開かせるため、猫を切ったというのだから、猫が飛び込んできたという話とは関係がない。

その後、豊臣秀吉《とよとみひでよし》が手に入れ、子の秀頼《ひでより》が、慶長《けいちょう》十六年（一六一一）に二条《にじょう》城で徳川家康《とくがわいえやす》に対面したとき、家康に贈った。家康から子の義直《よしなお》に伝わり、現在は徳川美術館《とくがわびじゅつかん》に収蔵されている。

豊臣秀頼：秀吉の三男。安土桃山～江戸時代前期の大名。秀吉の死後、関ヶ原の戦い以降も、影響力を持ったが、大坂夏の陣で徳川方に迫られ、母淀殿らと共に自害した。

■所蔵情報
徳川美術館
〒461-0023
名古屋市東区徳川町1017

太刀

国宝

岡田切吉房《おかだぎりよしふさ》

織田信雄が家老岡田重孝を誅殺

《銘》吉房

【刃長】二尺三寸（約70cm）

【刀鍛冶】備前国福岡　吉房

鎌倉時代中期

◎主な所有者―

織田信雄

もともとは、織田信長《おだのぶなが》が所蔵していたらしい。信長が天正《てんしょう》十年（一五八二）の本能寺《ほんのうじ》の変《へん》に倒れると、子の信雄《のぶかつ》は、父信長の後継者になろうとする豊臣秀吉《とよとみひでよし》と対立。天正十二年（一五八四）、信雄は家老岡田重孝《おかだしげたか》が秀吉に通じたとして、この太刀で誅殺《ちゅうさつ》したという。そのため、岡田切吉房とよばれるようになった。ちなみに、このとき、信雄は同時に津川義冬《つがわよしふゆ》・浅井長時《あざいながとき》の二家老も誅殺している。そうした混乱のなか、小牧《こまき》・長久手《ながくて》の戦いで秀吉と戦って敗北。これにより、秀吉が天下人になることになったのである。

明治維新《めいじいしん》後、三井物産《みついぶっさん》会社の社長益田孝《ますだたかし》が大正《たいしょう》天皇に献上し、現在は東京国立博物館《とうきょうこくりつはくぶつかん》に収蔵されている。

織田信雄：安土桃山～江戸時代初期の武将。織田信長の二男。天正一二年（一五八四）の「小牧・長久手の戦い」では徳川家康と組んで、豊臣秀吉と戦ったが勝敗がつかず講和。「大坂の陣」では徳川方につき、大和国（奈良県）宇陀松山藩を与えられた。

岡田重孝：戦国～安土桃山時代の武将。織田信長、信長の死後は、二男信雄に仕えた。しかし、豊臣秀吉との内通を信雄に疑われて殺された。

■所蔵情報

東京国立博物館

〒110-8712

東京都台東区上野公園13-9

太刀

国宝

日光東照宮に奉納された助真

日光助真《にっこうすけざね》

《銘》助真

【刃長】二尺三寸四分（約71cm）

【刀鍛冶】備前国福岡　助真

鎌倉時代中期

◎主な所有者―

加藤清正
↓
徳川家康

徳川家康《とくがわいえやす》は、慶長《けいちょう》十四年（一六〇九）、一〇男頼宣《よりのぶ》と熊本《くまもと》藩主加藤清正《かとうきよまさ》の娘八十姫《やそひめ》との婚約を結ぶ。このとき、清正から家康に贈られたのが、この太刀だった。豊臣秀吉《とよとみひでよし》の遺児秀頼《ひでより》と対立した家康は、豊臣恩顧《おんこ》の清正を味方にしておきたかったのである。

清正は慶長十六年（一六一一）に没し、元和《げんな》元年（一六一五）の大坂夏《おおさかなつ》の陣《じん》で豊臣家を滅ぼした家康も翌元和二年には死去。助真《すけざね》作のこの太刀は、家康を祀る日光東照宮《にっこうとうしょうぐう》に納められたことから、日光助真とよばれ、いまも日光東照宮が所蔵している。

なお、元和三年（一六一七）、当初の約束通り、八十姫は頼宣のもとに嫁ぎ、頼宣は紀伊《きい》藩主となった。

加藤清正：安土桃山～江戸時代初期の武将。豊臣秀吉の家臣で賤ヶ岳の七本槍の一人として知られる。秀吉の死後は、徳川家康に仕え、慶長五年（一六〇〇）の「関ヶ原の戦い」の功績で、肥後国（熊本県）熊本藩を与えられた。

豊臣秀頼：秀吉の三男。安土桃山～江戸時代前期の大名。秀吉の死後、関ヶ原の戦い以降も、影響力を持ったが、大坂夏の陣で徳川方に迫られ、母淀殿らと共に自害した。

■所蔵情報
日光東照宮
〒321-1431
栃木県日光市山内2301

打刀

生駒家伝来の光忠

国宝

生駒光忠《いこまみつただ》

《銘》光忠光徳（花押）
生駒讃岐守所持

【刃長】二尺二寸六分（約68cm）

【刀鍛冶】備前国長船　光忠

鎌倉時代中期

◎主な所有者― 生駒親正

もともとの銘《めい》は存在しないが、刀剣の鑑定家本阿弥《ほんあみ》によって光忠《みつただ》の作と確認されており、金象嵌《きんぞうがん》で「光忠光徳（花押）」と入れられている。また、「生駒讃岐守《いこまさぬきのかみ》所持」の金象嵌銘《きんぞうがんめい》があることから明らかなように、豊臣秀吉《とよとみひでよし》の家臣で、秀吉による四国《しこく》平定後の天正《てんしょう》十五年（一五八七）、讃岐《さぬき》国（香川県）一国一五万石を与えらた生駒《いこま》親正《ちかまさ》が所持していた。そのため、生駒光忠という。

生駒家は親正の曾孫高俊《たかとし》のとき、家臣間の内紛による御家騒動《おいえそうどう》がおこり、所領を没収されてしまう。その後の経緯については明らかでないが、近代になって、熊本《くまもと》藩主であった細川《ほそかわ》家が購入した。現在は、細川家の歴史遺産を保管する永青文庫《えいせいぶんこ》が所蔵している。

生駒親正：戦国～江戸時代初期の武将。織田信長、豊臣秀吉に仕え、賤ヶ岳の戦いなどで功をあげた。讃岐一国を与えられ、高松城を築城。関ヶ原の戦いでは西軍についたが、長男一正が東軍についたため所領は安堵された。

■所蔵情報
永青文庫
〒112-0015
東京都文京区目白台1-1

打刀

摂津池田家の名刀か

池《いけ》田《だ》光《みつ》忠《ただ》

《銘》光忠

【刃長】**一尺九寸三分**（約58cm）

【刀鍛冶】**備前国長船　光忠**

鎌倉時代中期

◎主な所有者―　**十河一存**

伝来については、不明確な部分が多い。摂津《せっつ》国（大阪府）池田《いけだ》城主《じょうしゅ》池田《いけだ》家が所有していたのではなかろうか。戦国時代には、三好長慶《みよしながよし》の弟十河一存《そごうかずまさ》に伝わっていた。一存は、「鬼十河」との異名をとるほどの活躍を見せたが早世し、養子の存保《まさやす》が跡を継ぐ。存保は、織田信長《おだのぶなが》・豊臣秀吉《とよとみひでよし》に従って本領《ほんりょう》を安堵《あんど》されるものの、秀吉による九州平定に従軍した際、豊後《ぶんご》国（大分県）で行われた戸次川《へつぎがわ》の戦いで島津《しまづ》軍に破れて討ち死にし、十河家は没落した。

その後の経緯については定かではないが、徳川家康《とくがわいえやす》から水戸《みと》徳川家の徳川頼房《よりふさ》に伝来。江戸《えど》時代を通じて水戸徳川家の家宝となったが、大正《たいしょう》十二年（一九二三）の関東大震災《かんとうだいしんさい》で焼失した。

三好長慶：戦国時代の武将。管領細川晴元につかえたが、のちに対立。晴元から実権を奪って足利義輝らを京都から追放し、権勢を振るった。

十河一存：戦国時代の武将。三好長慶の弟。讃岐国（香川県）十河城主十河景滋の養子。天文一八年（一五四九）の「摂津江口の戦い」で、父の敵である三好政長を討ち取った。

打刀

実休光忠《じっきゅうみつただ》

三好実休、最期の刀剣

《銘》光忠

【刃長】二尺三寸（約70cm）
【刀鍛冶】備前国長船　光忠
鎌倉時代中期

◎主な所有者―
三好実休←畠山高政←織田信長

三好長慶《みよしながよし》の弟三好実休《じっきゅう》が所持していたことから、実休光忠という。実休は、永禄《えいろく》五年（一五六二）、河内《かわち》国（大阪府）の守護《しゅご》畠山高政《はたけやまたかまさ》に久米田《くめだ》の戦いで敗れ、討ち死にした。このとき、実休光忠は、高政に奪い取られている。

高政は、永禄十一年（一五六八）、足利義昭《あしかがよしあき》を奉じて上洛した織田信長《おだのぶなが》に臣従し、実休光忠を献上。信長は、実休光忠を気に入っていたのだろう。天正《てんしょう》十年（一五八二）の本能寺《ほんのうじ》の変《へん》の際にも、佩用《はいよう》していた。このため、本能寺で焼けてしまうことになってしまうが、信長の跡を継いだ豊臣秀吉《とよとみひでよし》によって再刃され、大坂《おおさか》の陣《じん》後、徳川家康《とくがわいえやす》の手に渡っている。

三好長慶：戦国時代の武将。管領細川晴元につかえたが、のちに対立。晴元から実権を奪って足利義輝らを京都から追放し、権勢を振るった。
三好実休：戦国時代の武将。三好長慶の弟。三好義賢。阿波国の守護細川持隆につかえたが、のちに暗殺。持隆の子真之をたてて実権を握った。永禄五年（一五六二）の「久米田の戦い」で戦死。
畠山高政：戦国～安土桃山時代の武将。室町幕府河内国（大坂府）の守護大名。三好長慶とは同盟と対立を繰り返したが、永禄五年（一五六二）の「久米田の戦い」では、長慶の弟実休を討ち取る戦果をあげた。

打刀

燭台ごと家臣を切った伊達政宗

燭台切光忠《しょくだいきりみつただ》

《銘》不明

【刃長】二尺二寸（約67cm）

【刀鍛冶】備前国長船　光忠

鎌倉時代中期

◎主な所有者―
織田信長←豊臣秀吉←伊達政宗

織田信長《おだのぶなが》は光忠《みつただ》の作を好んでいたことで知られ、この刀も、信長から豊臣秀吉《とよとみひでよし》に伝わったものである。慶長《けいちょう》元年（一五九六）、秀吉が地震で倒壊した山城国《やましろのくに》（京都府）伏見《ふしみ》城を再建したところ、御座船《ござぶね》を献上した伊達政宗《だてまさむね》に対し、秀吉が下賜《かし》した。

帰国した政宗が、あるとき、粗相のあった家臣を成敗しようとしたところ、その家臣は燭台《しょくだい》の後ろに隠れてしまう。そこで政宗が燭台ごと切り捨てたことから、以来、燭台切光忠とよばれるようになったとされる。その後、政宗は、水戸《みと》徳川家の徳川頼房《とくがわよりふさ》が所望したため、燭台切光忠を譲渡する。江戸《えど》時代を通じて水戸徳川家の家宝となったが、関東大震災《かんとうだいしんさい》で焼失したため、現存していない。

伊達政宗：安土桃山～江戸時代初期の武将。伊達氏一七代当主。幼少時に右目を失明し、独眼竜と呼ばれた。豊臣秀吉に仕えて朝鮮に出兵したが、「関ヶ原の戦い」、「大坂の陣」では徳川方につき、仙台藩初代藩主となった。

打刀

重要文化財

高麗鶴光忠《こまづるみつただ》

文禄の役で小早川隆景が佩用

《銘》
光忠高麗鶴
小早川隆景文禄之役佩用

【刃長】二尺四寸六分（約75cm）

【刀鍛冶】備前国長船　光忠

鎌倉時代中期

◎主な所有者―

小早川隆景

毛利元就《もうりもとなり》の子で小早川《こばやかわ》家を継いでいた小早川隆景《たかかげ》が所持していたという。文禄《ぶんろく》元年（一五九二）から始まる文禄の役《えき》で、隆景は朝鮮《ちょうせん》に渡海し、この刀を佩用《はいよう》して活躍。なかでも碧蹄館《へきていかん》の戦いでは、明《みん》軍を破るという活躍をしている。当時、朝鮮のことを「高麗《こま》」とよんでいたことから、この刀が高麗鶴光忠とよばれるようになったものであろう。もともとの銘《めい》は存在しないが、金象嵌《きんぞうがん》で「光忠高麗鶴」「小早川隆景文禄之役佩用」と入れられている。

隆景は、慶長《けいちょう》二年（一五九七）年に没し、跡を養子の秀秋《ひであき》が継ぐ。この秀秋が関ケ原《せきがはら》の戦い直後の慶長七年（一六〇二）に嗣子なく早世したため、小早川家は断絶した。

毛利元就：戦国時代の武将。周防国の守護、大内義隆につかえる。義隆を殺した陶晴賢を「厳島の戦い」で討ち破り、中国全域を支配する戦国大名となった。隆元・元春・隆景の三子に与えた教訓が「三本の矢の教え」として有名。

小早川隆景：戦国～安土桃山時代の武将。毛利元就の三男。竹原・沼田の小早川家を継ぎ、兄吉川元春とともに毛利家発展に尽くした。秀吉の「中国攻め」のさいには講和を進め、のちに豊臣政権五大老の一人となった。

小早川秀秋：安土桃山時代の武将。豊臣秀吉の養子となった後、豊臣政権五大老の一人、小早川隆景の養嗣子に。慶長五年（一六〇〇）の「関ヶ原の戦い」では西軍から東軍に転じ、東軍勝利の一因を作った。

薙刀→脇差

数奇な運命をたどった大友家の重宝

骨喰藤四郎《ほねばみとうしろう》

重要文化財

《銘》無銘

【刃長】
一尺九寸六分
（約69cm）

【刀鍛冶】
山城国粟田口　吉光

鎌倉時代中期

◎主な所有者―
足利義輝←大友宗麟←豊臣秀吉

骨喰《ほねばみ》というおどろおどろしい名は、斬る真似をしただけでも、骨をも砕くほどの切れ味を比喩したものであるらしい。もともとは薙刀《なぎなた》であり、伝承によると鎌倉《かまくら》時代初期、豊後《ぶんご》国（大分県）の守護となった大友能直《おおともよしなお》が、源《みなもとの》頼朝《よりとも》から拝領したという。ただ、それでは作者である吉光が活躍した時代とあわないので、大友家歴代の誰かが幕府から拝領したものかもしれない。

大友家は、相模《さがみ》国（神奈川県）大友郷を本領とする御家人《ごけにん》であったが、文治《ぶんじ》五年（一一八九）、頼朝による奥州攻めに功をたて、豊後国の守護《しゅご》に任ぜられたものである。いずれにしても、鎌倉時代を通じて、骨喰藤四郎は大友家の重宝となっていた。

大友能直：鎌倉時代初期の武将。大友家初代当主。源頼朝の寵愛を受け、建久七年（一一九六）に、豊前・豊後（九州）の守護となった。

源頼朝：鎌倉幕府初代将軍。源義朝の三男。以仁王の命を受けて平氏打倒の兵を挙げ、鎌倉を本拠として関東を支配。平氏を全滅させると、諸国に守護・地頭を設置して、武家政権の基礎を確立させた。

しかし、建武《けんむ》三年（一三三六）、後醍醐《ごだいご》天皇に反旗を翻した足利《あしかが》が態勢を立て直すため九州に下ったおり、ときの当主貞宗《さだむね》が尊氏に献上した。それ以来、骨喰藤四郎は、足利将軍家の重宝となったのである。

応仁《おうにん》・文明《ぶんめい》の乱を機に室町《むろまち》幕府は弱体化し、永禄《えいろく》八年（一五六五）には、一三代将軍足利義輝《よしてる》が松永久秀《まつながひさひで》や三好《みよし》三人衆、すなわち三好長逸《ながゆき》・三好政康《まさやす》・石成友通《いわなりともみち》らに襲撃されて殺されてしまう。このとき、骨喰藤四郎も久秀によって奪われた。

これを聞いて憤慨したのが、大友宗麟《おおともそうりん》である。足利将軍家に献上したはずの重宝が、将軍を殺害した久秀の手に渡ってしまったのだから当然といえよう。結局、宗麟は久秀に贈り物と金銀三〇〇〇両を贈るという条件で返還してもらった。そのころの大友家は、九州をほぼ平定するほどの勢威があり、久秀としても拒絶できなかったのである。

そのような大友家も、天正《てんしょう》六年（一五七八）、薩摩《さつま》国（鹿児島県）の島津《しまづ》家と戦った日向《ひゅうが》国（宮崎県）耳川《みみかわ》の戦いに敗れたことで、衰退していく。そして、宗麟が関白《かんぱく》となった豊臣秀吉《とよとみひでよし》に支援を求めた

足利尊氏：室町幕府初代大将軍。後醍醐天皇の鎌倉幕府倒幕運動「元弘の変」では、幕府に反旗を翻し京都を制圧。のちに後醍醐天皇と対立し、光明天皇を擁立すると、室町幕府を創設した。

大友貞宗：鎌倉時代末期の武将。大友家六代当主。鎌倉幕府の鎮西探題北条英時に仕えていたが、足利尊氏率いる倒幕側の優勢が九州に伝わると、英時から離反した。

足利義輝：室町幕府一三代大将軍。畿内の戦国大名、三好長慶らと対立。長慶の死後、三好義継、三好三人衆らの軍勢に二条御所を襲撃されて討死した。

大友宗麟：戦国時代～安土桃山時代にかけての武将、キリシタン大名。大家氏二一代当主。天正十年（一五八二）、天正遣欧少年使節を派遣した。

結果、天正十四年（一五八六）、島津家討伐を図る秀吉によって九州攻めが行われることになった。このとき、宗麟が秀吉に骨喰藤四郎を献上したと伝わる。

そして、骨喰藤四郎は、秀吉によって切り詰められ、長脇差《ながわきざし》へと姿を変えたという。その後は、秀吉の子秀頼《ひでより》に伝えられた。元和《げんな》元年（一六一五）、大坂夏の陣で大坂城が落城したときには、幸か不幸か、茶坊主によって盗み出されたため、焼失を免れたらしい。骨喰藤四郎が天下に名の知れた名刀であったため、茶坊主も売るに売れず、捨てたのだろうか。これを拾った町人が家康《いえやす》に届け出たため、家康から一〇〇両（約一二〇〇万円）を拝領したのだという。

だが、明暦《めいれき》三年（一六五七）で惜しくも焼けてしまい、再刃された。その後も、徳川《とくがわ》将軍家の重宝として伝えられ、明治維新後、徳川宗家一六代目の家達《いえさと》によって、秀吉を祀る豊国《とよくに》神社に奉納された。現在も豊国神社が所蔵し、京都国立博物館《きょうとこくりつはくぶつかん》に寄託されている。

■所蔵情報
豊国神社
〒605-0931
京都府京都市東山区
大和大路通り正面茶屋町530

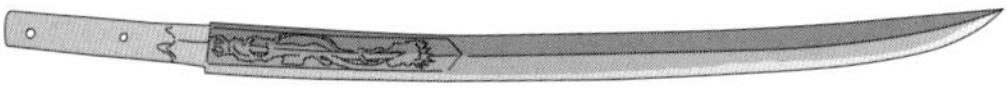

太刀

「天下の三名工」吉光、一世一代の傑作

一期《いちご》一振《ひとふり》藤四郎《とうしろう》

《銘》吉光（額銘）

【刃長】二尺二寸八分（約69cm）

【刀鍛冶】山城国粟田口 吉光

鎌倉時代中期

◉主な所有者――
毛利輝元←豊臣秀吉←徳川家康

粟田口《あわたぐち》一門の刀鍛冶で「天下の三名工」のひとりと謳われた吉光《よしみつ》は、通称を藤四郎《とうしろう》といい、短刀の製作を得意としていた。そのため、太刀《たち》の作例はきわめて少ない。この太刀は、吉光が一世一代の傑作として鍛えたとされることから、一期一振藤四郎とよばれている。ちなみに、吉光が生涯にわたって一振の太刀しか作らなかったため、一期一振とよばれるようになったといわれることもあるが、吉光の太刀はこのほかにも存在する。つまり、一振の太刀しか作らなかったというのは、事実ではない。

粟田口は、現在の京都市東山区《ひがしやま》の北西に位置し、東海道《とうかいどう》に通じていた。そのため、古来、交通の要衝として知られ、刀鍛冶の粟田

毛利輝元：安土桃山～江戸前期の大名。長州藩（山口県）の藩祖。豊臣政権五大老のひとり。慶長五年（一六〇〇）の「関ヶ原の戦い」では西軍総大将を務めた。

越前康継：江戸時代の刀工。江戸幕府御用鍛冶。初代から幕末の九代まで名を相伝し、徳川家の家紋を作刀の茎に刻むことを許された。

口一門も、ここに工房を構えていたものである。同門の刀鍛冶には、国友《くにとも》・久国《ひさくに》・国安《くにやす》・則国《のりくに》・国吉《くによし》・国光《くにみつ》などがいる。

一期一振藤四郎は、もともとは安芸国《あき》（広島県）の戦国大名毛利《もうり》家の重宝であったが、天正《てんしょう》十八年（一五九〇）、豊臣秀吉《とよとみひでよし》が大坂城下にあった毛利輝元《てるもと》の邸宅を訪れた際、輝元が秀吉に献上したという。その後は、秀吉から子の秀頼《ひでより》に伝えられたが、元和《げんな》元年（一六一五）の大坂夏の陣で焼けてしまう。しかし、すぐに徳川《とくがわ》家康《いえやす》の命をうけた越前国《えちぜん》（福井県）出身の刀鍛冶の康継《やすつぐ》が再刃したが、このとき、二尺八寸三分から二尺二寸八分に切り詰められたという。なお、当初に刻まれていた「吉光」という銘は、切り取られて現在は額のように嵌め込まれている。

再刃された一期一振藤四郎は、尾張《おわり》徳川家の徳川義直《よしなお》に与えられ、以来、尾張徳川家に伝わった。そして、文久《ぶんきゅう》三年（一八六三）、時の藩主徳川茂徳《もちなが》が孝明《こうめい》天皇に献上したため、現在は御物として、宮内庁《くないちょう》三の丸尚蔵館《まるしょうぞうかん》に収蔵されている。

■所蔵情報
三の丸尚蔵館（宮内庁）
〒100-8111
東京都千代田区千代田1-1

薙刀→脇差

もとは薙刀のため鯰の尾に似る

鯰《なまず》尾《お》藤《とう》四《し》郎《ろう》

《銘》吉光

【刃長】
一尺二寸八分
（約39cm）

【刀鍛冶】
山城国粟田口　吉光

鎌倉時代中期

◉主な所有者―
豊臣秀吉
←
豊臣秀頼

薙刀《なぎなた》を短く切り詰めて脇差にしたもので、形が鯰の尾に似ていることから鯰尾藤四郎という。豊臣秀吉《とよとみひでよし》が所有し、その死後は、子の秀頼《ひでより》に伝えられた。

しかし、秀頼は将軍となって江戸に幕府を開いた徳川家康《とくがわいえやす》と対立し、慶長《けいちょう》十九年（一六一四）、居城の摂津《せっつ》国（大阪府）大坂城を攻められてしまう。結局、翌元和《げんな》元年、大坂城は落城し、秀頼は自害を遂げた。このとき、鯰尾藤四郎は焼けてしまったが、家康は越前《えちぜん》国（福井県）の刀鍛冶康継《やすつぐ》に再刃を命じ、家康の死後は、形見分けとして子の義直《よしなお》に伝えられた。現在は、尾張《おわり》徳川家の遺品を管理する徳川黎明会《れいめいかい》が所蔵し、徳川美術館に収蔵されている。

豊臣秀頼：秀吉の三男。安土桃山～江戸時代前期の大名。秀吉の死後、関ヶ原の戦い以降も、影響力を持ったが、大坂夏の陣で徳川方に迫られ、母淀殿らと共に自害した。

越前康継：江戸時代の刀工。初代から幕末の九代まで名を相伝し、江戸幕府御用鍛冶を務めた。徳川家の家紋を作刀の茎に刻むことを許されていた。

■ **所蔵情報**
徳川美術館
〒461-0023
名古屋市東区徳川町1017

短刀

めぐりめぐって前田家の重宝に

平野藤四郎《ひらのとうしろう》

《銘》吉光

大坂の豪商平野道雪《ひらのどうせつ》が所持していたため、平野藤四郎とよぶ。戦国時代末期、豊臣秀吉《とよとみひでよし》の家臣木村常陸介《きむらひたちのすけ》が大判三二枚で購入したという。大判一枚を一二〇万円とすれば、三八四〇万円ほどとなる。この時点では長さが一尺あったというが、短くしたうえで献上した。

その後、前田利家《まえだとしいえ》の子利長《としなが》が豊臣秀吉から拝領するものの、江戸時代になって、二代将軍徳川秀忠《ひでただ》に献上する。しかし、元和《げんな》三年（一六一七）、秀忠が江戸の前田邸を訪れた際、利長の跡を継いでいた利常《としつね》に下賜し、再び前田家の所有となる。明治《めいじ》十五年（一八八二）、前田家が明治天皇に献上したため、現在は御物となっている。

【刃長】九寸九分（約30cm）

【刀鍛冶】山城国粟田口　吉光

鎌倉時代中期

◉主な所有者──
木村常陸介←豊臣秀吉←前田利長

木村常陸介：安土桃山時代の武将。豊臣氏の家臣。天正一一年（一五八三）の「賤ヶ岳の戦い」、天正十二年（一五八四）の「小牧・長久手の戦い」で功績を挙げる。文禄元年（一五九二）には秀吉の養嗣子、秀次の配下として朝鮮に出兵した（文禄の役）。その後、秀次に謀反の疑いがかかり、共に罪に問われ切腹させられる。

前田利長：安土桃山から江戸時代初期にかけての武将。加賀藩初代藩主。織田信長の死後、天正十一年（一五八三）の「賤ヶ岳の戦い」では、柴田勝家側についたが、その後父利家と共に秀吉に恭順する。利家の死後、慶長五年（一六〇〇）の「関ヶ原の戦い」では、家康側について加賀一二〇万石の礎を築いた。

■**所蔵情報**

三の丸尚蔵館（宮内庁）

〒100-8111

東京都千代田区千代田1-1

短刀

厚さで知られた名刀

厚藤四郎《あつとうしろう》

《銘》吉光

厚さが根元部分で四分（一一ミリ）もあったため、厚藤四郎とよぶ。ふつうは二分（六・一ミリ）ほどなので、かなり厚い。

もともとは室町《むろまち》幕府の将軍足利《あしかが》家の所有で、長享《ちょうきょう》元年（一四八七）、九代将軍足利義尚《よしひさ》が近江《おうみ》国（滋賀県）の六角高頼《ろっかくたかより》の追討に向かった鈎《まがり》の陣では、義尚自身が身につけていたと伝わる。

しかし、足利将軍家は、天正《てんしょう》元年（一五七三）、織田信長《おだのぶなが》によって一五代将軍足利義昭《よしあき》が追放され、事実上、室町幕府は滅亡する。このとき、厚藤四郎は、売りに出されたのだろうか。戦国時代末期には、大坂の商人が所持するところになっていた。

それを、刀剣の鑑定家であった本阿弥光徳《ほんあみこうとく》が一〇〇貫文で購入し

【刃長】	七寸二分（約22cm）
【刀鍛冶】	山城国粟田口　吉光
	鎌倉時代中期

◉主な所有者—

一柳直末

←黒田孝高

←豊臣秀次

六角高頼：室町～戦国時代の武将。応仁元年（一四六七）から始まる「応仁・文明の乱」では、山名宗全率いる西軍に属し、近江（現在の滋賀県）の地を京極家と争った。

一柳直末：戦国～安土桃山時代、豊臣秀吉に仕えた武将。天正一三年（一五九〇）の「小田原平定」中、敵の銃弾に倒れた。

黒田孝高：戦国～江戸初期、豊臣秀吉の側近として活躍した武将・大名。軍師黒田官兵衛、出家後の黒田如水の名が広く知られている。天正三年（一五七五）、織田信長より「へし切長谷部」を拝領。

毛利輝元：安土桃山～江戸前期の大名。長州藩（山口県）の藩祖。豊臣政権五大老のひとり。慶長五年（一六〇〇）の「関ヶ原の戦い」では西軍総大将を務めた。

たという。一貫文を三万円とすれば、三〇〇万円ほどということになる。本阿弥光徳が、この厚藤四郎を一柳直末《ひとつやなぎなおすえ》に譲り、さらに一柳直末から黒田孝高《くろだよしたか》、豊臣秀次《とよとみひでつぐ》に伝えられた。秀次は秀吉《ひでよし》の甥であったが、文禄《ぶんろく》四年（一五九五）、秀吉に疎んぜられて自害に追い込まれてしまう。このとき、秀次の近臣山田三十郎《やまださんじゅうろう》が厚藤四郎を拝領し、自害を遂げている。

　これにより、厚藤四郎は秀吉の所有するところになったが、秀吉は慶長《けいちょう》三年（一五九八）死去。その形見分けの際に、毛利輝元《もうりてるもと》の従弟にあたる毛利秀元《ひでもと》が拝領した。江戸時代になって、秀元の孫綱元《つなもと》が江戸幕府の四代将軍徳川家綱《とくがわいえつな》に献上し、小判一〇〇〇枚が下賜されたという。一両小判一枚を一二万円とすると、だいたい一億二〇〇〇万円となる。こうして、厚藤四郎は徳川将軍家の所蔵となり、現在は、国の所有物として、東京国立博物館に保管されている。

■所蔵情報
東京国立博物館
〒110-8712
東京都台東区上野公園13-9

短刀

五虎退《ごこたい》

五頭の虎を追い払った伝説

《銘》吉光

室町《むろまち》幕府の三代将軍足利義満《あしかがよしみつ》に芸能で仕えた同朋衆《どうぼうしゅう》が所持していた。この同朋衆が遣明使《けんみんし》として明、すなわち現在の中国に渡海したおり、五頭の虎に襲われたが、この短刀を抜いて虎を追い払ったという。そのため、顚末を聞いた足利義満の勧めにより、「五虎退《ごこたい》」とよばれるようになった。

その後、五虎退は、朝廷の御物になっていたらしい。越後国《えちご》（新潟県）の上杉謙信《うえすぎけんしん》が永禄《えいろく》二年（一五五九）、十三代将軍足利義輝《よしてる》の要請により上洛した際、正親町《おおぎまち》天皇から謙信が拝領した。その後は、上杉家の所蔵となり、明治《めいじ》十四年（一八八一）、明治天皇が上杉邸に行幸したときには、天覧に供されている。

【刃長】八寸二分（約25cm）

【刀鍛冶】山城国粟田口　吉光

鎌倉時代中期

◎主な所有者―

正親町天皇 ← 上杉謙信

正親町天皇：第一〇六代天皇。在位、弘治三年（一五五七）～天正一四年（一五八六）。織田信長、豊臣秀吉の織豊政権の後ろ盾となって、皇室の権威を高めた。

上杉謙信：戦国時代の武将。初名は長尾景虎。甲斐国の武将、武田信玄と五度に渡って戦った「川中島の戦い」が有名。足利将軍家の信任も厚く、関東管領に任命され、関東の覇権を争って北条氏と対立した。

短刀

松平忠直が配流先に持っていった名刀

増《ま》田《す》藤《だ》四《とう》郎《しろう》

《銘》吉光

【刃長】八寸六分（約26cm）

【刀鍛冶】山城国粟田口　吉光

鎌倉時代中期

◉主な所有者―

松平忠直

もともとは京都の石清水八幡宮《いわしみずはちまんぐう》にあり、増田宗善《ますだそうぜん》が大判二〇枚（約二四〇〇万円）で入手したことから増田藤四郎とよばれる。ただし、増田宗善がどのような人物であったのかはわからない。

江戸《えど》時代になって、増田宗善が徳川家康《とくがわいえやす》の孫にあたる松平忠直《まつだいらただなお》に増田藤四郎を献上したが、これに対し、忠直は一〇〇〇貫文（約三〇〇〇万円）を下賜《かし》したという。忠直は、元和《げんな》元年（一六一五）の大坂の陣で活躍するものの、恩賞に対する不満から将軍家に対する不遜な行動をとった結果、豊後《ぶんご》国（大分県）に配流されてしまう。忠直が配流先で死去すると、増田藤四郎は、越後《えちご》国（新潟県）高田《たかだ》藩主となっていた忠直の子光長《みつなが》のもとに戻された。

松平忠直：江戸時代初期の武将。徳川家康の次男、結城秀康の長男として生まれる。慶長十九年（一六一四）「大坂夏の陣」では真田幸村を討ち取るなどの戦功をあげた。

短刀

毛利家重代の名刀

毛利藤四郎《もうりとうしろう》

《銘》吉光

もともとは、安芸国《あきのくに》（広島県）の戦国大名であった毛利輝元《もうりてるもと》が所持していたため、毛利藤四郎という。毛利家は、鎌倉《かまくら》時代からの地頭《じとう》の系譜をひいた名族であったから、毛利藤四郎も、鎌倉時代以来の家宝であったかもしれない。

慶長《けいちょう》五年（一六〇〇）の関ヶ原《せきがはら》の戦いで、西軍の総大将となった輝元は、東軍の徳川家康《とくがわいえやす》に敗北してしまう。そのころ、毛利藤四郎は輝元から家康に献上されたらしい。のち、家康から播磨《はりま》国（兵庫県）姫路《ひめじ》藩主の池田輝政《いけだてるまさ》に下賜され、池田家の重宝となる。明治《めいじ》維新《いしん》後、池田家から明治天皇に献上された。現在は国の所有となり、東京国立博物館《とうきょうこくりつはくぶつかん》に保管されている。

【刃長】八寸七分半（約27cm）

【刀鍛冶】山城国粟田口　吉光

鎌倉時代中期

◎主な所有者ー
毛利輝元←徳川家康←池田輝政

毛利輝元：安土桃山～江戸前期の大名。長州藩（山口県）の藩祖。豊臣政権五大老のひとり。慶長五年（一六〇〇）の「関ヶ原の戦い」では西軍総大将を務めた。

池田輝政：安土桃山～江戸時代前期の武将。織田信長・豊臣秀吉に使え、慶長五年（一六〇〇）の「関ヶ原の戦い」では、徳川方につき岐阜城を攻略するなどの戦功をあげた。初代姫路藩主。

■所蔵情報
東京国立博物館
〒110-8712
東京都台東区上野公園13-9

短刀

朝倉義景の愛刀

朝倉藤四郎《あさくらとうしろう》

《銘》吉光

もともとは、越前《えちぜん》国（福井県）の戦国大名であった朝倉義景《あさくらよしかげ》が所持していた。そのため、朝倉藤四郎という。朝倉義景は、天下統一を進める織田信長《おだのぶなが》と対立し、天正《てんしょう》元年（一五七三）に滅ぼされた。

その後、朝倉藤四郎がどうなったのかはわからない。江戸《えど》時代になって、摂津《せっつ》国（兵庫県）尼崎《あまがさき》藩主の青山幸成《あおやまよしなり》が一〇〇〇貫文（約三〇〇〇万円）で購入したという。さらに、慶安《けいあん》元年（一六四八）、三河《みかわ》国（愛知県）西尾《にしお》藩主の井伊直好《いいなおよし》から相模《さがみ》国（神奈川県）小田原《おだわら》藩主の稲葉正則《いなばまさのり》が大判六〇枚（約七二〇〇万円）で購入している。正則は天和《てんな》三年（一六八三）に隠居した際、朝倉藤四郎を五代将軍徳川綱吉《とくがわつなよし》に献上。以来、徳川将軍家の重宝となっている。

【刃長】
七寸八分（約24cm）

【刀鍛冶】
山城国粟田口　吉光

鎌倉時代中期

◎主な所有者――
朝倉義景←青山幸成←稲葉正則

朝倉義景：戦国時代の武将。越前朝倉家第一一代当主。浅井長政と共に織田信長に敵対。元亀元年（一五七〇）「姉川の戦い」で織田・徳川軍に敗れると、信長に追い詰められて自決した。

青山幸成：安土桃山～江戸時代初期にかけての武将。摂津尼崎藩初代藩主。徳川家の譜代家臣青山忠成の四男として生まれ、秀忠に使えた。「大坂の陣」に参加。

稲葉正則：江戸時代の譜代大名。相模小田原藩第二代藩主。徳川家光の乳母、春日局の孫でもあったため幕閣で重用され、老中、大政参与として四代将軍家綱に仕えた。

短刀

岩を斬るほどの切れ味だった!?

長《な》束《つか》藤《とう》四《し》郎《ろう》

重要文化財

《銘》吉光

【刃長】七寸六分半（約23cm）

【刀鍛冶】山城国粟田口　吉光

鎌倉時代中期

◉主な所有者—

長束正家
↓
福島正則

岩を斬るほどの切れ味だったのか、もともとは、岩切藤四郎《いわきりとうしろう》とよばれていたという。のち、豊臣秀吉《とよとみひでよし》の所蔵となり、家臣の長束正家《なつかまさいえ》に下賜された。長束正家は、豊臣政権を行政面から支えた五奉行《ごぶぎょう》の一人でもある。以来、長束藤四郎とよばれるようになった。

長束正家は、慶長《けいちょう》五年（一六〇〇）の関ヶ原《せきがはら》の戦いで西軍石田《いしだ》三成《みつなり》に与《くみ》して自害し、長束藤四郎は、福島正則《ふくしままさのり》に伝わった。しかし、寛永《かんえい》元年（一六二四）に福島正則が死去した際、子の正利《まさとし》は許可なく火葬したという咎《とが》で所領を没収されてしまう。このとき、正利は家康の曾孫にあたる奥平忠昌《おくだいらただまさ》にこの長束藤四郎を贈り、取り成しを依頼したらしい。その後、奥平家の所蔵となった。

長束正家：戦国～安土桃山時代の武将。近江国（滋賀県）水口岡山城主。豊臣政権五奉行のひとり。慶長五年（一六〇〇）には西軍として挙兵するも、「関ヶ原の戦い」では本戦に参加できないまま撤退。水口城で自害した。

福島正則：安土桃山～江戸時代初期の武将。豊臣秀吉子飼いの将で、賤ヶ岳の七本槍のひとり。慶長五年（一六〇〇）の「関ヶ原の戦い」では東軍に属し、安芸・備後（広島県）五〇万石を与えられた。

■所蔵情報
東京国立博物館
〒110-8712
東京都台東区上野公園13-9

短刀

前田利政の愛刀

前田藤四郎《まえだとうしろう》

重要文化財

《銘》吉光

【刃長】八寸一分（約25cm）
【刀鍛冶】山城国粟田口　吉光
鎌倉時代中期

◎主な所有者ー
前田利政

前田利家《まえだとしいえ》の次男で、能登国《のと》（石川県）七尾《ななお》城主であった前田利政《としまさ》が所持していたため、前田藤四郎とよぶ。慶長《けいちょう》五年（一六〇〇）の関ヶ原《せきがはら》の戦いで、実兄利長《としなが》が東軍徳川家康《とくがわいえやす》についたものの、利政は正室が西軍石田三成《いしだみつなり》の人質になったことから積極的に戦わず、戦後、所領を没収されてしまう。その後、利政は京都に隠棲し、寛永《かんえい》十年（一六三三）に没した。

前田藤四郎は、利政の子直之《なおゆき》に伝えられたが、ほどなく直之から宗家に献上され、加賀国《かが》（石川県）金沢《かなざわ》藩主前田家の所蔵となった。現在は、金沢藩主前田家の遺品を管理する公益法人前田育徳会《いくとくかい》の所蔵となっている。

前田利政：安土桃山～江戸時代初期の武将。加賀藩藩祖前田利家の次男。慶長五年（一六〇〇）の「関ヶ原の戦い」では東軍に属したが、出兵を拒否。能登（石川県）の所領を没収された。

■所蔵情報
公益法人前田育徳会
〒153-0041
東京都目黒区駒場4-3-55

短刀

秋田家の重宝

秋田藤四郎《あきたとうしろう》

重要文化財

《銘》吉光

比較的小ぶりな短刀で、出羽《でわ》国北部（秋田県）の戦国大名であった秋田《あきた》家の重宝であったことから秋田藤四郎とよぶ。秋田家は、もともとの家名を安東《あんどう》といい、蝦夷管領《えぞかんれい》ともよばれて勢威を誇った。その後、一族が分散して弱体化するものの、天正《てんしょう》十八年（一五九〇）、実季《さねすえ》のときに割拠していた一族をまとめ、関白《かんぱく》となった豊臣秀吉《とよとみひでよし》に臣従している。

慶長《けいちょう》五年（一六〇〇）の関ヶ原《せきがはら》の戦いで、実季は徳川家康に従ったものの、出羽国南部（山形県）の最上義光《もがみよしあき》に讒訴《ざんそ》され、領土を減らされてしまう。子孫は、陸奥《むつ》国南部（福島県）の三春《みはる》藩主として幕末に至った。

【刃長】七寸四分（約22cm）

【刀鍛冶】山城国粟田口　吉光

鎌倉時代中期

◎主な所有者──

秋田実季

秋田実季：安土桃山〜江戸時代初期の武将。出羽国（秋田・山形県）の戦国大名、安東愛季の二男。慶長五年（一六〇〇）の「関ヶ原の戦い」では東軍に属し、江戸幕府成立後は常陸（茨城県）宍戸藩初代藩主となった。

最上義光：安土桃山〜江戸時代初期の大名。伊達政宗の伯父。慶長五年（一六〇〇）の「関ヶ原の戦い」では東軍につき、上杉景勝と戦う。戦後、五七万石に加増され、山形藩初代藩主となった。

短刀

鍋島直茂の愛刀

鍋島藤四郎《なべしまとうしろう》

《銘》吉光

【刃長】七寸七分（約23cm）
【刀鍛冶】山城国粟田口　吉光
鎌倉時代中期

◎主な所有者―
鍋島直茂←池田光仲←徳川綱吉

肥前《ひぜん》国（佐賀県）の戦国大名であった鍋島直茂《なべしまなおしげ》が所持していたことから、鍋島藤四郎という。直茂は、もともと龍造寺隆信《りゅうぞうじたかのぶ》の重臣であったが、天正《てんしょう》十二年（一五八四）の沖田畷《おきたなわて》の戦いで隆信が敗死したため、独立した大名になったものである。

その後、どのような経緯をたどったものか不明であるが、鍋島藤四郎は因幡《いなば》国（鳥取県）鳥取藩主池田光仲《いけだみつなか》に伝わった。さらに、光仲の跡を継いだ綱清《つなきよ》が、五代将軍徳川綱吉《とくがわつなよし》に献上したため、徳川将軍家の重宝となる。一〇代将軍となる徳川家治《いえはる》は元服《げんぷく》に際して鍋島藤四郎を贈られ、さらに一一代将軍となる徳川家斉《いえなり》も、その家治から鍋島藤四郎を贈られた。

鍋島直茂：戦国～江戸時代初期の武将。肥前（佐賀・長崎県）の戦国大名、龍造寺隆信に仕え、豊後（大分県）の大友宗麟を破って北九州一帯を支配した。慶長五年（一六〇〇）の「関ヶ原の戦い」では、息子勝茂が西軍についたが、改易を免れた。佐賀藩の藩祖。

池田光仲：江戸時代前期の大名。因幡国鳥取藩初代藩主。備前国岡山藩主池田忠雄の長男として生まれたが、三才の時に忠雄が死去。岡山藩には従兄弟の池田光政が入り、光仲は鳥取藩に国替えとなった。

短刀

検非違使別当烏丸家の名刀

烏丸藤四郎《からすまるとうしろう》

《銘》吉光

【刃長】八寸五分半（約26ｃｍ）
【刀鍛冶】山城国粟田口　吉光
鎌倉時代中期

◉主な所有者――
烏丸豊光

公家《くげ》の烏丸《からすまる》家に伝わったため、烏丸藤四郎という。烏丸家は、藤原《ふじわら》氏の一族日野資康《ひのすけやす》の子豊光《とよみつ》が烏丸を称したことにはじまる。姉妹が室町《むろまち》幕府の三代将軍足利義満《あしかがよしみつ》および四代将軍足利義持《よしもち》の正室となったことから、政治的な発言権を強めていく。朝廷内でも重きをなし、警察権をもつ検非違使《けびいし》の長官である別当《べっとう》にまで昇進した。そのころ、烏丸藤四郎を所持したという。

しかし、応仁《おうにん》・文明《ぶんめい》の乱で室町幕府が衰退するとともに、烏丸家の権勢も衰えていった。おそらく、子孫が生活のために烏丸藤四郎を手放したのではないだろうか。江戸《えど》時代には、京都の豪商三木《みき》権太夫《ごんだゆう》に伝わっていた。

烏丸豊光：室町時代の公卿。日野資康の子。室町幕府四代将軍足利義持の側近として重用された。六代将軍足利義教のはからいで、烏丸家の祖となった。

短刀

御金改役後藤光次の愛刀

後藤藤四郎《ごとうとうしろう》

重要文化財

《銘》吉光

【刃長】八寸二分（約25ｃｍ）

【刀鍛冶】山城国粟田口　吉光

鎌倉時代中期

◎主な所有者―

後藤光次←土井利勝←徳川光友

江戸《えど》時代、幕府の御金改役《ごきんあらためやく》として金貨などの鋳造を担っていた後藤光次《ごとうみつつぐ》が所持していたため、後藤藤四郎という。どのような経緯をたどったのかわからないが、その後、老中土井利勝《どいとしかつ》の所有となっていた。寛永《かんえい》六年（一六二九）、三代将軍徳川家光《とくがわいえみつ》が江戸の土井邸を訪れた際、利勝が家光に献上している。

寛永十六年（一六三九）、家光の娘千代姫《ちよひめ》が尾張《おわり》徳川家の徳川光友《みつとも》に嫁すにあたり、家光はこの後藤藤四郎を光友に贈った。舅から婿に贈られる、いわゆる婿引き出物ということになろう。以来、尾張徳川家に伝わり、現在は財団法人徳川黎明会《れいめいかい》の所蔵として、名古屋市の徳川美術館に収蔵されている。

後藤光次：江戸時代前期の御金改役。徳川家康のもとで判金の鋳造を行った。ちなみに後藤の屋敷があった江戸本町一丁目は現在の日本橋日本銀行本店所在地にあたる。

土井利勝：江戸時代初期の譜代大名。幼い頃から徳川家康、秀忠に仕え、幕府では老中・大老も務めた。下総国古河藩初代藩主。

■**所蔵情報**

徳川美術館

〒461-0023

愛知県名古屋市東区徳川町1017

短刀

多賀豊後守高忠が築庭で差配

豊後藤四郎《ぶんごとうしろう》

《銘》吉光

【刃長】九寸六分（約29ｃｍ）

【刀鍛冶】山城国粟田口　吉光

鎌倉時代中期

◉主な所有者―

多賀高忠

もともとは室町《むろまち》幕府の侍所《さむらいどころ》所司代《しょしだい》を務めた多賀《たが》高忠《たかただ》の所蔵で、高忠の受領《ずりょう》名が豊後守《ぶんごのかみ》であったことから、豊後藤四郎という。京都の醍醐寺《だいごじ》で庭を造るとき、大勢でも巨石を動かすことができなかったなか、高忠が豊後藤四郎を抜いて差配をしたら動かすことができたとの伝説も残る。刀剣の鑑定に優れていたとされる高忠が所持していたということからも、豊後藤四郎の評価は高い。

このあと、足利義昭《あしかがよしあき》を室町《むろまち》幕府の一五代将軍に就けた織田信長《おだのぶなが》の手に入るが、本能寺《ほんのうじ》の変の際に紛失してしまう。しかし、徳川秀忠《とくがわひでただ》が入手して、今川氏真《いまかわうじざね》の子品川高久《しながわたかひさ》に下賜。高久は、秀忠の父にあたる家康《いえやす》にこの豊後藤四郎を献上したという。

多賀高忠：室町時代の武将。近江国の守護、京極持清の片腕として活躍。応仁元年（一四六七）から文明九年（一四七七）まで続いた「応仁・文明の乱」では細川勝元配下の東軍に属した。

徳川秀忠：江戸幕府第二代将軍。家康の三男。「大坂の陣」では総大将として家康とともに参加。武家諸法度などを発令して幕政の基礎を固めた。

短刀

国宝

信濃藤四郎《しなのとうしろう》

永井信濃守尚政の愛刀

《銘》吉光

【刃長】九寸一分半（約28cm）

【刀鍛冶】山城国粟田口　吉光

鎌倉時代中期

◎主な所有者―

永井尚政
←
酒井忠勝

もともとは、徳川家康《とくがわいえやす》の家臣永井尚政《ながいなおまさ》が所持していた。尚政は、慶長《けいちょう》十年（一六〇五）、従五位下《じゅごいのげ》に叙《じょ》され、信濃守《しなののかみ》に任ぜられる。そのため、この短刀を信濃藤四郎という。ちなみに、東京都新宿区には「信濃町」という地名があるが、これは尚政の屋敷があったことに由来する。その後、尚政は、この信濃藤四郎を徳川将軍家に献上したらしい。

寛永《かんえい》十年（一六三三）、三代将軍徳川家光《いえみつ》の養女大姫《おおひめ》が加賀《かが》（石川県）金沢藩主前田光高《まえだみつたか》に嫁ぐ際、光高が拝領した。このあと、出羽《でわ》（山形県）庄内《しょうない》藩主酒井忠勝《さかいただかつ》に伝わり、現在は、致道《ちどう》博物館に収蔵されている。

永井尚政：安土桃山～江戸時代初期の武将。慶長五年（一六〇〇）の「関ヶ原の戦い」に従軍。慶長十九年（一六一四）の「大坂の陣」でも功績を挙げ、最終的には一〇万石の大名にまで登りつめた。

酒井忠勝：安土桃山～江戸時代初期の武将。出羽庄内藩（山形県）初代藩主。祖父忠次は徳川四天王の筆頭に数えられ、代々徳川家に仕えた。

■所蔵情報

公益財団法人　致道博物館

〒997-0035

山形県鶴岡市家中新町10番18号

短刀

米沢藩主となった上杉景勝が拝領

米沢藤四郎《よねざわとうしろう》

《銘》不明

陸奥《むつ》国（福島県ほか）会津《あいづ》一二〇万石を領する上杉景勝《うえすぎかげかつ》が豊臣《とよとみ》秀吉《ひでよし》から下賜された。しかし景勝は、慶長《けいちょう》五年（一六〇〇）の関ヶ原《せきがはら》の戦いで西軍石田三成《いしだみつなり》に与《くみ》して敗れ、出羽《でわ》国（山形県ほか）から米沢《よねざわ》三〇万石に減らされてしまう。このため、米沢藤四郎とよぶ。

景勝は、この米沢藤四郎を江戸《えど》幕府の二代将軍となった徳川秀忠《とくがわひでただ》に献上し、秀忠は寛永《かんえい》二年（一六二五）、子の忠長《ただなが》の邸宅に赴いたとき、米沢藤四郎を与えている。しかし、忠長は兄の家光《いえみつ》と家督を争って破れ、寛永十年（一六三三）、三代将軍となった兄によって自害を命じられてしまう。これにより、米沢藤四郎は、再び将軍家の所蔵となったが明暦三年（一六五七）の大火で焼けた。

上杉景勝：安土桃山～江戸時代初期の武将。上杉謙信の養子。豊臣政権五大老のひとりで会津一二〇万石を領したが、慶長五年（一六〇〇）の「関ヶ原の戦い」では西軍に属したため、出羽国米沢藩三〇万石に減封された。

徳川忠長：江戸初期の大名。二代将軍徳川秀忠の三男。駿河府中藩五五万石を領し、駿河大納言と呼ばれた。兄の三代将軍家光との確執から最終的には自害させらえた。

【刃長】八寸七分（約26cm）

【刀鍛冶】山城国粟田口　吉光

鎌倉時代中期

◎主な所有者―
豊臣秀吉←上杉景勝←徳川忠長

短刀

岡山藤四郎《おかやまとうしろう》

岡山藩主となった小早川秀秋が献上

《銘》吉光

もともとは前田利家《まえだとしいえ》が大判一五枚（約一八〇〇万円）で購入し、豊臣秀吉《とよとみひでよし》に献上したものである。慶長《けいちょう》三年（一五九八）に秀吉が死去したとき、形見分けとして、筑前《ちくぜん》国（福岡県）名島《なじま》城主であった小早川秀秋《こばやかわひであき》が拝領した。慶長五年（一六〇〇）の関ヶ原《せきがはら》の戦いで、当初、西軍石田三成《いしだみつなり》についていた秀秋は、東軍徳川家康《とくがわいえやす》に寝返って備前国（岡山県）岡山五一万石を与えられる。このため、岡山藤四郎という。その御礼のため、秀秋は岡山藤四郎を家康に献上したものらしい。

家康の死後は、形見分けとして尾張《おわり》藩の徳川義直《よしなお》に伝わった。幕末になって、尾張徳川家から明治《めいじ》天皇（当時は親王）に献上され、現在は東京国立博物館《とうきょうこくりつはくぶつかん》が所蔵している。

【刃長】八寸五分（約26cm）

【刀鍛冶】山城国粟田口　吉光

鎌倉時代中期

◎主な所有者―

前田利家←小早川秀秋←徳川家康

前田利家：戦国～安土桃山時代の武将で、加賀藩の藩祖。織田信長に仕え、元亀元年（一五七〇）の「姉川の戦い」などで活躍。信長の死後は、豊臣政権五大老のひとりとして秀頼の後見人を務めた。

小早川秀秋：安土桃山時代の武将。豊臣秀吉の養子となった後、豊臣政権五大老のひとり、小早川隆景の養嗣子に。慶長五年（一六〇〇）の「関ヶ原の戦い」では西軍から東軍に転じ、東軍勝利の一因を作った。

■所蔵情報

東京国立博物館
〒110-8712
東京都台東区上野公園13-9

短刀

重要文化財

黒田長政が博多で買い上げたか？

博多藤四郎《はかたとうしろう》

《銘》吉光

【刃長】八寸一分半（約25cm）

【刀鍛冶】山城国粟田口　吉光

鎌倉時代中期

◉主な所有者―

黒田忠之

↓

小笠原忠真

筑前《ちくぜん》国（福岡県）福岡《ふくおか》藩主であった黒田《くろだ》家が、領内の博多《はかた》で入手したものらしく、博多藤四郎とよばれている。博多は古代からの湊《みなと》町《まち》で、海外との貿易などでも繁栄していた。慶長《けいちょう》五年（一六〇〇）の関ヶ原《せきがはら》の戦い後に入国した黒田長政《ながまさ》は、先祖の出身地である備前国（岡山県）福岡にあやかり、城下町を福岡と名づけ、博多とともに藩政の中心地としている。おそらく、博多藤四郎は、長政が博多の豪商から買い上げたものであろう。

その後、長政の子忠之《ただゆき》が隣国の豊前《ぶぜん》国（福岡県）小倉《こくら》藩主小笠原《おがさわら》忠真《ただざね》に博多藤四郎を贈った。忠之の子光之《みつゆき》が、忠真の娘市松姫《いちまつひめ》を正室に迎えているので、その関係によるものであろう。

黒田長政：安土桃山～江戸時代初期の武将。黒田孝高の長男。父とともに豊臣秀吉に仕え、「賤ヶ岳の戦い」や「九州攻め」などで功をあげた。慶長五年（一六〇〇）の「関ヶ原の戦い」では、徳川方につき、筑前国（福岡県）福岡藩初代藩主となった。

黒田忠之：江戸時代初期の大名。黒田長政の長男。筑前国（福岡県）福岡藩二代藩主。譜代の重臣との対立がきっかけで、お家騒動に発展した（黒田騒動）。

小笠原忠真：江戸初期の大名。元和元年（一六一五）の「大坂夏の陣」で父と兄を失い、遺領信濃国（長野県）松本城を継ぐ。のちに豊前国（福岡県ほか）小倉藩に移封。「島原の乱」でも戦功をあげた。

■ **所蔵情報**

刀剣博物館（日本美術刀剣保存協会）

〒151-0053

東京都渋谷区代々木4-25-10

短刀

清《し》水《みず》藤《とう》四《し》郎《ろう》

毛利輝元が安芸国の清水で入手

《銘》吉光

【刃長】七寸五分（約23cm）

【刀鍛冶】山城国粟田口　吉光

鎌倉時代中期

◉主な所有者 —
毛利輝元 ← 豊臣秀吉 ← 徳川家康

安芸《あき》国（広島県）の毛利輝元《もうりてるもと》が所持していたもので、入手した場所が安芸国の清水《しみず》というところであったことから清水藤四郎という。毛利輝元が豊臣秀吉《とよとみひでよし》に献上し、その後、徳川家康《とくがわいえやす》から子の尾張《おわり》藩主徳川義直《よしなお》に伝わった。しかし、寛永《かんえい》二年（一六二五）、二代将軍を辞していた秀忠《ひでただ》が尾張藩邸を訪れた際、弟の義直から清水藤四郎を献上されたため、細川忠興《ほそかわただおき》に下賜。忠興の四男立孝《たつたか》にはじまる肥後《ひご》国（熊本県）宇土《うと》藩主細川家に伝えられた。

江戸《えど》時代後期には、一一代将軍徳川家斉《いえなり》に献上されたらしい。御三卿《ごさんきょう》の清水《しみず》家から一橋《ひとつばし》家を継いでいたのちの一五代将軍徳川慶喜《よしのぶ》に贈られ、水戸《みと》徳川家を継ぐ慶喜の実弟昭武《あきたけ》の手に渡った。

毛利輝元：安土桃山～江戸前期の大名。長州藩（山口県）の藩祖。豊臣政権五大老の一人。慶長五年（一六〇〇）の「関ヶ原の戦い」では西軍総大将を務めた。

細川忠興：安土桃山～江戸時代初期の大名。細川幽斎の長男。父とともに織田信長、豊臣秀吉、徳川家康に仕えた。慶長五年（一六〇〇）の「関ヶ原の戦い」で功をあげ、豊前国（福岡県ほか）小倉藩初代藩主となった。

短刀

鎬造りの吉光

鎬藤四郎《しのぎとうしろう》

《銘》吉光

【刃長】八寸八分（約27cm）

【刀鍛冶】山城国粟田口　吉光

鎌倉時代中期

◉主な所有者――織田信孝←不破万作←伊達政宗

鎬造《しのぎづく》りの短刀であるため、鎬藤四郎といい、凌《しのぎ》藤四郎と書かれることもある。もともとは、室町《むろまち》幕府に重きをなした細川《ほそかわ》家重代の宝刀であったという。細川家というのは、畠山《はたけやま》家・斯波《しば》家とともに室町幕府の管領《かんれい》に任ぜられる「三管領《さんかんれい》」のひとつであったが、応仁《おうにん》・文明《ぶんめい》の乱で畠山家・斯波家が没落したため、幕府の実権を握ることとなった。しかし、その後は家臣の三好長慶《みよしながよし》と権力争いをくりひろげ、その隙に織田信長《おだのぶなが》の台頭を許してしまう。永禄《えいろく》十一年（一五六八）、細川昭元《あきもと》は足利義昭《あしかがよしあき》を一五代将軍に就けるべく上洛した信長に降伏した。もしかしたらこのとき、昭元が信長に鎬藤四郎を贈ったものかもしれない。

三好長慶：戦国時代の武将。管領細川晴元につかえたが、のちに対立。晴元から実権を奪って足利義輝らを京都から追放し、権勢を振るった。

細川昭元：戦国～安土桃山時代の武将。管領細川晴元の長男。細川信良。室町幕府第一五代将軍足利義昭に重用されたが、織田信長の上洛により義昭が京を去ると、信長に仕えた。

織田信孝：安土桃山時代の武将。織田信長の三男。伊勢国神戸氏の養子となる。信長の死後、秀吉と対立。天正一一年（一五八三）の「賤ヶ岳の戦い」で柴田勝家が破れ、その後自害した。

黒田孝高：戦国～江戸初期、豊臣秀吉の側近として活躍した武将・大名。軍師黒田官兵衛、出家後の黒田如水の名が広く知られている。天正三年（一五七五）、織田信長より「圧切長谷部」を拝領。

伊達政宗：安土桃山～江戸時代初期の武将。伊達氏一七代当主。幼少時に右目を失明し、独眼竜と呼ばれ

天下人となった信長は、多くの名刀を集めていたが、天正《てんしょう》九年（一五八一）、長男信忠《のぶただ》に「正宗《まさむね》」、二男信雄《のぶかつ》に「北野藤四郎《きたのとうしろう》」、三男信孝《のぶたか》にこの「鎬藤四郎」を分け与えている。信孝は、伊勢《いせ》国（三重県）の神戸《かんべ》城主神戸《かんべ》家の家督を継いでいた。このため、鎬藤四郎は、伊勢藤四郎ともよばれている。

信長が天正十年（一五八二）の本能寺《ほんのうじ》の変で横死したあと、信孝は信長の重臣であった柴田勝家《しばたかついえ》とともに、織田家の実権を握ろうとする豊臣秀吉《とよとみひでよし》と対立。秀吉の専横を止めようとしたものの、結局、天正十一年（一五八三）、勝家は賤ヶ岳《しずがたけ》の戦いで秀吉に敗れて自害を遂げ、降伏した信孝も自害を強要されている。

信孝が自害したあと、鎬藤四郎がどのような経緯をたどったものかはわからないが、黒田孝高《くろだよしたか》が鎬藤四郎を手に入れ、秀吉の甥秀次《ひでつぐ》に献上している。秀次は、天正十九年（一五九一）、秀吉から関白《かんぱく》職を譲られるものの、謀反の嫌疑をかけられ、文禄《ぶんろく》四年（一五九五）、自害に追い込まれてしまう。このとき、秀次の小姓不破万作《ふわばんさく》が、秀次から鎬藤四郎を拝領して自害した。

その後、鎬藤四郎は、秀次の遺品として秀吉の手に渡ったらし

た。豊臣秀吉に仕えて朝鮮に出兵したが、「関ヶ原の戦い」、「大坂の陣」では徳川方につき、仙台藩初代藩主となった。

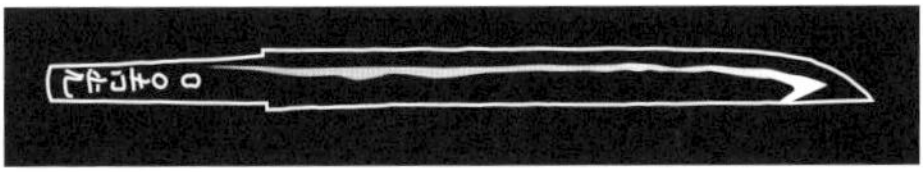

い。慶長《けいちょう》三年（一五九八）に秀吉が死去したとき、形見分けとして伊達政宗《だてまさむね》が拝領した。政宗は、この鎬藤四郎をよほど気に入っていたのであろう。三代将軍徳川家光《とくがわいえみつ》が所望したときも、断っている。

しかし、寛永十三年（一六三六）、政宗が死去して子の忠宗《ただむね》が跡を継ぐと、相続の御礼として家光に献上した。生前、政宗は、鎬藤四郎を献上する代わりに、仙台《せんだい》城二の丸の造営を許可して貰うように依頼することを遺言で残したという。この時代、新規の築城は認められていなかったから、この話は事実であったかもしれない。実際に仙台城では、寛永十五年（一六三八）から二の丸の造営が開始されている。

こうして、鎬藤四郎は徳川将軍家の重宝となったのだが、明暦《めいれき》三年の（一六五七）の大火で、惜しくも焼けてしまった。

短刀

乱れた刃文の吉光

乱《みだれ》藤《とう》四《し》郎《ろう》

《銘》吉光

【刃長】七寸四分半（約23cm）
【刀鍛冶】山城国粟田口　吉光
鎌倉時代中期

◎主な所有者―
細川勝元

山城国《やましろ》粟田口《あわたぐち》の刀鍛冶吉光《よしみつ》が鍛えた刀は、一般的に、刃文が直線的な直刃で知られている。しかし、この短刀に限っては刃文が乱れているため、乱藤四郎という。もともとは、「細川《ほそかわ》殿の乱藤四郎」として知られ、室町《むろまち》幕府の管領《かんれい》細川勝元《ほそかわかつもと》の所蔵だったらしい。

細川勝元は、政治の実権をめぐり、応仁《おうにん》・文明《ぶんめい》の乱で山名宗全《やまなそうぜん》と争った結果、自身は、勝敗がつく前に没してしまう。その後、細川家は、家臣の三好長慶《みよしながよし》に実権を奪われて衰退していく。

江戸《えど》時代に、この乱藤四郎は武蔵《むさし》国（東京都・埼玉県）忍《おし》藩主阿部《あべ》家に伝わった。ただ、残念ながらその経緯については、よくわかっていない。

細川勝元：室町時代の武将。室町幕府の管領。将軍後継問題で山名宗全と対立。「応仁・文明の乱」では東軍の総大将として戦った。
山名宗全：室町時代の武将。山名持豊。八代将軍義政の後継問題で、義尚を支持する宗全と、義視を支持する細川勝元が対立し、「応仁・文明の乱」へと発展。西軍の総大将を務めたが、陣中で病死した。
三好長慶：戦国時代の武将。管領細川晴元につかえたが、のちに対立。晴元から実権を奪って足利義輝らを京都から追放し、権勢を振るった。

短刀

主君の切腹を拒んだのか

薬研藤四郎《やげんとうしろう》

《銘》吉光

【刃長】八寸三分（約25cm）
【刀鍛冶】山城国粟田口　吉光
鎌倉時代中期

◎主な所有者―
畠山政長←松永久秀←織田信長

もともとは、室町《むろまち》幕府の管領《かんれい》を務めたことのある畠山政長《はたけやままさなが》が所持していた。政長は、一〇代将軍足利義稙《あしかがよしたね》を奉じて幕府の実権を握っていたが、明応《めいおう》二年（一四九三）、政長と対立していた細川政元《ほそかわまさもと》が政変をおこして義稙の将軍職を一方的に解くと、義稙の従兄にあたる義澄《よしずみ》を一一代将軍につけてしまう。このとき、政長は、居城であった河内《かわち》国（大阪府）の正覚寺《しょうがくじ》城を政元の大軍に包囲されてしまった。抗戦の不利を悟った政長は、この短刀で自害しようとするが、腹に刺さらない。怒った政長が投げつけたところ、薬を調合する薬研《やげん》に突き刺さった。このため、薬研藤四郎とよばれ、切れ味はよいが主君の腹を切ることがないとして知られるようになった。

畠山政長：室町後期～戦国時代前期の武将。室町幕府の管領。従兄の畠山義就と家督を争い、応仁・文明の乱を引き起こした。その後権勢をふるったが、細川政元（勝元の子）に攻められて自害した。

松永久秀：戦国～安土桃山時代の武将。畿内を支配した三好長慶の家臣。長慶の死後、三好三人衆らとともに足利義輝を襲って殺害したが、義輝の弟義昭を奉じて上洛した織田信長によって滅ぼされた。

徳川秀忠：江戸幕府第二代将軍。家康の三男。「大坂の陣」では総大将として家康とともに参加。武家諸法度などを発令して幕政の基礎を固めた。

このあと、薬研藤四郎は、政元の手を経て足利将軍家の重宝となり、永禄《えいろく》八年（一五六五）、松永久秀《まつながひさひで》が一三代将軍足利義輝《よしてる》を殺害した際、奪ったもののようである。永禄十一年（一五六八）、織田《おだ》信長《のぶなが》が義輝の弟義昭《よしあき》を奉じて上洛したあと、久秀は薬研藤四郎を信長に献上した。

天正《てんしょう》十年（一五八二）に明智光秀《あけちみつひで》が主君の信長を討ったとき、薬研藤四郎は、信長の居城である安土城《あづちじょう》にあった。安土城を接収した光秀の重臣明智秀満《ひでみつ》が光秀の居城である近江《おうみ》国（滋賀県）の坂本城《さかもとじょう》まで運ぶが、信長の家臣堀秀政《ほりひでまさ》に包囲されてしまう。このとき、名刀の焼失を恐れた秀満は、薬研藤四郎などの重宝を秀政に託したのち、城に火をかけて自害したと伝わる。

薬研藤四郎は、秀政の手から秀吉《ひでよし》に渡されたのであろうか。秀吉から子の秀頼《ひでより》に伝えられたが、元和《げんな》元年（一六一五）の大坂夏の陣で行方不明となる。その後、河内国の農民が見つけ、二代将軍徳川《とくがわ》秀忠《ひでただ》に献上したという。

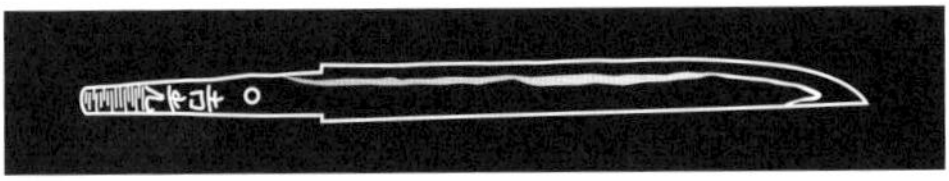

短刀

箸ごと鶴を切った

庖丁藤四郎《ほうちょうとうしろう》

《銘》吉光

【刃長】八寸六分（約26cm）
【刀鍛冶】山城国粟田口 吉光
鎌倉時代中期

◎主な所有者――
多賀高忠

室町《むろまち》幕府の侍所所司代《さむらいどころしょしだい》を務めた多賀高忠《たがたかただ》の短刀である。高忠は、料理にも通じていたらしく、鶴料理の名人とも称せられていた。あるとき、鶴の解体を依頼されたのだが、これは高忠に恥をかかせるための罠であったらしい。鶴の腹に、箸が仕込まれていたのである。高忠は、そんな企みを知りつつ、藤四郎の短刀で箸ごと鶴を切ったという。人々は高忠の腕はもとより、吉光《よしみつ》の短刀の切れ味に驚き、以来、庖丁藤四郎とよばれるようになった。

その後、庖丁藤四郎は、徳川秀忠《とくがわひでただ》から父家康《いえやす》へと献上され、紀伊《きい》徳川家の徳川頼宣《よりのぶ》に譲られた。そして、再び将軍家に献上されたのち、明暦三年（一六五七）の大火で焼失してしまう。

多賀高忠：室町時代の武将。京極氏の重臣。二度にわたって室町幕府京都侍所所司代を務めた。応仁元年（一四六七）から始まる「応仁・文明の乱」では東軍に加わり、西軍の六角高頼らと戦った。

短刀

親子藤四郎《おやことうしろう》

大小一組に作られた短刀の親

《銘》吉光

【刃長】七寸四分（約22cm）
【刀鍛冶】山城国粟田口　吉光
鎌倉時代中期

◎主な所有者
豊臣秀吉
↓
豊臣秀頼

山城国《やましろ》粟田口《あわたぐち》の刀鍛冶として名高い藤四郎吉光《とうしろうよしみつ》が作った短刀に、同じく吉光が作った小刀を初めから添えて一組としていたため、親子藤四郎という。

親子藤四郎は、もともと、堺《さかい》の豪商奈良屋《ならや》宗悦《そうえつ》が所持していたのだが、豊臣秀吉《とよとみひでよし》が有無を言わさず買い上げたらしい。秀吉の死後は、子の秀頼《ひでより》に伝えられた。しかし、小刀のほうは、海に落ちて失われ、短刀のほうも元和《げんな》元年（一六一五）の大坂夏の陣で、大坂城が落城したときに焼けてしまう。

徳川家康《とくがわいえやす》は、お抱えの刀鍛冶康継《やすつぐ》に命じ、焼けた親子藤四郎の短刀を再刃させた。

豊臣秀頼：秀吉の三男。安土桃山～江戸時代前期の大名。秀吉の死後、関ヶ原の戦い以降も、影響力を持ったが、大坂夏の陣で徳川方に迫られ、母淀殿らと共に自害した。
康継：江戸時代の刀工。江戸幕府御用鍛冶。初代から幕末の九代まで名を相伝し、徳川家の家紋を作刀の茎に切ることを許された。

短刀

後世に入れられた朱銘

朱銘藤四郎《しゅめいとうしろう》

《銘》藤四郎

【刃長】八寸（約24cm）

【刀鍛冶】山城国粟田口　吉光

鎌倉時代中期

◉主な所有者—

酒井忠挙←徳川綱吉←徳川光圀

朱色《しゅいろ》で「藤四郎」の銘があるため、朱銘藤四郎という。この朱銘は、吉光《よしみつ》本人が入れたものではなく、後世のものである。

この朱銘藤四郎については、古い時代のことはよくわからない。江戸《えど》時代には、上野《こうずけ》国（群馬県）前橋《まえばし》藩主酒井忠挙《さかいただたか》の所有となっていた。この忠挙が五代将軍徳川綱吉《とくがわつなよし》に献上し、五〇〇〇両を賜ったという。綱吉は元禄《げんろく》十三年（一七〇〇）、常陸《ひたち》国（茨城県）水戸《みと》藩主徳川光圀《みつくに》の江戸藩邸を訪れた際、光圀に下賜した。そして光圀から養子の綱條《つなえだ》に伝えられたが、享保《きょうほう》三年（一七一八）、綱條の死後に跡を継いだ宗堯《むねたか》が相続の御礼として八代将軍徳川吉宗《よしむね》に献上し、再び、徳川将軍家の重宝となっている。

酒井忠挙：江戸時代前期～中期の大名。上野国（群馬県）前橋藩五代藩主。四代将軍家綱の時に大老を務めた酒井忠清の長男。八代将軍吉宗に重用された。

徳川綱吉：江戸幕府第五代将軍。三代将軍家光の四男。「生類憐みの令」を発布し、犬公方と呼ばれた。

徳川光圀：江戸時代前期の大名。常陸国水戸藩二代藩主。江戸藩邸に彰考館を建て、日本の歴史書『大日本史』の編纂を開始した。水戸黄門の名で知られる。

短刀

もとから銘の無い吉光

無銘藤四郎《むめいとうしろう》

《銘》無銘

【刃長】八寸七分半（約26cm）

【刀鍛冶】山城国粟田口　吉光

鎌倉時代中期

◎主な所有者―

生駒一正

もともとは、讃岐《さぬき》国（香川県）高松《たかまつ》藩主であった生駒一正《いこまかずまさ》が所持していた。ただし、このときは、来国俊《らいくにとし》によって作られたものとみなされていたらしい。その後、刀剣の鑑定家として知られる本阿弥《ほんあみ》光室《こうしつ》によって、山城《やましろ》国粟田口《あわたぐち》の刀鍛冶である藤四郎吉光《とうしろうよしみつ》の作だと認められた。当初から銘がなかったことから、無銘藤四郎という。

慶長《けいちょう》十五年（一六一〇）に一正が没すると、子の正俊《まさとし》が相続の御礼として二代将軍徳川秀忠《ひでただ》に献上した。こののち、秀忠が尾張《おわり》徳川家の徳川義直《よしなお》に下賜したため、江戸時代を通じて尾張徳川家に伝わり、現在は、財団法人徳川黎明会《れいめいかい》の所蔵として、名古屋市の徳川《とくがわ》美術館《びじゅつかん》に収蔵されている。

生駒一正：安土桃山～江戸時代初期の武将。生駒親正の長男。織田信長・豊臣秀吉に仕え、慶長五年（一六〇〇）の「関ヶ原の戦い」では東軍の先鋒を務めた。

徳川秀忠：江戸幕府第二代将軍。家康の三男。「大坂の陣」では総大将として家康とともに参加。武家諸法度などを発令して幕政の基礎を固めた。

■**所蔵情報**

徳川美術館

〒461-0023

名古屋市東区徳川町1017

太刀

典厩割国宗《てんきゅうわりくにむね》

武田信玄の弟典厩信繁を討ち取った国宗

《銘》無銘

【刃長】二尺三寸一分（約70cm）

【刀鍛冶】相模国鎌倉　国宗

鎌倉時代中期

◉主な所有者—

上杉謙信

無銘《むめい》ながら、備前《びぜん》国（岡山県）の刀鍛冶で、のち、鎌倉《かまくら》幕府のある相模《さがみ》国（神奈川県）に移った国宗《くにむね》の作とされる。永禄《えいろく》四年（一五六一）の第四次川中島《かわなかじま》の戦いで、上杉謙信《うえすぎけんしん》が武田信玄《たけだしんげん》の弟武田信繁《のぶしげ》を討ち取ったときの刀であったという。信繁の通称「左馬助《さめのすけ》★」を唐名《とうめい》で「典厩《てんきゅう》」といったことから、典厩割国宗とよばれている。

その後、相模《さがみ》国の北条氏康《ほうじょううじまさ》を討つため関東に出陣した謙信が、常陸《ひたち》国（茨城県）の佐竹義重《さたけよししげ》に贈ったという。永禄《えいろく》七年（一五六四）、家督《かとく》を継いでまもない義重が、北条方の常陸国小田《おだ》城主小田氏治《うじはる》を謙信とともに攻めたときのことかもしれない。佐竹家では、三尺三寸あった太刀を短く切り詰め、家宝にしたと伝わる。

上杉謙信：戦国時代の武将。初名は長尾景虎。甲斐国の武将、武田信玄と五度に渡って戦った「川中島の戦い」が有名。足利将軍家の信任も厚く、関東管領に任命され、関東の覇権を争って北条氏と対立した。

佐竹義重：戦国～江戸時代初期の武将。常陸国（茨城県）太田城を本拠に勢力を拡大。北条氏や伊達氏と対立したが、はやくから豊臣秀吉に従い本領を安堵された。

打刀

稲荷明神の化身

鳴狐《なきぎつね》

重要文化財

《銘》左兵衛尉藤原国吉

銘《めい》には「左兵衛尉藤原国吉《さひょうえのじょうふじわらのくによし》」とあり、山城《やましろ》国（京都府）粟田口《あわたぐち》の刀鍛冶国吉《くによし》の作であることが確認される。ちなみに、「左兵衛尉」は通称で、「藤原」が姓を意味している。

江戸《えど》時代には、上野《こうずけ》国（群馬県）館林《たてばやし》藩主秋元《あきもと》家の重宝となっていた。鳴狐という号の由来は不明だが、館林城の築城時に稲荷明神《いなりみょうじん》の化身である狐が縄張を教えたとの伝説にちなんだものかもしれない。もともと秋元家は、武蔵《むさし》国（埼玉県）深谷《ふかや》を本拠とした深谷上杉《うえすぎ》家の家臣で、長朝《ながとも》・泰朝《やすとも》父子が関東に入国した徳川家康《とくがわいえやす》に従ったものである。主家の深谷上杉家から拝領《はいりょう》した可能性もあろう。近代になって売り立てられ、現在は東京国立博物館《とうきょうこくりつはくぶつかん》が所蔵している。

【刃長】一尺七寸八分（約54cm）

【刀鍛冶】山城国粟田口　国吉

鎌倉時代中期

◎主な所有者──
秋元長朝？→秋元泰朝？

秋元長朝：戦国～江戸時代初期の武将。父景朝とともに上杉憲盛に使えたが、のちに徳川家康に使える。「関ヶ原の戦い」の幕開けとなった「会津攻め」では、上杉景勝の説得にあたり、その功を認められて上野国（群馬県）館林藩を与えられた。

■所蔵情報
東京国立博物館
〒110-8712
東京都台東区上野公園13-9

短刀

岐阜国吉《ぎふくによし》

織田信長の孫秀信の愛刀

《銘》不明

もともとは豊臣秀吉《とよとみひでよし》の家臣で五奉行《ごぶぎょう》の一人となる浅野長政《あさのながまさ》が所持していた。長政から秀吉の甥秀次《ひでつぐ》に献上され、おそらく、秀次が謀反の咎《とが》で秀吉によって自害に追い込まれたあと、秀吉の手に渡ったものであろう。慶長《けいちょう》三年（一五九八）に秀吉が死去した際、形見分けとして織田信長《おだのぶなが》の孫秀信《ひでのぶ》に譲られた。秀信が岐阜《ぎふ》城主であったことから、岐阜国吉とよばれている。

慶長《けいちょう》五年（一六〇〇）の関ヶ原《せきがはら》の戦いで、秀信は石田三成《いしだみつなり》に与《くみ》したため所領を没収されてしまう。岐阜国吉は、徳川家康《とくがわいえやす》の手に渡って将軍家の重宝となったが、明暦《めいれき》三年（一六五七）の大火で焼けてしまった。

【刃長】八寸二分（約25cm）

【刀鍛冶】山城国粟田口　国吉

鎌倉時代中期

◎主な所有者—

浅野長政 ← 豊臣秀吉 ← 織田秀信

浅野長政：戦国～江戸時代初期の武将。豊臣政権の五奉行の一人。織田信長、豊臣秀吉に仕えた。慶長五年（一六〇〇）の「関ヶ原の戦い」では徳川方につき、秀忠に従軍。長男幸長は先鋒として岐阜城を攻め落とす活躍をみせ、戦後紀伊国（和歌山県）和歌山藩に加増転封された。

織田秀信：安土桃山～江戸時代初期の武将。織田信忠の長男。信長の孫。信長の死後、秀吉の周旋により三歳で家督を相続。慶長五年（一六〇〇）の「関ヶ原の戦い」では西軍に属して破れた。

短刀

嘉吉の乱の生き証人

抜国吉《ぬけくによし》

《銘》国吉

【刃長】八寸七分（約26cm）

【刀鍛冶】山城国粟田口　国吉

鎌倉時代中期

◎主な所有者―

足利義教←安宅冬康←織田信長

室町《むろまち》幕府の六代将軍足利義教《あしかがよしのり》は、嘉吉《かきつ》元年（一四四一）六月二十四日、播磨《はりま》国（兵庫県）の守護《しゅご》赤松満祐《あかまつみつすけ》から京都の自邸に招かれていた。下総《しもうさ》国（茨城県）における幕府への反乱であった結城《ゆうき》合戦《かっせん》を平定した祝賀会が開かれることになっていたからである。義教が将軍邸を出るとき、この短刀を腰に差そうとしても柄が抜けてしまい、三度目にようやく差せたという。そして、義教が赤松邸に赴いたところ、いわゆる嘉吉の乱で暗殺されてしまったのである。

以来、この短刀は抜国吉とよばれるようになった。のち、三好《みよし》長慶《ながよし》の弟安宅冬康《あたぎふゆやす》が所有し、織田信長《おだのぶなが》・豊臣秀吉《とよとみひでよし》に伝わり、江戸《えど》時代には徳川将軍家の重宝になっている。

足利義教：室町幕府第六代将軍。三代将軍義満の三男。五代将軍義量が急死し、くじ引きで後継者に選ばれる。将軍専制を志したが、赤松満祐により惨殺された（嘉吉の変）。

安宅冬康：戦国時代の武将。三好長慶の弟。安宅氏の養子となって淡路水軍を統率し、三好政権を支えたが、兄長慶に殺された。

太刀

明智秀満が焼失を防いだ信長の愛刀

不動国行《ふどうくにゆき》

《銘》国行

不動明王《ふどうみょうおう》の彫物があることから、不動国行という。足利《あしかが》将軍家の重宝であったが、永禄《えいろく》八年（一五六五）、一三代将軍足利義輝《よしてる》が松永久秀《まつながひさひで》らに殺害されたとき、久秀の手に渡っている。久秀は永禄十一年（一五六八）に足利義昭《あしかがよしあき》を奉じて上洛《じょうらく》した織田信長《おだのぶなが》に降伏し、薬研藤四郎《やげんとうしろう》（114ページ）などとともに不動国行を信長に献上。以来、信長の愛刀となった。

天正《てんしょう》十年（一五八二）六月二日、信長の家臣明智光秀《あけちみつひで》が本能寺《ほんのうじ》の変《へん》で信長を殺害した際、不動国行は、信長の居城である近江国《おうみ》（滋賀県）の安土《あづち》城に保管されていた。そのため、本能寺の変後に安土城を接収した光秀の重臣明智秀満《ひでみつ》が、この不動国行を入手したので

【刃長】 一尺九寸九分（約60cm）

【刀鍛冶】 山城国来　国行

鎌倉時代中期

◎主な所有者―

豊臣秀吉←徳川家康

足利義輝：室町幕府第一三代将軍。畿内の戦国大名、三好長慶らと対立。長慶の死後、三好義継、三好三人衆らの軍勢に二条御所を襲撃されて討死した（永禄の変）。

松永久秀：戦国～安土桃山時代の武将。畿内を支配した三好長慶の家臣。長慶の死後、三好三人衆らとともに足利義輝を襲って殺害したが、義輝の弟義昭を奉じて上洛した織田信長によって滅ぼされた。

ある。

光秀は、畿内《きない》を平定してから信長の家臣らを追討するつもりであったらしい。しかし、六月十三日には、備中国《びっちゅう》（岡山県）高松城《たかまつ》から引き返してきた豊臣秀吉《とよとみひでよし》と山城国（京都府）山崎《やまさき》で戦い、敗死してしまう。その知らせを受けた秀満は、光秀の居城であった近江国坂本城《さかもと》に移ることとし、不動国行も坂本城に運び込んでいる。

六月十五日、坂本城は、秀吉に従う堀秀政《ほりひでまさ》の軍勢に包囲されてしまった。落城を覚悟した秀満は、歴史的な遺産の焼失を避けようとしたのであろう。不動国行をはじめ、坂本城内にあった重宝を、すべて秀政に託したうえ、城に火をかけて自害を遂げたのである。

こうして、不動国行は豊臣秀吉の手に渡ったあと、天正十二年（一五八三）の小牧《こまき》・長久手《ながくて》の戦い後、豊臣秀吉から和睦《わぼく》の証として徳川家康《とくがわいえやす》に贈られた。その後は、徳川将軍家の重宝となったが、明暦《めいれき》三年（一六五七）の大火で焼けてしまっている。

太刀

明石藩主松平家の重宝

明石国行《あかしくにゆき》

国宝

《銘》国行

【刃長】一尺九寸九分（約60cm）

【刀鍛冶】山城国来　国行

鎌倉時代中期

◎主な所有者―

松平直良？

山城《やましろ》国（京都府）で活躍した来《らい》一門の実質的な祖とみなされている国行《くにゆき》の作。江戸《えど》時代、播磨《はりま》国（兵庫県）明石《あかし》藩主松平《まつだいら》家に伝来したため、明石国行という。

ただし、残念ながら、どのような経緯をたどって明石藩主松平家に伝わったのかはわからない。明石藩主松平家の祖である松平直良《なおよし》の父は、徳川家康《とくがわいえやす》の次男結城秀康《ゆうきひでやす》である。家康から、秀康に伝えられたのは確かなところであろう。

近代になって売り立てられ、現在は、日本の刀剣を保護する目的で設立された日本美術刀剣保存協会《にほんびじゅつとうけんほぞんきょうかい》が所蔵し、刀剣博物館《とうけんはくぶつかん》に収蔵されている。

松平直良：江戸時代前期の大名。結城秀康の六男。越前国木本藩、勝山藩、大野藩の藩主を務めた。三男の直明が、播磨国明石藩初代藩主となった。

結城秀康：安土桃山～江戸時代初期の武将。徳川家康の次男。「小牧・長久手の戦い」の講和のために豊臣秀吉の養子に出された後、下総国結城城主、結城晴朝の養子となった。「関ヶ原の戦い」後、越前国（福井県）福井（北ノ庄）藩初代藩主。

■**所蔵情報**

刀剣博物館（日本美術刀剣保存協会）

〒151-0053

東京都渋谷区代々木4-25-10

太刀

鎺《はばき》国《くに》行《ゆき》

鎺と刀身が同じ刀鍛冶の作

《銘》磨上無銘

【刃長】	二尺三寸八分（約72cm）
【刀鍛冶】	山城国来　国行
	鎌倉時代中期

◎主な所有者—

豊臣秀吉
↓
伊達政宗

短く切り詰められたために無銘《むめい》であるが、山城国《やましろ》（京都府）の刀鍛冶国行《くにゆき》の作だと考えられている。刀身の手元の部分に嵌《は》める金具である鎺《はばき》が、刀身と同じ刀鍛冶によって作られたため、鎺国行とよばれたという。

天正《てんしょう》十七年（一五八九）、関白《かんぱく》として関東《かんとう》・奥羽《おうう》の平定を進める豊臣秀吉《とよとみひでよし》が、伊達政宗《だてまさむね》に贈ったものである。そのころ、政宗は小田原《おだわら》城の北条氏政《ほうじょううじまさ》とも好《よしみ》を通じており、秀吉は、政宗の翻意《ほんい》を求めたのだろう。政宗のもとには、北条氏政の弟氏照《うじてる》から備前《びぜん》国長船《おさふね》景光《かげみつ》の太刀も贈られたが、結局、政宗は秀吉につく。翌天正《てんしょう》十八年の小田原攻めの際、政宗は小田原に参陣し、秀吉に忠誠を誓った。

伊達政宗：安土桃山～江戸時代初期の武将。伊達氏一七代当主。幼少時に右目を失明し、独眼竜と呼ばれた。豊臣秀吉に仕えて朝鮮に出兵したが、「関ヶ原の戦い」、「大坂の陣」では徳川方につき、仙台藩初代藩主となった。

北条氏政：戦国～安土桃山時代の武将。武田信玄、上杉謙信と戦いを繰り広げ、北関東に領国を拡大した。天正一八年（一五九〇）、豊臣秀吉に小田原城を包囲されて降伏。弟氏照とともに切腹させられた。

短刀

刀身に彫られた愛染明王

愛染国俊《あいぜんくにとし》

重要文化財

《銘》国俊

【刃長】九寸五分（約29cm）	【刀鍛冶】山城国来　国俊	鎌倉時代中期

◎主な所有者―

豊臣秀吉←徳川家康←森忠政

刀身に愛染明王《あいぜんみょうおう》が彫られているため、愛染国俊とよばれる。愛染明王は、衆生《しゅじょう》を解脱《げだつ》させるための武器を手にしている仏教の守護神で、軍神として戦国武将の崇敬《すうけい》も篤かった。

豊臣秀吉《とよとみひでよし》が所持していたもので、おそらく、元和《げんな》元年（一六一五）の大坂夏《おおさかなつ》の陣《じん》で徳川家康《とくがわいえやす》の手に渡ったものであろう。翌元和二年（一六一六）、家康は大坂の陣で戦功のあった美作国《みまさか》（岡山県）津山《つやま》藩主の森忠政《もりただまさ》に下賜《かし》。忠政の死後、遺品として徳川将軍家に献上された。そして、正保《しょうほう》元年（一六四四）、加賀《かが》藩主となる前田綱紀《まえだつなのり》が三代将軍徳川家光《いえみつ》に初めてお目見《めみ》えしたときに拝領《はいりょう》し、以来、前田家に伝わった。

森忠政：安土桃山～江戸時代前期の武将。豊臣秀吉の死後は徳川家康について、信濃国（長野県）川中島に所領を与えられ、のちに美作国（岡山県）津山藩初代藩主となった。

前田綱紀：江戸時代前期～中期の大名。加賀藩第四代藩主。父光高の急死により、三歳で家督を継ぐ（祖父利常が後見）。職制の改革を行い藩政を確立、名君とうたわれた。

大太刀

蛍丸《ほたるまる》

蛍が刃こぼれを消した夢

《銘》
来国俊
永仁五年三月一日

【刃長】三尺三寸四分半（約102cm）
【刀鍛冶】山城国来　国俊
鎌倉時代中期

◎主な所有者―
阿蘇惟澄

肥後国《ひご》（熊本県）阿蘇神社《あそじんじゃ》の大宮司《だいぐうじ》を務めた阿蘇家に伝来した大太刀で、銘《めい》には「来国俊《らいくにとし》」とある。銘を「国俊」とする刀鍛冶とは別人との見方もあるが、同一人物である可能性も否定はできない。

南北朝時代《なんぼくちょうじだい》、阿蘇惟澄《あそこれずみ》が南朝方について九州の北朝方と戦ったとき、この太刀が刃こぼれしてしまった。しかし、刃こぼれした刃に蛍《ほたる》が群がった夢を見たあとに目を覚ますと、刃こぼれが消えていたという伝承から、蛍丸とよばれるようになったという。

以来、阿蘇家の重宝として幕末まで伝わった。昭和《しょうわ》六年（一九三一）には国宝に指定されたものの、第二次世界大戦後の混乱のなか、行方不明になってしまっている。

阿蘇惟澄：鎌倉末期～南北朝時代の武将。元弘の乱では、当初幕府方の北朝についたが、護良親王の命を受けて後醍醐天皇側の南朝に寝返った。以降九州で北朝と戦って功をあげ、肥後国（熊本県）阿蘇大宮司となった。

小太刀

書家鳥飼宗慶の国俊

鳥飼国俊《とりかいくにとし》

《銘》国俊

戦国時代の書家として知られる鳥飼宗慶《とりかいそうけい》が所持していたことから、鳥飼国俊とよぶ。姓は鳥養とも書かれるため、号を鳥養国俊とする場合もある。その後、細川藤孝《ほそかわふじたか》が一五〇貫（約四五〇万円）で買い求め、さらに石田三成《いしだみつなり》が五〇〇貫（約一五〇〇万円）で譲り受けたという。

慶長《けいちょう》五年（一六〇〇）の関ヶ原《せきがはら》の戦いで三成が敗北したさいに行方不明となったが、伊勢《いせ》国（三重県）安濃津《あのつ》城主であった富田信高《とみたのぶたか》が見つけ出し、徳川家康《とくがわいえやす》に献上。家康から尾張《おわり》徳川家の義直《よしなお》に譲られた。江戸《えど》時代を通じて尾張徳川家に伝来し、現在は、徳川黎明会《れいめいかい》が所有、徳川美術館《びじゅつかん》に収蔵されている。

【刃長】一尺九寸九分（約60cm）

【刀鍛冶】山城国来　国俊

鎌倉時代中期

◎主な所有者
鳥飼宗慶←細川藤孝←石田三成

細川藤孝：戦国～江戸時代初期の武将。室町幕府一三代将軍足利義輝に仕え、のちに義昭擁立に尽力。以後、織田信長、豊臣秀吉、徳川家康に重用された。慶長五年（一六〇〇）の「関ヶ原の戦い」では、長男忠興が東軍について活躍。忠興は戦後に豊前国（福岡県ほか）小倉藩初代藩主となった。

石田三成：安土桃山時代の武将。豊臣政権の五奉行の一人。豊臣秀吉の死後、徳川家康と対立。慶長五年（一六〇〇）の「関ヶ原の戦い」では西軍を主導したが敗れ、斬首された。

■ **所蔵情報**
徳川美術館
〒461-0023
名古屋市東区徳川町1017

短刀

下総結城家の重宝

結城来国俊《ゆうきらいくにとし》

《銘》来国俊

【刃長】九寸（約27cm）

【刀鍛冶】山城国来　国俊

鎌倉時代中期

◎主な所有者―
結城晴朝←結城秀康←松平忠直

下総国《しもうさ》（茨城県）の戦国大名結城晴朝《ゆうきはるとも》が所持していたことから、結城来国俊という。その後、晴朝の養子となった徳川家康《とくがわいえやす》の次男秀康《ひでやす》に伝わり、秀康の長男忠直《ただなお》に譲られた。忠直は、父秀康から越前《えちぜん》国（福井県）北庄《きたのしょう》六八万石を相続し、大坂夏《おおさかなつ》の陣《じん》で真田幸村《さなだゆきむら》（信繁《のぶしげ》）を討つなどの活躍をしている。しかし、大坂の陣での論功《ろんこう》行賞《こうしょう》に不満を抱いたらしく、将軍家に対する不遜《ふそん》な行動が目立つようになり、元和《げんな》九年（一六二三）、所領を没収されてしまう。結城来国俊は、そのころ、忠直が京都六条《きょうとろくじょう》の妓楼《ぎろう》に売ったものらしい。

のち、加賀《かが》藩主の前田利常《まえだとしつね》が買い上げ、以来、江戸《えど》時代を通じて加賀藩主前田家に伝わった。

結城晴朝：戦国～江戸時代初期の武将。下総国（茨城県）結城城主。天正一八年（一五九〇）の「小田原攻め」では豊臣に秀吉に従い所領を安堵された。

結城秀康：安土桃山～江戸時代初期の武将。徳川家康の次男。「小牧・長久手の戦い」の講和のために豊臣秀吉の養子に出された後、下総国（茨城県）結城城主、結城晴朝の養子となった。「関ヶ原の戦い」後、越前国（福井県）福井（北ノ庄）藩初代藩主。

前田利常：江戸時代前期の大名。加賀藩二代藩主。藩祖前田利家の四男。慶長二〇年（一六一五）の「大坂夏の陣」で功をあげ、家康から四国を恩賞として提示されたが、これを固辞した。

短刀

本能寺で焼けた信長の名刀

不動行光《ふどうゆきみつ》

《銘》行光

【刃長】	八寸四分（約25cm）
【刀鍛冶】	相模国鎌倉　行光
	鎌倉時代後期

◉主な所有者―
織田信長
←
森蘭丸

相模《さがみ》国（神奈川県）鎌倉《かまくら》の刀鍛冶藤三郎行光《とうざぶろうゆきみつ》の作で、不動明王《ふどうみょうおう》とその眷属《けんぞく》である矜羯羅童子《こんがらどうじ》・制多迦童子《せいたかどうじ》のいわゆる「不動三尊」が彫られていることから不動行光という。不動明王は、仏道に従わない者を力ずくで救済すると考えられていることから、戦国武将の信仰も篤かった。信仰心が無かったと評される織田信長《おだのぶなが》であるが、案外、不動明王に対する信仰もあったのかもしれない。

この不動行光の拵《こしらえ》は、横に刻み目をつけた刻《きざ》み鞘《ざや》であった。あるとき、信長は小姓を集め、刻みの数を当てたら不動行光を与えるといったが、森蘭丸《もりらんまる》だけは、何も答えない。その理由を尋ねると、蘭丸は常に信長の近くに仕えていたため、刻みの数を知っているとい

森蘭丸：安土桃山時代の武将。森成利。織田信長に仕え、天正一〇年（一五八二）の「本能寺の変」で信長とともに討ち死にした。

明智光秀：戦国～安土桃山時代の武将。織田信長に重用されたが、天正一〇年（一五八二）に「本能寺の変」を起こして信長を襲撃し、自害させた。「山崎の戦い」で豊臣秀吉に敗れ、敗走中に殺された。

うのだった。たしかに、蘭丸は信長が厠《かわや》に行く際に刀を預かるなどしていたから、拵の刻みの数を知っていたとしても不思議ではない。信長は、蘭丸の正直さに感服し、この不動行光を蘭丸に下賜《かし》したのだという。

天正《てんしょう》十年（一五八二）の本能寺《ほんのうじ》の変《へん》に際し、蘭丸は主君信長とともに本能寺にいた。このとき、信長の周りには、わずか一〇〇人ほどの近臣しかいない。それというのも、明智光秀《あけちみつひで》の軍勢とともに備中《びっちゅう》国（岡山県）高松《たかまつ》城に向かうことになっていたからである。それだけ信長が秀光を信頼していたということだが、結果的にその光秀に殺されることになったというのは、皮肉というほかない。

攻める明智軍は一万ほどであったという。蘭丸は信長を守るために奮戦したが、衆寡敵《しゅうかてき》せず、殺されている。このとき、不動行光も焼けてしまったため、再刃されたらしい。

その後の経緯については不明であるが、江戸《えど》時代には豊前《ぶぜん》国（福岡県）小倉《こくら》藩主小笠原《おがさわら》家に伝来した。

短刀

佐藤家の重宝であったか

佐《さ》藤《とう》行《ゆき》光《みつ》

《銘》無銘

【刃長】八寸四分(約25cm)

【刀鍛冶】相模国鎌倉　行光

鎌倉時代後期

◉主な所有者―

佐藤堅忠

豊臣秀吉《とよとみひでよし》の使番《つかいばん》であった佐藤堅忠《さとうかたただ》が所持していたことから、佐藤行光という。ただし、佐藤行光がどのような経緯で堅忠の手に渡ったのかはわからない。堅忠の祖先は、治承《じしょう》・寿永《じゅえい》の乱で源義経《みなもとのよしつね》に仕えた佐藤継信《つぐのぶ》である。佐藤家重代の家宝であった可能性もあろう。

豊臣秀吉《とよとみひでよし》の死後、堅忠は徳川家康《とくがわいえやす》に従い、美濃《みの》国(岐阜県)に所領を与えられた。そのころ、佐藤行光は家康に召し上げられたらしい。

元和《げんな》元年(一六一五)、家康はこの佐藤行光を紀伊《きい》藩主となる子の頼宣《よりのぶ》に譲った。承応《じょうおう》三年(一六五四)、さらに頼宣が子の頼純《よりずみ》に譲ったため、江戸《えど》時代を通じて、頼純にはじまる伊予《いよ》国(愛媛県)西条《さいじょう》藩主松平家に伝わった。

佐藤堅忠：戦国～江戸時代初期の武将。豊臣秀吉の使番として仕えた。秀吉の没後は徳川家康に仕え、慶長五年(一六〇〇)の「関ヶ原の戦い」などに従軍した。

短刀

大島光政の愛刀

大島行光《おおしまゆきみつ》

《銘》行光
本阿（花押）

【刃長】一尺一寸分半（約34cm）

【刀鍛冶】相模国鎌倉　行光

鎌倉時代後期

◎主な所有者―
大島光政

もともとの銘《めい》は存在しないが、刀剣鑑定家として知られる本阿弥《ほんあみ》光室《こうしつ》によって、「行光《ゆきみつ》」「本阿（花押）」という朱銘《しゅめい》が入れられている。織田信長《おだのぶなが》の家臣であった大島光義《おおしまみつよし》の子光政《みつまさ》が所持していたことから、大島行光という。光政は、天正《てんしょう》十年（一五八二）の本能寺《ほんのうじ》の変《へん》で信長が討たれると、信長の家老であった丹羽長秀《にわながひで》につき、長秀の死後は、豊臣秀吉《とよとみひでよし》に従った。慶長《けいちょう》五年（一六〇〇）の関ヶ原《せきがはら》の戦いでは、徳川家康《とくがわいえやす》に味方し、美濃《みの》国（岐阜県）に五〇〇〇石近くを得ている。

光政は元和《げんな》八年（一六二二）に死去。江戸《えど》時代を通じて大島行光は、近江《おうみ》国（滋賀県）水口《みなくち》藩主加藤《かとう》家に伝わっている。

大島光政：戦国～江戸時代初期の武将。丹羽長秀に仕え、天正一一年（一五八三）の「賤ヶ岳の戦い」で功をあげた。長秀没後は豊臣秀吉・徳川家康に仕えた。

丹羽長秀：戦国～安土桃山時代の武将。織田信長に仕え、近江国（滋賀県）佐和山城主となる。信長の死後は豊臣秀吉に従い、天正一一年（一五八三）の「賤ヶ岳の戦い」で功をあげ、越前・若狭と加賀半国を与えられた。

太刀

国宝

長篠・設楽原の戦いの恩賞

大般若長光《だいはんにゃながみつ》

《銘》長光

【刃長】二尺四寸四分（約74cm）
【刀鍛冶】備前国長船　長光
鎌倉時代後期

◉主な所有者―
足利義輝←織田信長←奥平信昌

大般若《だいはんにゃ》というのは、『大般若波羅蜜多経《はらみたきょう》』、略して『大般若経《だいはんにゃきょう》』のことを指す。『大般若経』は、仏教の基礎的な経典《きょうてん》群で、六〇〇巻もある。室町《むろまち》時代末期に刀剣鑑定家の本阿弥《ほんあみ》家が名刀の値付けで、この太刀に六〇〇貫文をつけたことから、『大般若経』の六〇〇巻にかけて、大般若長光とよばれるようになったという。

もともとは足利《あしかが》将軍家の重宝で、永禄《えいろく》八年（一五六五）、一三代将軍足利義輝《よしてる》が三好三人衆《みよしさんにんしゅう》や松永久秀《まつながひさひで》に殺されたとき、三好三人衆のひとり三好政康《まさやす》に奪われ、のち、織田信長《おだのぶなが》の手に渡った。

信長は元亀《げんき》元年（一五七〇）、近江《おうみ》国（滋賀県）の浅井長政《あざいながまさ》および越前《えちぜん》国（福井県）の朝倉義景《あさくらよしかげ》と、近江国の姉川《あねがわ》で対峙する。この

足利義輝：室町幕府一三代大将軍。畿内の戦国大名、三好長慶らと対立。長慶の死後、三好義継、三好三人衆らの軍勢に二条御所を襲撃されて討死した。

松永久秀：戦国～安土桃山時代の武将。畿内を支配した三好長慶の家臣。長慶の死後、三好三人衆らとともに足利義輝を襲って殺害したが、義輝の弟義昭を奉じて上洛した織田信長によって滅ぼされた。

奥平信昌：安土桃山～江戸時代初期の武将。徳川家康に仕えた。天正三年（一五七五）の「長篠の戦い」では長篠城を守り抜き、織田・徳川連合軍の勝利を呼び寄せた。上野国（群馬県）小幡藩初代藩主。のちに美濃国（岐阜県）加納藩初代藩主。

とき、自ら援軍を率いて参陣した徳川家康《とくがわいえやす》に対し、信長が大般若長光を贈ったと伝わる。

その後、天正《てんしょう》三年（一五七五）、家康は甲斐《かい》国（山梨県）の武田《たけだ》勝頼《かつより》に包囲された長篠《ながしの》城を救出するため、信長に支援を要請。長篠城を包囲していた武田軍と、織田・徳川連合軍は設楽原《したらがはら》で激突し、武田軍を破った。この戦いは、長篠城の周辺と設楽原で行われたため、長篠・設楽原の戦いとよばれている。この戦いの論功行賞《ろんこうこうしょう》で、家康は長篠城を守っていた奥平信昌《おくだいらのぶまさ》を戦功第一とし、大般若長光を信昌に与えた。信昌が長篠城を死守したことにより、武田軍は籠城《ろうじょう》することができず、敗走したからである。信昌は、また、家康の長女亀姫《かめひめ》との結婚も許され、徳川一門として扱われた。

信昌の子忠明《ただあきら》は、家康の養子となって松平《まつだいら》姓を許され、子孫は武蔵《むさし》国（埼玉県）忍《おし》藩主となっている。大般若長光は、江戸《えど》時代を通じて忍藩主松平家に伝わり、明治維新《めいじいしん》後に売り立てられたため、現在は、東京国立博物館《とうきょうこくりつはくぶつかん》が所蔵している。

■所蔵情報
東京国立博物館
〒110-8712
東京都台東区上野公園13-9

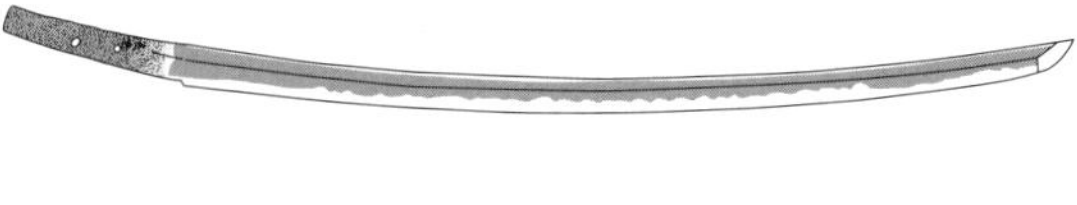

太刀

国宝

安土城に保管されていた信長の愛刀

津田長光《つだながみつ》

《銘》長光

【刃長】
二尺三寸七分半
（約72cm）

【刀鍛冶】
備前国長船　長光

鎌倉時代後期

◉主な所有者
織田信長
↓
津田重久

織田信長《おだのぶなが》が所持していたもので、本能寺《ほんのうじ》の変《へん》後、信長の居城安土《あづち》城から持ち出した明智光秀《あけちみつひで》が家老の津田重久《つだしげひさ》に与えた。そのため、津田長光とよばれるようになっている。また、重久の通称が遠江守《とおとうみのかみ》であったことから、遠江長光ともよばれる。重久は、山崎《やまざき》の戦いで光秀が敗れたあと、前田利家《まえだとしいえ》の子利長《としなが》の家臣となった。こうした縁で、加賀《かが》藩主前田家に津田長光を献上したものらしい。

宝永《ほうえい》五年（一七〇八）、五代将軍徳川綱吉《とくがわつなよし》の養女松姫《まつひめ》が前田吉徳《よしのり》に嫁ぐ際、吉徳の父綱紀《つなのり》が綱吉に献上。翌宝永六年、綱吉が死去すると、六代将軍となった家宣《いえのぶ》が尾張《おわり》藩主徳川吉通《よしみち》に下賜《かし》。以来、尾張徳川家に伝来し、徳川黎明会《とくがわれいめいかい》が所蔵している。

津田重久：安土桃山～江戸時代初期の武将。明智光秀に仕え、天正一〇年（一五八二）の「本能寺の変」では明智軍の先鋒を務めた。のちに豊臣秀吉、秀次に仕え、秀次の死後は前田利長の家臣となった。

前田利長：安土桃山～江戸時代初期にかけての武将。加賀藩初代藩主。織田信長の死後、天正一一年（一五八三）の「賤ヶ岳の戦い」では、柴田勝家側についたが、その後父利家と共に秀吉に恭順する。利家の死後、慶長五年（一六〇〇）の「関ヶ原の戦い」では、家康側について加賀百二十万石の礎を築いた。

■**所蔵情報**
徳川美術館
〒461-0023
名古屋市東区徳川町1017

太刀

伊達家から養子を迎えようとした上杉家

宇《う》佐《さ》美《み》長《なが》光《みつ》

《銘》長光

越後《えちご》国（新潟県）の守護《しゅご》上杉定実《うえすぎさだざね》の家臣で琵琶島《びわじま》城主宇佐美房忠《うさみふさただ》が所持していたため、宇佐美長光という。房忠は、定実が越後守護代《しゅごだい》長尾為景《ながおためかげ》と争うなか、永正《えいしょう》十一年（一五一四）に討ち死にしてしまう。このとき、宇佐美長光は定実の手に渡ったらしい。

天文《てんもん》十一年（一五四二）、定実は伊達《だて》晴宗《はるむね》の弟実元《さねもと》を養子に迎えることとし、実元に宇佐美長光を贈る。ところが、実元を定実の養子とすることに伊達家中の賛否が割れ、頓挫《とんざ》してしまう。それで、宇佐美長光は実元の手に残ったままとなり、実元の子成実《しげざね》に譲られた。江戸《えど》時代には、成実を祖とする亘理《わたり》伊達家に伝来し、現在は伊達市《だてし》開拓記念館《かいたくきねんかん》が所蔵している。

【刃長】二尺四寸五分（約74cm）

【刀鍛冶】備前国長船　長光

鎌倉時代後期

◎主な所有者―

宇佐美房忠←伊達実元←伊達成実

伊達実元：戦国～安土桃山時代の武将。伊達政宗の祖父晴宗の弟。縁戚にあたる越後守護、上杉定実の養子に入る予定だったが、父稙宗と兄晴宗が起こした内紛によって頓挫。以後は伊達家の重鎮として活躍した。

伊達成実：戦国後期～江戸初期の武将。仙台藩初代藩主伊達政宗の重臣。伊達実元の長男。亘理伊達氏の初代当主。

■**所蔵情報**

伊達市開拓記念館

〒052-0022

北海道伊達市梅本町61-2

小太刀

香西元長の愛刀

香西長光《こうざいながみつ》

《銘》長光

【刃長】一尺八寸五分半（約56cm）

【刀鍛冶】備前国長船　長光

鎌倉時代後期

◎主な所有者―

香西元長

管領細川政元《かんれいほそかわまさもと》の重臣香西元長《こうざいもとなが》が所持していたことから、香西長光という。政元は、修験道《しゅげんどう》に傾倒していたため、妻子がなく、澄之《すみゆき》・澄元《すみもと》・高国《たかくに》という三人の養子を迎えていた。このとき、元長は自らが擁する澄之を管領につけるため、主君である政元を殺害。こうして澄之が管領となったものの、養子同士が争うことになってしまう。

その後、畿内《きない》を平定した織田信長《おだのぶなが》の手に渡り、豊臣秀吉《とよとみひでよし》から子の秀頼《ひでより》に伝えられた。秀頼は、秀吉を祀る豊国神社《とよくにじんじゃ》に奉納したが、のち、徳川家康《とくがわいえやす》が取り出して水戸《みと》徳川家の徳川頼房《よりふさ》に与えたらしい。江戸《えど》時代を通じて水戸徳川家の重宝となったが、大正《たいしょう》十二年（一九二三）の関東大震災《かんとうだいしんさい》で焼失してしまった。

豊臣秀頼：秀吉の三男。安土桃山～江戸時代前期の大名。秀吉の死後、関ヶ原の戦い以降も、影響力を持ったが、大坂夏の陣で徳川方に迫られ、母淀殿らと共に自害した。

小太刀

鉋ごと切り倒した伝説

鉋切長光《かんなぎりながみつ》

《銘》長光

【刃長】一尺九寸五分（約59cm）

【刀鍛冶】備前国長船　長光

鎌倉時代後期

◉主な所有者―

織田信長←蒲生氏郷

伊吹山《いぶきやま》を越えようとしていた武士が、同行していた大工に襲いかかられたとき、この小太刀で鉋《かんな》もろとも斬り倒したことから、鉋切長光とよばれるようになったという。

その後の経緯は不明だが、織田信長《おだのぶなが》から重臣の丹羽長秀《にわながひで》に下賜《かし》され、さらに蒲生氏郷《がもううじさと》の手に渡った。氏郷の死後は、子の秀行《ひでゆき》、孫の忠郷《ただざと》へと伝わり、寛永《かんえい》元年（一六二四）、忠郷が三代将軍徳川家光《とくがわいえみつ》に献上したため、徳川将軍家の重宝となっている。

大正《たいしょう》十二年（一九二三）、関東大震災《かんとうだいしんさい》で水戸《みと》徳川家の重宝が焼失した際、徳川宗家から水戸徳川家に贈られた。そのため、現在は徳川ミュージアムが所蔵し、徳川博物館《とくがわはくぶつかん》に収蔵されている。

丹羽長秀：戦国～安土桃山時代の武将。織田信長に仕え、近江国（滋賀県）佐和山城主となる。信長の死後は豊臣秀吉に従い、天正一一年（一五八三）の「賤ヶ岳の戦い」で功をあげ、越前・若狭と加賀半国を与えられた。

蒲生氏郷：戦国～安土桃山時代の武将。織田信長に仕えた後は、豊臣秀吉に仕えて一連の戦いに参加。功をあげて、陸奥国（福島県ほか）会津に移封された。

■ **所蔵情報**

公益財団法人 徳川ミュージアム

〒310-0912

茨城県水戸市見川1-1215-1

太刀

万葉集にちなんだ風流な号

児手柏包永《このてがしわかねなが》

《銘》包永
兵部大輔藤孝磨上之異名号児手柏　天正二年三月十三日

【刃長】二尺二寸八分（約69cm）
【刀鍛冶】大和国奈良　包永
鎌倉時代後期

◉主な所有者―
細川藤孝

室町《むろまち》幕府の幕臣で、のち織田信長《おだのぶなが》の家臣となった細川藤孝《ほそかわふじたか》が所持していた太刀である。この太刀は、刀紋が表と裏で直刃《すぐは》と乱刃《みだれば》になっているという珍しいものだった。そこで藤孝は、『万葉集《まんようしゅう》』に収められている「奈良山《ならやま》の子《こ》の手柏《てかしわ》の両面《ふたおも》に左《か》にも右《かく》にも佞人《こびひと》の伴《とも》」にちなみ、児手柏包永と名付けたらしい。児手柏は、一般的な柏の葉とは異なり、子どもの手に似た形をしている。表裏で姿の異なる太刀から、藤孝は、風にひるがえる児手柏を想起したのである。

その後、藤孝から次男興元《おきもと》に伝わり、興元が徳川家康《とくがわいえやす》に献上。家康から子の徳川頼房《よりふさ》に譲られ、江戸《えど》時代を通じて水戸《みと》徳川家に伝来したが、大正《たいしょう》十二年（一九二三）の関東大震災《かんとうだいしんさい》で焼失してしまった。

細川藤孝：戦国～江戸時代初期の武将。室町幕府一三代将軍足利義輝に仕え、のちに義昭擁立に尽力。以後、織田信長、豊臣秀吉、徳川家康に重用された。慶長五年（一六〇〇）の「関ヶ原の戦い」では、長男忠興が東軍について活躍。忠興は戦後に豊前国（福岡県ほか）小倉藩初代藩主となった。

短刀

当麻寺に属した刀鍛冶

鉈切当麻《なたぎりたいま》

《銘》無銘

【刃長】一尺三寸一分（約40cm）
【刀鍛冶】大和国当麻
鎌倉時代後期

◎主な所有者―
佐野信吉

大和国《やまと》（奈良県）の当麻寺《たいま》に属していた刀鍛冶によって作られたとされる。室町《むろまち》時代、大和国には室町幕府が守護《しゅご》をおくことはなく、大寺院が実質的な権力を持っていた。そうした大寺院に従って刀を作る刀鍛冶が多くいたのである。

「鉈切《なたぎり》」という号の由来については定かではない。江戸《えど》時代には、下野国《しもつけ》（栃木県）佐野《さの》藩主佐野信吉《さののぶよし》が所蔵していた。信吉は、慶長《けいちょう》十九年（一六一四）、実兄富田信高《とみたのぶたか》が巻き込まれた事件に連座《れんざ》して所領《しょりょう》を没収されてしまう。その後の経緯についてはよくわからないが、近江国《おうみ》（滋賀県）彦根《ひこね》藩主井伊直孝《いいなおたか》が買い上げたものであろうか。江戸《えど》時代には、彦根藩主井伊家に伝来した。

佐野信吉：安土桃山～江戸時代初期の武将。下野国（栃木県）佐野藩藩主。慶長五年（一六〇〇）の「関ヶ原の戦い」では東軍に属し、所領を安堵された。

短刀

桑山当麻《くわやまたいま》

桑山元晴が買い上げた当麻

《銘》無銘

【刃長】八寸三分半（約25cm）
【刀鍛冶】大和国当麻
鎌倉時代後期

◎主な所有者—
桑山元晴

豊臣秀吉《とよとみひでよし》の家臣桑山元晴《くわやまもとはる》が所持していたことから、桑山当麻という。慶長《けいちょう》五年（一六〇〇）の関ヶ原《せきがはら》の戦いで、元晴は徳川家康《とくがわいえやす》に与《くみ》し、大和《やまと》国（奈良県）御所《ごせ》一万石を与えられた。そのころ、買い上げたものかもしれない。元晴は、桑山保昌《くわやまほうしょう》（221ページ）など、大和国ゆかりの刀剣をいくつか所持していた。

元晴の死後、長男清晴《きよはる》が二代将軍徳川秀忠《ひでただ》の勘気《かんき》にふれ、また、次男貞晴《さだはる》に嗣子《しし》がなく、桑山家は没落してしまう。そのころ、紀伊《きい》徳川家の徳川頼宣《よりのぶ》が手に入れたものであろう。のち、頼宣が尾張《おわり》徳川家の徳川義直《よしなお》と佩刀の交換をしたため、尾張徳川家に伝来。尾張藩主徳川吉通《よしみち》が死去したとき、七代将軍徳川家継《いえつぐ》に献上された。

桑山元晴：安土桃山～江戸時代初期の武将。豊臣秀吉の弟、羽柴長秀に仕え、長秀の死後は秀吉に仕えた。慶長五年（一六〇〇）の「関ヶ原の戦い」では、父重晴とともに徳川家康について功をたて、大和国（奈良県）御所藩初代藩主となった。

短刀

伊勢神宮の名宝

上部当麻《うわべたいま》

《銘》無銘

【刃長】	八寸七分（約26ｃｍ）
【刀鍛冶】	大和国当麻
	鎌倉時代後期

◉主な所有者

上部貞永
↓
城昌茂

伊勢神宮《いせじんぐう》の権禰宜《ごんのねぎ》で、神宮への参詣《さんけい》を司る御師《おし》として豊臣秀吉《とよとみひでよし》に仕えた上部貞永《うわべさだなが》が所持していたことにより、上部当麻という。のち、徳川家康《とくがわいえやす》の家臣 城 昌茂《じょうまさもち》が買い上げ、昌茂の通称を和泉守《いずみのかみ》といったことから、城和泉当麻ともよばれる。

その後、徳川家康の孫にあたる出雲《いずも》国（島根県）松江《まつえ》藩主松平《まつだいら》直政《なおまさ》が買い上げた。寛文《かんぶん》六年（一六六六）、直政が死去した際に、直政の子綱隆《つなたか》が四代将軍徳川家綱《いえつな》に献上。貞享《じょうきょう》二年（一六八五）、五代将軍徳川家綱の娘鶴姫《つるひめ》が紀伊《きい》徳川家の徳川綱教《つなのり》に嫁ぐ際、綱吉が綱教の父光貞《みつさだ》に下賜《かし》している。こうして、上部当麻は、江戸《えど》時代を通じて紀伊徳川家に伝来した。

短刀

大坂の陣で失われた当麻

大坂当麻《おおさかたいま》

《銘》無銘

【刃長】八寸八分（約27cm）
【刀鍛冶】大和国当麻
鎌倉時代後期

◎主な所有者―
中川重政←豊臣秀吉←池田忠雄

織田信長《おだのぶなが》の家臣中川重政《なかがわしげまさ》が所持していたもので、その子光重《みつしげ》に伝えられた。光重は、加賀《かが》藩主前田利家《まえだとしいえ》の婿《むこ》となっており、その関係で利家の子利長《としなが》が買い上げたらしい。利長から豊臣秀吉《とよとみひでよし》に献上され、秀吉の子秀頼《ひでより》が大野治長《おおのはるなが》に下賜《かし》した。治長は、秀頼の側近として豊臣家を主導したが、元和《げんな》元年（一六一五）、大坂夏《おおさかなつ》の陣《じん》で自害。この短刀は、大坂城にあったことから大坂当麻とよばれたが、混乱のなかで行方不明になってしまう。

元和六年（一六二〇）になって見つけ出され、二代将軍徳川秀忠《とくがわひでただ》に献上される。寛永《かんえい》九年（一六三二）、秀忠の形見分けとして池田《いけだ》忠雄《ただかつ》が拝領し、以来、鳥取《とっとり》藩主池田家に伝来した。

中川重政：戦国～安土桃山時代の武将。織田信長に仕え、安土城の城代などを務めた。信長の死後は信雄に仕え、「小牧・長久手の戦い」では犬山城を守備したが破れた。

前田利長：安土桃山～江戸時代初期にかけての武将。加賀藩初代藩主。織田信長の死後、天正一一年（一五八三）の「賤ヶ岳の戦い」では、柴田勝家側についたが、その後父利家と共に秀吉に恭順する。利家の死後、慶長五年（一六〇〇）の「関ヶ原の戦い」では、家康側について加賀百二十万石の礎を築いた。

短刀

村雲御所の短刀

村雲当麻《むらくもたいま》

《銘》無銘

【刃長】七寸八分半（約24cm）

【刀鍛冶】大和国当麻

鎌倉時代後期

◉主な所有者

豊臣秀吉→堀秀治

豊臣秀次《とよとみひでつぐ》の実母日秀《にっしゅう》が、秀吉によって自害に追い込まれた秀次の冥福《めいふく》を祈るために創建した瑞龍寺《ずいりゅうじ》に伝わった。瑞龍寺は、皇女などが門跡《もんぜき》となる門跡寺院として「村雲御所《むらくもごしょ》」と呼ばれたことから、村雲当麻とよばれる。

その後、どのような経緯をたどったのかについてはわからない。ただ、秀吉《ひでよし》に献上されたようで、文禄《ぶんろく》三年（一五九八）に秀吉が死去した際には、形見分けとして堀秀治《ほりひではる》に譲られた。秀治から徳川《とくがわ》家康《いえやす》に献上されたものであろうか。正保《しょうほう》四年（一六四七）、三代将軍徳川家光《いえみつ》が尾張《おわり》藩主徳川義直《よしなお》に下賜《かし》。明暦《めいれき》二年（一六五六）、義直の子光友《みつとも》が四代将軍徳川家綱《いえつな》の病気の恢復《かいふく》を祝して献上した。

堀秀治：安土桃山～江戸時代初期の武将。越後国（新潟県）高田藩初代藩主。豊臣秀吉に仕え、上杉景勝の会津移封にともなって、越後春日山城の城主となる。慶長五年（一六〇〇）の「関ヶ原の戦い」では、家康側に属して所領を安堵された。

短刀

新藤五国光の最高傑作

会津新藤五《あいづしんとうご》

国宝

《銘》国光

作者の国光《くにみつ》は、相模国《さがみ》（神奈川県）鎌倉《かまくら》の刀鍛冶正宗《まさむね》の師とされ、通称を新藤五《しんとうご》という。織田信長《おだのぶなが》・豊臣秀吉《とよとみひでよし》に従い、陸奥国《むつ》（福島県ほか）会津《あいづ》九二万石の大名となった蒲生氏郷《がもううじさと》が所持していたことから、会津新藤五とよばれている。新藤五国光の作刀のなかでも秀逸で、最高傑作との呼び声も高い。

会津新藤五は、その後、氏郷の子秀行《ひでゆき》、孫忠郷《たださと》に伝えられたが、忠郷に嗣子《しし》なく所領を没収されてしまう。このとき、加賀《かが》藩主前田《まえだ》利常《としつね》が小判一〇〇枚（約一億二〇〇〇万円）で買い上げ、五代将軍徳川綱吉《とくがわつなよし》に献上した。江戸《えど》時代を通じて徳川将軍家の重宝となり、現在は、ふくやま美術館《びじゅつかん》に寄託されている。

【刃長】八寸二分（約25cm）

【刀鍛冶】相模国鎌倉　国光

鎌倉時代後期

◎主な所有者―

蒲生氏郷

蒲生氏郷：戦国～安土桃山時代の武将。織田信長に仕えた後は、豊臣秀吉に仕えて一連の戦いに参加。功をあげて、陸奥国（福島県ほか）会津に移封された。

前田利常：江戸時代前期の大名。加賀藩二代藩主。藩祖前田利家の四男。慶長二〇年（一六一五）の「大坂夏の陣」で功をあげ、家康から四国を恩賞として提示されたが、これを固辞した。

■ **所蔵情報**
ふくやま美術館
〒720-0067
広島県福山市西町2-4-3

太刀

伊達政宗が朝廷から拝領か

陸奥新藤五《むつしんとうご》

《銘》国光

【刃長】二尺五寸一分（約76cm）
【刀鍛冶】相模国鎌倉　国光
鎌倉時代後期

◎主な所有者──
伊達政宗

『享保名物帳《きょうほうめいぶつちょう》』では追加の部に掲載されていて、詳しい伝来についてはよくわからない。伊達政宗《だてまさむね》が、後水尾《ごみずのお》天皇から拝領したものと伝わり、当時の菊花紋糸巻太刀《きっかもんいとまきたち》拵《ごしらえ》も附属している。政宗は、寛永《かんえい》三年（一六二六）、三代将軍徳川家光《とくがわいえみつ》が父秀忠《ひでただ》とともに二条城《にじょうじょう》に入り、後水尾天皇の行幸《ぎょうこう》を迎えたときに供奉《ぐぶ》している。このとき、拝領した可能性はあろう。

名の由来は、政宗の居城が陸奥《むつ》国（宮城県ほか）仙台《せんだい》にあり、また、陸奥守《むつのかみ》を通称としていたことによるものと考えられる。江戸《えど》時代を通じて仙台藩主伊達家の重宝として伝わり、近代になって、売り立てられた。

伊達政宗：安土桃山～江戸時代初期の武将。伊達氏一七代当主。幼少時に右目を失明し、独眼竜と呼ばれた。豊臣秀吉に仕えて朝鮮に出兵したが、「関ヶ原の戦い」、「大坂の陣」では徳川方につき、仙台藩初代藩主となった。

短刀

直刃の作が多い光包には珍しい乱刃

乱光包《みだれみつかね》

重要文化財

《銘》光包

作者は、山城国《やましろ》（京都府）の刀鍛冶来国俊《らいくにとし》の門弟とされる光包《みつかね》である。光包は、近江国《おうみ》（滋賀県）の比叡山延暦寺《ひえいざんえんりゃくじ》の根本中堂《こんぽんちゅうどう》に参籠《さんろう》していたことにより、中堂来光包ともよばれている。光包には刃文が直線的な直刃《すぐは》の作が多いなか、この短刀は、刃文が乱れうねった乱刃《みだれば》であることから、乱光包という。

江戸《えど》時代には、加賀《かが》藩主前田《まえだ》家に伝わっていた。宝永《ほうえい》五年（一七〇八）、五代将軍徳川綱吉《とくがわつなよし》の養女松姫《まつひめ》が前田吉徳《よしのり》に嫁いだ際、吉徳の父綱紀《つなのり》が津田長光《つだながみつ》（138ページ）とともに乱包を綱吉に献上。以来、徳川将軍家に伝わった。近代になって売り立てられ、現在は佐野美術館《さのびじゅつかん》が所蔵している。

【刃長】九寸七分半（約30cm）

【刀鍛冶】山城国来　光包

鎌倉時代後期

◎主な所有者―

徳川綱吉

徳川綱吉：江戸幕府第五代将軍。三代将軍家光の四男。「生類憐みの令」を発布し、犬公方と呼ばれた。

前田吉徳：江戸中期の大名。加賀藩第五代藩主。先代綱紀の三男。倹約政策を進めたが、重臣らの反発をかい、お家騒動（加賀騒動）の遠因を作った。

■所蔵情報

佐野美術館

〒411-0838

静岡県三島市1-43

短刀

取り潰された桑山家を復興

桑山光包《くわやまみつかね》

《銘》無銘

【刃長】八寸九分半（約27cm）

【刀鍛冶】山城国来　光包

鎌倉時代後期

◎主な所有者―
桑山元晴←徳川秀忠←前田利常

豊臣秀吉《とよとみひでよし》の家臣桑山重晴《くわやましげはる》の子元晴《もとはる》が所持していたことから、桑山光包という。元晴は、慶長《けいちょう》五年（一六〇〇）の関ヶ原《せきがはら》の戦いで父とともに徳川家康《とくがわいえやす》に味方し、戦後、大和国《やまと》（奈良県）御所《ごせ》一万石の藩主となった。しかし、元晴の子貞晴《さだはる》が寛永《かんえい》六年（一六二九）に死去した際、嗣子《しし》なく桑山家は取り潰しとなってしまう。翌寛永七年、貞晴の弟栄晴《ひではる》が、兄の遺品として桑山光包を前将軍徳川秀忠《とくがわひでただ》に献上。そのためか、桑山家は旗本《はたもと》としての存続を許された。

寛永十三年（一六三六）、江戸《えど》城の筋違橋《すじかいばし》を普請《ふしん》するとき、三代将軍徳川家光《いえみつ》が功のあった加賀《かが》藩主前田利常《まえだとしつね》に下賜《かし》。以来、前田家に伝来した。

桑山元晴：安土桃山～江戸時代初期の武将。豊臣秀吉の弟、羽柴長秀に仕え、長秀の死後は秀吉に仕えた。慶長五年（一六〇〇）の「関ヶ原の戦い」では、父重晴とともに徳川家康について功をたて、大和国（奈良県）御所藩初代藩主となった。

前田利常：江戸時代前期の大名。加賀藩二代藩主。藩祖前田利家の四男。慶長二〇年（一六一五）の「大坂夏の陣」で功をあげ、家康から四国を恩賞として提示されたが、これを固辞した。

打刀

石田三成の愛刀

石田正宗《いしだまさむね》

重要文化財

《銘》無銘

【刃長】二尺二寸二分（約67cm）
【刀鍛冶】相模国鎌倉　正宗
鎌倉時代末期

◉主な所有者――
石田三成
↓
結城秀康

豊臣《とよとみ》政権の五大老《ごたいろう》の一人で岡山城主の宇喜多秀家《うきたひでいえ》から贈られた石田三成《いしだみつなり》が愛用していたため、石田正宗《いしだまさむね》という。刀身に大きな切込みがあるため、切込正宗《きりこみ》、石田切込正宗ともよばれる。この切込みは、実際の戦闘でついたものであるが、三成自身がつけたものであるとは限らない。

豊臣秀吉《とよとみひでよし》の側近であった三成は、慶長《けいちょう》三年（一五九八）に豊臣秀吉が死去したあとも、五奉行《ごぶぎょう》の実力者として大坂城にあり、政治の実権を握ろうとする徳川家康《とくがわいえやす》と対立する。しかし、三成は、諸大名の動静をかかさず秀吉に伝えるなどしていたため、諸大名の評判はすこぶる悪かった。三成と諸大名との間は、秀吉の盟友でもあった

石田三成：安土桃山時代の武将。豊臣政権の五奉行の一人。豊臣秀吉の死後、徳川家康と対立。慶長五年（一六〇〇）の「関ヶ原の戦い」では西軍を主導したが敗れ、斬首された。
結城秀康：安土桃山～江戸時代初期の武将。徳川家康の次男。「小牧・長久手の戦い」の講和のために豊臣秀吉の養子に出された後、下総国結城城主、結城晴朝の養子となった。「関ヶ原の戦い」後、越前国（福井県）福井（北ノ庄）藩初代藩主。

前田利家《まえだとしいえ》がとりもっていたのだが、その利家も慶長四年（一五九九）には急死してしまう。そうしたなか、三成に不満を抱く加藤清正《かとうきよまさ》・浅野幸長《あさのよしなが》・加藤嘉明《かとうよしあき》・池田輝政《いけだてるまさ》・福島正則《ふくしままさのり》・黒田長政《くろだながまさ》・細川忠興《ほそかわただおき》ら七将が、三成の邸宅を襲撃したのである。七将が襲撃するという情報を得た三成は、密かに大坂を脱出し、伏見《ふしみ》に逃れた。この伏見に屋敷を構えていた家康は、おそらく、三成の隠居を条件として七将に矛を収めさせたのだろう。三成は五奉行を解任され、居城の佐和山《さわやま》城に蟄居《ちっきょ》させられてしまったのである。

このとき、佐和山城まで三成の護衛にあたったのが、家康の次男結城秀康《ゆうきひでやす》だった。秀康は、家康の実子ではあったが、早くから秀吉の養子となり、このときは下総国《しもうさ》（茨城県）の結城家を継いでいたものである。三成は、秀康の好意に感謝し、石田正宗を贈った。

慶長五年（一六〇〇）の関ヶ原《せきがはら》の戦いで三成は敗れ、秀康は越前《えちぜん》国（福井県）に入り、六八万石を与えられている。子孫は松平《まつだいら》に復姓し、この石田正宗は、後裔にあたる津山《つやま》藩主松平家に伝来した。近代になって個人の所蔵になったが、現在は東京国立博物館《とうきょうこくりつはくぶつかん》で所蔵されている。

■所蔵情報
東京国立博物館
〒110-8712
東京都台東区上野公園13-9

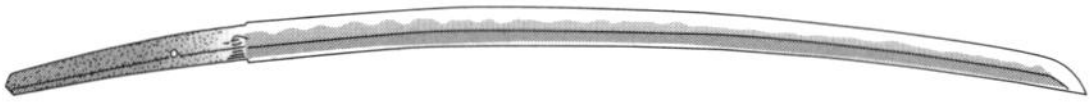

打刀

本庄繁長の愛刀

本庄正宗《ほんじょうまさむね》

《銘》無銘

【刃長】二尺一寸五分半（約65cm）

【刀鍛冶】相模国鎌倉　正宗

鎌倉時代末期

◎主な所有者―

本庄繁長←豊臣秀吉←徳川家康

上杉景勝《うえすぎかげかつ》の重臣本庄繁長《ほんじょうしげなが》が所持していたことから、本庄正宗という。繁長の居城は出羽国《でわ》（山形県）との国境に近い越後国《えちご》（新潟県）の本庄城にあったが、実子の義勝《よしかつ》を出羽国尾浦《おうら》城の大宝寺《だいほうじ》家に養子として送り込み、庄内《しょうない》地方への進出を図っていた。しかし、大宝寺家の家臣であった東禅寺氏永《とうぜんじうじなが》とその弟勝正《かつまさ》は、山形《やまがた》城の最上義光《もがみよしあき》と結んで本庄繁長と対立する。

こうしたなか、天正十六年（一五八八）、大宝寺義勝は実父の本庄繁長と庄内奪還を図るために兵を挙げた。繁長は、庄内地方で行われた十五里ヶ原《じゅうごりがはら》の戦いで東禅寺勢を破るが、その直後、味方のふりをして近づいてきた東禅寺勝正に襲撃され、兜を割られながらも討

上杉景勝：安土桃山～江戸時代初期の武将。上杉謙信の養子。豊臣政権五大老の一人で会津一二〇万石を領したが、慶長五年（一六〇〇）の「関ヶ原の戦い」では西軍に属したため、出羽国米沢藩三〇万石に減封された。

本庄繁長：戦国～江戸時代初期の武将。上杉謙信に従ったが、謙信の死後は上杉景勝に仕えた。

ち取ったという。勝正が佩用していた刀は、繁長によって景勝に献上されたものの、そのまま下賜《かし》されたらしい。以来、本庄正宗とよばれ、また、繁長の兜を割ったことから兜割《かぶとわり》正宗としても知られるようになった。

そのころ、繁長の主君上杉景勝は、関白《かんぱく》となった豊臣秀吉《とよとみひでよし》に臣従しており、秀吉の居城となる伏見《ふしみ》城の築城工事の手伝いを命じられると、上杉家では繁長が普請奉行《ぶしんぶぎょう》として上京している。このとき、困窮した繁長が、本庄正宗を金一三枚で秀吉の甥秀次《ひでつぐ》に買い上げてもらったという。大判一枚が一二〇万円とすれば、だいたい一五六〇万円で譲ったことになる。

その後、本庄正宗は秀吉に献上され、薩摩《さつま》国（鹿児島県）の島津《しまづ》義弘《よしひろ》に下賜《かし》されたあと、義弘が徳川家康《とくがわいえやす》に献上した。元和《げんな》二年（一六一六）に家康が死去したとき、本庄正宗は形見分けとして紀伊徳川家の徳川頼宣《よりのぶ》に譲られた。しかし、頼宣が寛文《かんぶん》七年（一六六七）に隠居した際、跡を継いだ子の光貞《みつさだ》が相続を謝して四代将軍徳川家綱《いえつな》に献上したため、以後は、徳川宗家の重宝となっている。

打刀

島津家の所蔵だったか

島津正宗《しまづまさむね》

《銘》無銘

【刃長】	二尺二寸七分
【刀鍛冶】	相模国鎌倉　正宗
	鎌倉時代末期

◎主な所有者――
徳川光貞←徳川綱吉←徳川吉宗

薩摩《さつま》国（鹿児島県）の島津《しまづ》家が所蔵していたため、島津正宗とよばれたのではないかと思われる。紀伊《きい》徳川《とくがわ》家の徳川光貞《とくがわみつさだ》が、元禄《げんろく》十年（一六九七）、五代将軍徳川綱吉《つなよし》に献上すると、五年後の元禄十五年（一七〇二）、綱吉が加賀《かが》国（石川県）金沢《かなざわ》藩主前田綱紀《まえだつなのり》に下賜《かし》。その後、綱紀の隠居に際し、享保《きょうほう》八年（一七二三）、八代将軍徳川吉宗《よしむね》に献上された。

文久《ぶんきゅう》二年（一八六二）、孝明《こうめい》天皇の妹和宮親子内親王《かずのみやちかこないしんのう》が一四代将軍徳川家茂《いえもち》に嫁いだ際、家茂から孝明天皇に献上された。その後の政局の混乱で、島津正宗の行方は不明となっていたが、近年になって発見され、現在は京都国立博物館《きょうとこくりつはくぶつかん》に寄贈されている。

徳川光貞：江戸時代前期の大名。紀州藩第二代藩主。先代頼宣（家康の一〇男）の長男。

徳川綱吉：江戸幕府第五代将軍。三代将軍家光の四男。「生類憐みの令」を発布し、犬公方と呼ばれた。

前田綱紀：江戸時代前期〜中期の大名。加賀藩第四代藩主。父光高の急死により、三歳で家督を継ぐ（祖父利常が後見）。職制の改革を行い藩政を確立、名君とうたわれた。

■所蔵情報
京都国立博物館
〒605-0931
京都府京都市東山区茶屋町527

池田長吉が購入

打刀

池田正宗《いけだまさむね》

重要文化財

《銘》正宗磨上
本阿弥（花押）

【刃長】二尺二寸二分（約67cm）

【刀鍛冶】相模国鎌倉　正宗

鎌倉時代末期

◎主な所有者―
池田長吉
←徳川秀忠
←徳川義直

鳥取《とっとり》藩主の池田長吉《いけだながよし》が、仙台《せんだい》藩主の伊達政宗《だてまさむね》から一〇〇〇〇貫文（約三〇〇〇万円）で購入したため、池田正宗という。正宗の作に銘が入っていることは少なく、池田正宗にも銘はない。ただし、刀剣の鑑定家として知られる本阿弥光徳《ほんあみこうとく》が正宗の作と認めたため、金象嵌《きんぞうがん》で「正宗磨上《すりあげ》」、「本阿弥（花押）」と入っている。

その後、江戸《えど》幕府の二代将軍になった徳川秀忠《とくがわひでただ》が池田正宗を一〇〇〇貫文で買い上げ、将軍家の重宝となった。慶安《けいあん》三年（一六五〇）、三代将軍徳川家光《いえみつ》が尾張《おわり》徳川家の徳川義直《よしなお》に下賜《かし》。こうして、池田正宗は尾張徳川家に伝来し、現在も、尾張徳川家の伝来品を管理する徳川美術館に収蔵されている。

池田長吉：安土桃山～江戸時代初期の武将。池田輝政の弟。豊臣秀吉に仕えたが、慶長五年（一六〇〇）の「関ヶ原の戦い」では、兄輝政とともに徳川方につき、岐阜城を攻略するなどの戦功をあげ、因幡国（鳥取県）鳥取藩藩主となった。

徳川秀忠：江戸幕府第二代将軍。家康の三男。「大坂の陣」では総大将として家康とともに参加。武家諸法度などを発令して幕政の基礎を固めた。

■ **所蔵情報**
徳川美術館
〒461-0023
名古屋市東区徳川町1017

打刀

御金改役後藤光次が所持

後藤正宗《ごとうまさむね》

《銘》本阿弥光徳（花押）
正宗磨上

【刃長】二尺二寸八分（約69cm）
【刀鍛冶】相模国鎌倉　正宗
鎌倉時代末期

◎主な所有者──
後藤光次
←
徳川秀忠

江戸《えど》幕府の御金改《ごきんあらためやく》役後藤光次《ごとうみつつぐ》が所持していたため、後藤正宗という。光次は、通称の庄三郎《しょうざぶろう》という名でも知られ、金貨の鋳造などに従事し、江戸幕府による貨幣制度の創立に大きな役割を果たした。

もともとの銘は、存在しない。ただ、刀剣の鑑定家として知られる本阿弥光徳《ほんあみこうとく》が正宗の作であると認めたため、「本阿弥光徳（花押）」「正宗磨上《すりあげ》」と金象嵌《きんぞうがん》で入れられている。

慶長《けいちょう》五年（一六〇〇）の関ケ原《せきがはら》の戦い後、光次から徳川秀忠《とくがわひでただ》に献上されたが、これは戦勝祝いの意味があったのだろう。寛永《かんえい》九年（一六三二）の秀忠の死後、形見分けとして加賀《かが》藩主の前田利常《まえだとしつね》に下賜《かし》され、前田家に伝わった。

後藤光次：江戸時代前期の御金改役。徳川家康のもとで判金の鋳造を行った。ちなみに後藤の屋敷があった江戸本町一丁目は現在の日本橋日本銀行本店所在地にあたる。
徳川秀忠：江戸幕府第二代将軍。家康の三男。「大坂の陣」では総大将として家康とともに参加。武家諸法度などを発令して幕政の基礎を固めた。
前田利常：江戸時代前期の大名。加賀藩二代藩主。藩祖前田利家の四男。慶長二〇年（一六一五）の「大坂夏の陣」で功をあげ、家康から四国を恩賞として提示されたが、これを固辞した。

打刀

津軽家に伝来

津軽正宗《つがるまさむね》

国宝

《銘》正宗磨上本阿弥（花押）
城和泉守所持

【刃長】	二尺三寸（約71cm）
【刀鍛冶】	相模国鎌倉　正宗
	鎌倉時代末期

◎主な所有者―
城昌茂

江戸《えど》時代初期の刀剣鑑定家である本阿弥光徳《ほんあみこうとく》が正宗の作と認めたため、「正宗磨上《すりあげ》本阿（花押）」、「城和泉守《じょういずみのかみ》所持」と金象嵌《きんぞうがん》で入れられている。城和泉守は、武田信玄《たけだしんげん》に仕え、武田家の滅亡後に徳川《とくがわ》家康《いえやす》に従った城昌茂《じょうまさもち》のことである。このため、城和泉正宗とよばれることもある。記録によると、象嵌銘は、慶長《けいちょう》十四年（一六〇九）に施されたことになっている。

城昌茂は、慶長十九年（一六一四）の大坂冬の陣での軍令違反を咎められ、所領を没収されてしまう。その後、城和泉正宗は、陸奥《むつ》国（青森県ほか）弘前《ひろさき》藩主津軽《つがる》家に伝わって津軽正宗とよばれ、現在は東京国立博物館《とうきょうこくりつはくぶつかん》に所蔵されている。

■所蔵情報
東京国立博物館
〒110-8712
東京都台東区上野公園13-9

打刀

能楽師観世家に伝来

観世正宗《かんぜまさむね》

国宝

《銘》無銘

【刃長】二尺一寸三分（約65ｃｍ）

【刀鍛冶】相模国鎌倉　正宗

鎌倉時代末期

◉主な所有者――
観世宗節
↓
徳川家康

能楽師《のうがくし》の観世家《かんぜけ》に伝来したため、観世正宗という。観世家は、室町《むろまち》幕府の三代将軍足利義満《あしかがよしみつ》の庇護を受けた観阿弥《かんあみ》・世阿弥《ぜあみ》父子に始まっており、観世正宗も、義満から拝領したものであったかもしれない。室町幕府が衰退するなか、観世宗家七世の宗節《そうせつ》は、徳川《とくがわ》家康《いえやす》に接近。そのころ、家康に献上したものであろう。家康の子で二代将軍となった秀忠《ひでただ》は、娘の千姫《せんひめ》が本多忠刻《ほんだただとき》に嫁ぐ際に婿引出物として贈ったが、忠刻の死後、徳川将軍家に戻された。

明治維新《めいじいしん》後、一五代将軍であった徳川慶喜《よしのぶ》が有栖川宮熾仁親王《ありすがわのみやたるひとしんのう》に献上。その後は国が購入したため、現在は国の所有となって、東京《とうきょう》国立博物館《こくりつはくぶつかん》に保管されている。

足利義満：室町幕府第三代将軍。二代将軍義詮の長男。南北朝を合一させて、幕府権力を確立。将軍職を義持にゆずると京都北山に金閣寺等を造営して、北山殿と呼ばれた。

本多忠刻：江戸時代前期の大名。本多忠政の長男。本多忠勝の孫。播磨国（兵庫県）姫路新田藩初代当主。

■**所蔵情報**
東京国立博物館
〒110-8712
東京都台東区上野公園13-9

打刀

板部岡江雪斎の愛刀

江雪正宗《こうせつまさむね》

《銘》正宗

【刃長】二尺六寸（約79cm）
【刀鍛冶】相模国鎌倉　正宗
鎌倉時代末期

◎主な所有者―
板部岡江雪斎
↓
徳川家康

相模国《さがみ》（神奈川県）の戦国大名北条《ほうじょう》家の重臣であった板部岡《いたべおか》江雪斎《こうせつさい》が所持していたことから、江雪正宗という。天正《てんしょう》十八年（一五九〇）、主家にあたる北条家は豊臣秀吉《とよとみひでよし》に本拠の小田原《おだわら》城を攻められて滅ぼされた。しかし、諸大名との外交に尽力していた江雪斎は、その能力を高く評価されたようである。その後は、秀吉に近侍することになった。

秀吉が没し、徳川家康《とくがわいえやす》が実権を握ると、すぐさま家康に臣従。江雪斎正宗も、そのころ家康に献上したものであるらしい。

以後、徳川宗家の重宝となったが、惜しくも明暦《めいれき》三年（一六五七）の大火で焼けてしまった。

板部岡江雪斎：安土桃山～江戸時代初期の武将。岡野嗣成。北条氏政、豊臣秀吉、徳川家康に従った。

打刀

国宝

本多中務大輔忠勝が購入

中務正宗《なかつかさまさむね》

《銘》本多中務所持
正宗　本阿（花押）

【刃長】二尺一寸三分（約65cm）

【刀鍛冶】相模国鎌倉　正宗

鎌倉時代末期

◉主な所有者―
本多忠勝
↓
徳川家康
↓
徳川頼房

徳川家康《とくがわいえやす》の重臣本多忠勝《ほんだただかつ》が所持していた。忠勝が通称を中務大輔《なかつかさたいふ》といったことから中務正宗とよぶ。忠勝は、刀剣の鑑定家本阿弥《ほんあみ》光徳《こうとく》の仲介で購入したが、光徳が正宗の作と認めたため、「本多中務所持」「正宗　本阿（花押）」と金象嵌《きんぞうがん》で入っている。忠勝が伊勢《いせ》国（三重県）桑名《くわな》藩主であったことから、桑名正宗ともいう。

その後、忠勝から家康に献上され、家康の子で水戸《みと》徳川家の頼房《よりふさ》に譲られたらしい。頼房の死後、四代将軍徳川家綱《いえつな》に献上され、家綱の死後、形見分けとして、家綱の甥の家宣《いえのぶ》に譲られている。この家宣が、五代将軍徳川綱吉《つなよし》の養子として将軍職を継いだため、中務正宗も徳川将軍家の所有に戻った。現在は、国の所有となている。

本多忠勝：戦国～江戸時代初期の武将。徳川四天王の一人。通称、平八郎。三河一向一揆、姉川の戦いなど、家康の主要な戦いで武勲をたてた。伊勢国（三重県）桑名藩初代藩主。

打刀

榊原式部大輔康政の愛刀

式部正宗《しきぶまさむね》

《銘》無銘

【刃長】二尺二寸七分半（約69cm）

【刀鍛冶】相模国鎌倉　正宗

鎌倉時代末期

◉主な所有者―

榊原康政

→

徳川家康

徳川家康《とくがわいえやす》の重臣で、「徳川四天王《してんのう》」の一人として知られる榊原《さかきばら》康政《やすまさ》が所持していた刀である。康政の通称が式部大輔《しきぶたいふ》であったため、式部正宗という。また、榊原家の家名をとって、榊原正宗とよばれることもある。康政は、天正《てんしょう》十八年（一五九〇）、家康の関東入国に際して上野《こうずけ》国（群馬県）館林《たてばやし》一〇万石に封ぜられた。

その後、康政から家康に献上され、さらに、家康の子結城秀康《ゆうきひでやす》に譲られたらしい。江戸《えど》時代には、秀康の後裔にあたる武蔵国《むさしのくに》（埼玉県）川越《かわごえ》藩主松平《まつだいら》家に伝来した。しかし、残念ながら昭和《しょうわ》二十年（一九四五）五月二十五日の東京大空襲《とうきょうだいくうしゅう》で、御手杵《おてぎね》の槍などとともに焼失してしまっている。

榊原康政：戦国～江戸時代初期の武将。徳川四天王の一人。徳川家康に仕え、三河一向一揆の対処で功をあげた。以後も各地の戦いで活躍し、上野国（群馬県）館林藩を与えられた。

結城秀康：安土桃山～江戸時代初期の武将。徳川家康の次男。「小牧・長久手の戦い」の講和のために豊臣秀吉の養子に出された後、下総国結城城主、結城晴朝の養子となった。「関ヶ原の戦い」後、越前国（福井県）福井（北ノ庄）藩初代藩主。

打刀

国宝

太郎作正宗《たろうさくまさむね》

水野太郎作正重が姉川の戦いで使用

《銘》無銘

尾張国《おわりのくに》（愛知県）緒川《おがわ》城の水野忠政《みずのただまさ》が、甥にあたる正重《まさしげ》に伝えた刀で、正重の通称が「太郎作《たろうさく》」であったことから、太郎作正宗とよばれる。水野家は織田信長《おだのぶなが》・徳川家康《とくがわいえやす》に従い、朝倉義景《あさくらよしかげ》・浅井長政《あざいながまさ》と戦った元亀《げんき》元年（一五七〇）の姉川《あねがわ》の戦いで、正重はこの刀で敵将を兜ごと叩き切ったという。

のち、正重から江戸幕府の二代将軍となった徳川秀忠《ひでただ》に献上され、秀忠の子の家光《いえみつ》が養女の大姫《おおひめ》を加賀国《かが》（石川県）の前田光高《まえだみつたか》に嫁がせる際、家光から光高に婿引出物として贈られた。以来、前田家の重宝として伝わり、現在、前田家の伝来品を管理する公益財団法人前田育徳会《まえだいくとくかい》が所蔵している。

【刃長】二尺一寸二分（約64cm）
【刀鍛冶】相模国鎌倉　正宗
鎌倉時代末期

◎主な所有者 ―
水野忠政←水野正重←徳川秀忠

水野忠政：戦国時代の武将。尾張国（愛知県）緒川城を拠点に勢力を拡大した。娘に徳川家康の生母、於大の方（伝通院）がいる。
徳川秀忠：江戸幕府第二代将軍。家康の三男。「大坂の陣」では総大将として家康とともに参加。武家諸法度などを発令して幕政の基礎を固めた。

■所蔵情報
公益法人前田育徳会
〒153-0041
東京都目黒区駒場4-3-55

打刀

武蔵正宗《むさしまさむね》

武蔵の江戸で将軍家に召し上げられた？

《銘》無銘

【刃長】二尺四寸（約74cm）

【刀鍛冶】相模国鎌倉　正宗

鎌倉時代末期

◎主な所有者 ―

徳川慶喜 → 山岡鉄舟 → 岩倉具視

もともとは、紀伊《きい》徳川《とくがわ》家の所蔵であったという。ただし、名前の由来については、はっきりしたことはわからない。宮本武蔵《みやもとむさし》が所持していたからだとか、武蔵《むさし》国（東京都）の江戸《えど》で将軍家に召し上げられただともいわれている。いずれにしても、幕末には、徳川将軍家の所有になっていた。

明治維新《めいじいしん》後、最後の将軍であった徳川慶喜《よしのぶ》は、幕臣の山岡鉄舟《やまおかてっしゅう》にこの武蔵正宗を贈った。鉄舟は、慶喜の命を奉じて新政府軍の西郷《さいごう》隆盛《たかもり》と交渉し、江戸無血開城に大きな役割を果たしたからである。鉄舟は、その後、公家の出身ながら明治新政府の外務卿《がいむきょう》として活躍した岩倉具視《いわくらともみ》に武蔵正宗を贈ったという。

徳川慶喜：江戸幕府第一五代将軍。水戸藩主斉昭の七男。一橋家を相続し、一二代将軍家茂の後見職として補佐した。将軍となり幕政改革を進めたが、慶応三年（一八六七）に大政奉還、翌年江戸開城を行った。

山岡鉄舟：幕末～明治時代の剣術家、官僚。山岡高歩。通称鉄太郎。幕臣として徳川家存続に尽力した。維新後は徳川家達、のちに明治天皇に仕えた。

打刀

若狭小浜の木下勝俊が所持

若狭正宗《わかさまさむね》

《銘》無銘

【刃長】二尺一寸五分半（約65cm）

【刀鍛冶】相模国鎌倉　正宗

鎌倉時代末期

◎主な所有者——

木下勝俊
←
徳川家康

もともとは、若狭国《わかさ》（福井県）小浜《おばま》城主であった木下勝俊《きのしたかつとし》が所持していたことから、若狭正宗という。勝俊は、豊臣秀吉《とよとみひでよし》の正室である北政所《きたのまんどころ》の兄木下家定《いえさだ》の長男で、北政所にとっては甥ということになる。

この若狭正宗は、慶長《けいちょう》五年（一六〇〇）の関ヶ原《せきがはら》の戦いに際し、勝俊から徳川家康《とくがわいえやす》に献上されたものだという。勝俊は、関ヶ原の戦いの直前、家康が会津《あいづ》の上杉景勝《うえすぎかげかつ》を討つため畿内《きない》を離れるとき、家康の重臣鳥居元忠《とりいもとただ》らとともに、家康が居城としていた伏見《ふしみ》城を守っていた。つまり、このときには東軍に属していたわけである。しかし、伏見城を西軍が攻める直前、勝俊は伏見城から退去してしまっ

木下勝俊：安土桃山～江戸時代初期の武将、歌人。豊臣秀吉に仕え重用された。「関ヶ原の戦い」では東軍についたが、伏見城の守備に失敗して家康の怒りを買い、所領を没収される。京都東山に隠遁して歌人となった。

細川藤孝：戦国～江戸時代初期の武将。室町幕府一三代将軍足利義輝に仕え、のちに義昭擁立に尽力。以後、織田信長、豊臣秀吉、徳川家康に重用された。慶長五年（一六〇〇）の「関ヶ原の戦い」では、長男忠興が東軍について活躍。忠興は戦後に豊前国（福岡県ほか）小倉藩初代藩主となった。池田輝政：安土桃山～江戸時代前期の武将。織田信長・豊臣秀吉に使え、慶長五年（一六〇〇）の「関ヶ原の戦い」では、徳川方につき岐阜城を攻略するなどの戦功をあげた。初代姫路藩主。

ていた。その直後、西軍の猛攻をうけた伏見城は落城し、鳥居元忠以下、城兵はことごとく討ち死にしてしまう。

こうした経緯があったため、勝俊は若狭正宗を家康に献上し、忠誠を示そうとしたのかもしれない。だが、そうした努力にもかかわらず、勝俊が伏見城を無断で退去した罪を赦されることはなかった。家康によって所領を没収された勝俊は、京都に隠棲することになる。このあと長嘯子《ちょうしょうし》と号した勝俊は、細川藤孝《ほそかわふじたか》（幽斎《ゆうさい》）から和歌を学び、歌人として知られるようになった。

一方、勝俊の手を離れた若狭正宗は、慶長《けいちょう》十七年（一六一二年）、家康から播磨《はりま》国（兵庫県）姫路《ひめじ》藩主の池田輝政《いけだてるまさ》に下賜《かし》された。そして、寛文《かんぶん》十二年（一六七二）に輝政の孫光政《みつまさ》が隠居する際、四代将軍徳川家綱《いえつな》に献上されている。こうして、若狭正宗は、再び徳川宗家の所有に戻ったのである。

明治《めいじ》維新後、徳川宗家一六代となった徳川家達《いえさと》が明治《めいじ》天皇に献上した。そのため、若狭正宗は、御物《ぎょぶつ》となり、現在は宮内庁三《くないちょうさん》の丸《まる》尚蔵館《しょうぞうかん》に収蔵されている。

■所蔵情報
三の丸尚蔵館（宮内庁）
〒110-8111
東京都千代田区千代田1-1

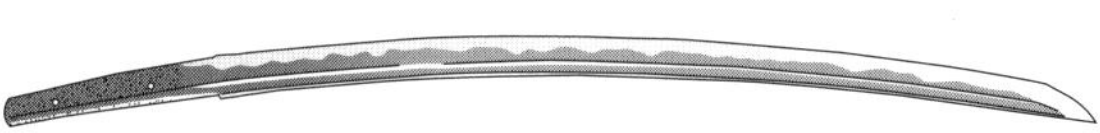

短刀

対馬藩家老柳川家の家宝

対馬正宗《つしままさむね》

《銘》無銘

【刃長】一尺五分（約32cm）

【刀鍛冶】相模国鎌倉　正宗

鎌倉時代末期

◎主な所有者―

柳川調興
←
本多正純

対馬《つしま》藩の家老柳川《やながわ》家に伝来したことから、対馬正宗という。柳川家は、戦国時代末期に調信《しげのぶ》が頭角をあらわし、その孫調興《しげおき》の代には主家に匹敵する権力をもつようになる。このため、主君の宗義成《そうよしなり》と対立した調興は、文禄《ぶんろく》・慶長《けいちょう》の役《えき》後における朝鮮との講和交渉において、宗義成が国書を改竄していたことを幕府に訴えたのだが、逆に敗訴して流罪に処せられてしまう。

このあと、徳川家康《とくがわいえやす》の側近であった本多正純《ほんだまさずみ》が五〇〇貫文で買い上げたものの、正純自身が元和《げんな》八年（一六二二）に失脚し、所領を没収された。こうして、正純の対馬正宗は将軍家の所有となったが、明暦《めいれき》三年（一六五七）の大火で焼けてしまっている。

本多正純：安土桃山～江戸時代初期の武将。本多正信の長男。徳川家康の側近として権勢を振るったが、家康の死後は二代将軍秀忠に疎まれて改易させられた。

打刀

会津蒲生家に伝来

会津正宗《あいづまさむね》

《銘》無銘

陸奥国《むつ》（福島県ほか）会津《あいづ》を治めていた蒲生《がもう》家に伝来したため、会津正宗とよぶ。もともとは、蒲生氏郷が四〇〇貫文（約一二〇〇万円）で購入し、子の秀行《ひでゆき》へ伝えたものという。その後、秀行が徳川家康《とくがわいえやす》に献上し、寛永《かんえい》九年（一六三二）、家康の子秀忠《ひでただ》の死後、形見分けとして尾張《おわり》徳川家の徳川義直《よしなお》が拝領する。さらに、義直の子光友《みつとも》が隠居に際し、元禄《げんろく》六年（一六九三）、五代将軍徳川綱吉《つなよし》に献上。こうして、再び徳川将軍家の所有となっている。

明治維新《めいじいしん》後は、一時期、有栖川宮《ありすがわのみや》家の所有となったものの、有栖川宮熾仁親王《たるひとしんのう》が明治《めいじ》天皇に献上。現在は御物《ぎょぶつ》として、宮内庁三の丸尚蔵館《くないちょうさんのまるしょうぞうかん》に収蔵されている。

【刃長】二尺一寸六分（約65ｃｍ）
【刀鍛冶】相模国鎌倉　正宗
鎌倉時代末期

◉主な所有者──
蒲生氏郷

蒲生氏郷：戦国～安土桃山時代の武将。織田信長に仕えた後は、豊臣秀吉に仕えて一連の戦いに参加。功をあげて、陸奥国（福島県ほか）会津に移封された。

■所蔵情報
三の丸尚蔵館（宮内庁）
〒110-8111
東京都千代田区千代田1-1

打刀

敦賀正宗《つるがまさむね》

敦賀城主大谷吉継が所持

《銘》無銘

越前《えちぜん》国（福井県）敦賀《つるが》城主であった大谷吉継《おおたによしつぐ》が所持していたことから、敦賀正宗という。慶長《けいちょう》五年（一六〇〇）の関ヶ原《せきがはら》の戦いで、吉継は盟友石田三成《いしだみつなり》に味方し、西軍の主力として活躍。しかし、東軍徳川家康《とくがわいえやす》に敗れ、関ヶ原の地で自害を遂げた。

関ヶ原の戦い後、越前国には家康の実子である結城秀康《ゆうきひでやす》が入り、敦賀城を接収。このとき、敦賀正宗も秀康の手に渡ったらしい。そして、秀康の嫡男松平忠直《まつだいらただなお》、嫡孫松平光長《みつなが》へと伝えられたが、光長の後継争いが御家騒動《おいえそうどう》を引き起こし、天和《てんな》元年（一六八一）、所領を没収されてしまう。その後、敦賀正宗は鹿児島《かごしま》藩主島津《しまづ》家に買い上げられ、幕末まで島津家に伝来した。

【刃長】二尺三寸三分（約71ｃｍ）

【刀鍛冶】相模国鎌倉　正宗

鎌倉時代末期

◎主な所有者―

大谷吉継

↓

結城秀康

大谷吉継：戦国～安土桃山の武将。豊臣秀吉に仕え、越前国（福井県）敦賀城主となる。慶長五年（一六〇〇）の「関ヶ原の戦い」では西軍に属し、破れて自害している。

結城秀康：安土桃山～江戸時代初期の武将。徳川家康の次男。「小牧・長久手の戦い」の講和のために豊臣秀吉の養子に出された後、下総国結城城主、結城晴朝の養子となった。「関ヶ原の戦い」後、越前国（福井県）福井（北ノ庄）藩初代藩主。

打刀

大垣藩主戸田家に伝来

大垣正宗《おおがきまさむね》

《銘》無銘

大垣《おおがき》藩主の戸田《とだ》家に伝来したことから、大垣正宗という。戸田家は、三河《みかわ》国（愛知県）の出身で、古くから徳川《とくがわ》家に仕えてきた。そして、戸田氏鉄《うじかね》のとき、この大垣正宗を江戸幕府の二代将軍となった徳川秀忠《ひでただ》に献上している。

秀忠は、元和《げんな》九年（一六二三）、米沢《よねざわ》藩主上杉景勝《うえすぎかげかつ》の子定勝《さだかつ》が元服《げんぷく》する際、この大垣正宗を上杉家に贈った。以来、上杉家では、大垣正宗を特に重要な「三十五腰《さんじゅうごよう》」のひとつに加え、幕末まで伝えている。

慶応《けいおう》四年（一八六八）の戊辰《ぼしん》戦争では、最後の米沢藩主上杉茂憲《もちのり》が自ら佩用して出陣したという。

【刃長】
二尺一寸一分
（約64ｃｍ）

【刀鍛冶】
相模国鎌倉　正宗

鎌倉時代末期

●主な所有者—
戸田氏鉄←徳川秀忠←上杉定勝

戸田氏鉄：安土桃山～江戸時代初期の武将。徳川家康に仕え、慶長五年（一六〇〇）の「関ヶ原の戦い」後、近江国（滋賀県）膳所藩を継ぎ、摂津国尼ヶ崎藩に移封。次いで美濃国（岐阜県）大垣藩初代藩主となった。

徳川秀忠：江戸幕府第二代将軍。家康の三男。「大坂の陣」では総大将として家康とともに参加。武家諸法度などを発令して幕政の基礎を固めた。

上杉景勝：安土桃山～江戸時代初期の武将。上杉謙信の養子。豊臣政権五大老の一人で会津一二〇万石を領したが、慶長五年（一六〇〇）の「関ヶ原の戦い」では西軍に属したため、出羽国米沢藩三〇万石に減封された。

打刀

徳川家康が関ヶ原の戦いで身に着けていた刀

菖蒲正宗《しょうぶまさむね》

《銘》無銘

【刃長】二尺三寸（約70ｃｍ）
【刀鍛冶】相模国鎌倉　正宗
鎌倉時代末期

◉主な所有者—
徳川家康

徳川家康《とくがわいえやす》が所持していたもので、菖蒲《しょうぶ》の葉の形にした菖蒲造《づくり》で作られているため、菖蒲正宗という。ただ、単に菖蒲造の刀というだけでなく、そこには「勝負」あるいは「尚武《しょうぶ》」の意識が当然あったことだろう。

この菖蒲正宗は、慶長《けいちょう》五年（一六〇〇）の関ヶ原《せきがはら》の戦いにおいて、家康自身が佩用していた刀という。家康は、関ヶ原の戦いに勝利をおさめてなお、「勝って兜の緒をしむるとはこの時のことなり」（『徳川実紀《じっき》』）と語っていた。この菖蒲正宗も、関ヶ原の戦いを後世に伝えるため、大切に扱ったものと思われる。

脇差

武田信玄が所持

星月夜正宗《ほしづきよまさむね》

《銘》磨上無銘

【刃長】
一尺九寸四分
（約59cm）

【刀鍛冶】
相模国鎌倉　正宗

鎌倉時代末期

◎主な所有者―
武田信玄

名前の由来は定かではない。もともとは室町《むろまち》幕府の一三代将軍足利義輝《あしかがよしてる》から、甲斐《かい》国（山梨県）の戦国大名武田信玄《たけだしんげん》に贈られたものという。信玄の死後は子の勝頼《かつより》に伝えられたが、天正《てんしょう》十年（一五八二）、勝頼は織田信長《おだのぶなが》に敗れ、武田家は滅亡してしまった。

星月夜正宗は、本能寺《ほんのうじ》の変《へん》後に甲斐国を占領した徳川家康《とくがわいえやす》の手に渡り、家康の六男松平忠輝《まつだいらただてる》に与えられた。しかし、忠輝が元和《げんな》二年（一六一六）、大坂夏《おおさかなつ》の陣《じん》への遅参を理由に所領を没収されると、家康の一一男で水戸《みと》徳川家の頼房《よりふさ》が拝領。明治《めいじ》元年（一八六八）に水戸藩主徳川慶篤《よしあつ》が亡くなったとき、実弟の土屋挙直《つちやしげなお》に形見分けされた。土屋家が武田遺臣の家系であったからである。

足利義輝：室町幕府第一三代将軍。畿内の戦国大名、三好長慶らと対立。長慶の死後、三好義継、三好三人衆らの軍勢に二条御所を襲撃されて討死した（永禄の変）。

武田信玄：戦国時代の武将。甲斐国（山梨県）の守護。武田信虎の長男。隣国信濃（長野県）一円も制し、越後国の上杉謙信と五度に渡って戦った「川中島の戦い」が有名。元亀三年（一五七三）の「三方ヶ原の戦い」で徳川家康を破ったが、病死した。

打刀

籠手を切った伝説

籠手切正宗《こてぎりまさむね》

《銘》朝倉籠手切太刀也　天正三年
右幕下御磨上　大津伝十郎拝領

【刃長】二尺二寸六分（約68cm）

【刀鍛冶】相模国鎌倉　正宗

鎌倉時代末期

◎主な所有者―
朝倉教景←織田信長←大津長昌

応仁《おうにん》・文明《ぶんめい》の乱後、室町《むろまち》将軍の権威は失墜し、一二代将軍足利《あしかが》義晴《よしはる》を奉じた管領《かんれい》細川高国《ほそかわたかくに》は、一族の細川晴元《はるもと》によって義晴もろとも京都から追われてしまう。高国は、越前《えちぜん》国（福井県）の守護《しゅご》であった朝倉孝景《あさくらたかかげ》に支援を要請。孝景は、子の教景《のりかげ》（宗滴《そうてき》）に一万の軍勢をつけて京都に派兵した。このとき教景が、身に着けていた太刀で敵の手首を籠手《こて》ごと切り落としたことから、以後、籠手切《こてぎり》とよぶようになったという。ただし、このときには三尺三寸の刃長があり、しかも正宗の実子とも弟子ともいわれる貞宗《さだむね》の作とみられていたらしい。以後、朝倉家は室町幕府に多大な影響を及ぼす大名に成長していくが、戦国時代末期の義景の時代には、足利義昭《よしあき》を一五代将軍

朝倉教景：室町時代中期の武将。越前国（福井県）を本拠としていたが、幕府の命を受けて度々関東に出兵。四代鎌倉公方足利持氏が「永享の乱」を起こすと、この鎮圧にあたり、また結城合戦でも功をあげた。
大津長昌：戦国～安土桃山時代の武将。通称伝十郎。織田信長の側近として政務を執行した。

に就けた織田《おだ》信長《のぶなが》と対立し、天正《てんしょう》元年（一五七三）、ついに朝倉家は、滅亡に追い込まれてしまった。

朝倉家の滅亡後、籠手切の太刀を手に入れた信長は、天正三年（一五七五）、この太刀を短くしたうえ、側近の大津長昌《おおつながまさ》（伝十郎《でんじゅうろう》）に下賜《かし》した。このとき長昌によって、表には「朝倉籠手切太刀也天正三年」、裏には「右幕下《うばくか》御磨上《すりあげ》　大津伝十郎拝領」と刻まれている。「右幕下」というのが、右大将《うだいしょう》、すなわち信長のことで、信長は天正三年に朝廷から右大将に任ぜられている。

その後、大津長昌は早世し、江戸時代には下野《しもつけ》国（栃木県）唐沢山《からさわやま》城の佐野信吉《さののぶよし》の手に渡っていた。しかし、その信吉も慶長《けいちょう》十九年（一六一四）、実兄で伊予《いよ》国（愛媛県）宇和島《うわじま》藩主の富田《とみた》信高《のぶたか》に連座《れんざ》する形で所領を没収されてしまう。こうしたなか、加賀《かが》国（石川県）の前田《まえだ》家の手に渡ったらしい。その後、正宗の作と鑑定されたことから、籠手切正宗とよばれ、加賀藩主前田家の重宝となっている。

明治維新《めいじいしん》後、平野藤四郎《ひらのとうしろう》とともに前田家から明治《めいじ》天皇に献上された。現在は国の所有となり、東京国立博物館《とうきょうこくりつはくぶつかん》に保管されている。

■所蔵情報
東京国立博物館
〒110-8712
東京都台東区上野公園13-9

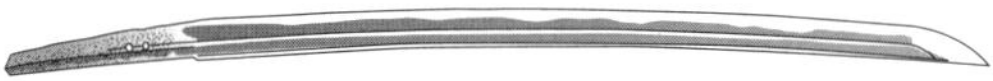

短刀

三好長慶の愛刀

三好正宗《みよしまさむね》

《銘》正宗

【刃長】 八寸三分（約25cm）

【刀鍛冶】 相模国鎌倉　正宗

鎌倉時代末期

◉主な所有者―

三好長慶←織田信長←豊臣秀吉

織田信長《おだのぶなが》が足利義昭《あしかがよしあき》を奉じて上洛《じょうらく》するまで、天下人《てんかびと》として君臨していた三好長慶《みよしながよし》が所持していた短刀で、三好正宗という。長慶は、もともとは室町《むろまち》幕府の管領細川晴元《かんれいほそかわはるもと》に仕えていたが、やがてその権勢は主家をしのぐものとなり、幕府の実権を握ったものである。嫡男の義興《よしおき》が六年（一五六三）に病死し、家督を弟十河一存《そごうかずまさ》の子義継《よしつぐ》に譲ったため、三好正宗は、長慶から、養嗣子となった義継に伝えられることになった。

永禄十一年（一五六八）、信長が足利義昭を奉じて上洛したとき、長慶の重臣であった三好三人衆、すなわち三好長逸《ながゆき》・三好政康《まさやす》・石成友通《いわなりともみち》は信長への抵抗を試みたが、義継と、長慶の近臣であった

三好長慶：戦国時代の武将。管領細川晴元につかえたが、のちに対立。晴元から実権を奪って足利義輝らを京都から追放し、権勢を振るった。

細川藤孝：戦国～江戸時代初期の武将。室町幕府一三代将軍足利義輝に仕え、のちに義昭擁立に尽力。以後、織田信長、豊臣秀吉、徳川家康に重用された。慶長五年（一六〇〇）の「関ヶ原の戦い」では、長男忠興が東軍について活躍。忠興は戦後に豊前国（福岡県ほか）小倉藩初代藩主となった。

前田利家：戦国～安土桃山時代の武将で、加賀藩の藩祖。織田信長に仕え、元亀元年（一五七〇）の「姉川の戦い」などで活躍。信長の死後は、豊臣政権五大老の一人として秀頼の後見人を務めた。

松永久秀《まつながひさひで》は信長に降伏した。このとき、義継から信長に献上されたのが、三好正宗である。しかし、信長が一五代将軍となった義昭と不和になると、義継は義昭の妹を正室に迎えたため、信長と対立する。このため、天正《てんしょう》元年（一五七三）、義昭が信長に追放されると、勢いに乗じた信長によって居城の河内《かわち》国（大阪府）若江城《わかえじょう》を攻撃された義継は、家老の若江三人衆、すなわち池田教正《いけだのりまさ》・多羅尾右近《たらおうこん》・野間長前《のまながさき》に裏切られ、自害を遂げた。

こうして、三好正宗を手に入れた信長は、これを戦功のあった細川藤孝《ほそかわふじたか》に下賜《かし》し、藤孝から子の忠興《ただおき》に伝えられた。この間、佐々《さっさ》成政《なりまさ》が三〇〇〇貫（約九〇〇〇万円）で購入しようとしたが細川家に断られたという。結局、忠興から豊臣秀吉《とよとみひでよし》の甥にあたる秀次《ひでつぐ》に献上され、秀次から秀吉に渡ったらしい。

慶長《けいちょう》三年（一五九八）に秀吉が死去した際、三好正宗は前田利家《まえだとしいえ》に形見分けされた。そして、利家から子の利長《としなが》に伝えられたあと、徳川家康《とくがわいえやす》に献上されている。以後は、徳川将軍家の重宝となったものの、明暦《めいれき》三年（一六五七）の大火で焼けてしまった。

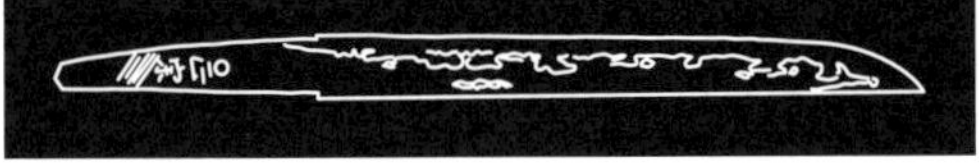

短刀

大内家の名宝

大内正宗《おおうちまさむね》

《銘》無銘

もともとは安芸《あき》国（広島県）の戦国大名大内《おおうち》家に伝来したものであったことから、大内正宗という。しかし、大内家は、大内義隆《よしたか》のとき、重臣陶晴賢《すえはるかた》の謀反で滅亡。その後、柏屋宗悦《かしわやそうえつ》という商人が所持していたところ、前田利家《まえだとしいえ》が買い上げたという。利家がこれを豊臣秀吉《とよとみひでよし》の甥秀次《ひでつぐ》に献上し、秀次から下賜《かし》された木村常陸介《きむらひたちのすけ》が秀吉に献上したため、利家が秀吉から拝領されたと伝わる。

利家は、この大内正宗を宇喜多秀家《うきたひでいえ》に贈り、秀家から毛利輝元《もうりてるもと》に贈られた。輝元は、徳川家康《とくがわいえやす》の重臣榊原康政《さかきばらやすまさ》に大判三〇枚（約三六〇〇万円）で譲り、康政が将軍家に献上。しかし、明暦《めいれき》三年（一六五七）の大火で焼けてしまった。

【刃長】九寸一分（約28cm）

【刀鍛冶】相模国鎌倉　正宗

鎌倉時代末期

◎主な所有者―

大内義隆←前田利家←豊臣秀吉

大内義隆：戦国時代の武将。周防国（山口県）を本拠として中国地方から北九州までを支配。家臣陶晴賢の反逆によって自害した。

前田利家：戦国～安土桃山時代の武将で、加賀藩の藩祖。織田信長に仕え、元亀元年（一五七〇）の「姉川の戦い」などで活躍。信長の死後は、豊臣政権五大老の一人として秀頼の後見人を務めた。

毛利輝元：安土桃山～江戸前期の大名。長州藩（山口県）の藩祖。豊臣政権五大老の一人。慶長五年（一六〇〇）の「関ケ原の戦い」では西軍総大将を務めた。

短刀

前田利長が所持

前《ま》田《えだ》正《まさ》宗《むね》

《銘》無銘

【刃長】	九寸五分（約29cm）
【刀鍛冶】	相模国鎌倉　正宗
	鎌倉時代末期

◎主な所有者―
前田利長←大久保忠隣←井伊直孝

前田利家《まえだとしいえ》の長男で、加賀国《かが》（石川県）金沢《かなざわ》藩主となった前田利長《としなが》が所持していたため、前田正宗という。慶長《けいちょう》六年（一六〇一）、二代将軍徳川秀忠《とくがわひでただ》の娘珠姫《たまひめ》が利長の弟利常《としつね》に嫁いできた際、利長がお供をしてきた大久保忠隣《おおくぼただちか》にこの前田正宗を贈った。その後、どのような経緯をたどったのかは不明ながら、近江国《おうみ》（滋賀県）彦根藩主井伊直孝《いいなおたか》に伝わった。

万治《まんじ》二年（一六五九）、井伊直孝が没して子の直澄《なおずみ》が跡を継ぐと、直澄は、相続の御礼としてこの前田正宗を四代将軍徳川家綱《いえつな》に献上。のち、五代将軍徳川綱吉《つなよし》が紀伊《きい》徳川家の徳川綱教《つなのり》に下賜《かし》したため、紀伊徳川家に伝わった。

前田利長：安土桃山～江戸時代初期にかけての武将。加賀藩初代藩主。織田信長の死後、天正十一年（一五八三）の「賤ヶ岳の戦い」では、柴田勝家側についたが、その後父利家と共に秀吉に恭順する。利家の死後、慶長五年（一六〇〇）の「関ヶ原の戦い」では、家康側について加賀百二十万石の礎を築いた。

大久保忠隣：戦国～江戸時代初期の武将。徳川家康に仕え、歴戦の戦いで功をあげる。秀忠付きの老中となって権勢を振るうが、突如所領を没収されてしまう。

井伊直孝：江戸時代前期の譜代大名。近江彦根藩第二代藩主。二代将軍徳川秀忠、大老として三代将軍家光、四代将軍家綱に仕えた。

短刀

九鬼守隆が所持

九鬼正宗《くきまさむね》

国宝

《銘》無銘

志摩《しま》国（三重県）鳥羽《とば》城主九鬼守隆《くきもりたか》が所持していたため、九鬼正宗という。守隆は、志摩《しま》水軍《すいぐん》を率いて織田信長《おだのぶなが》に仕えた九鬼嘉隆《よしたか》の子であり、父嘉隆から譲り受けたものであったかもしれない。慶長《けいちょう》五年（一六〇〇）の関ヶ原《せきがはら》の戦いで、父嘉隆が西軍の石田三成《いしだみつなり》に味方するいっぽう、守隆は東軍の徳川家康《とくがわいえやす》に従って本領を安堵された。こうした経緯のなかで、徳川家康に献上されたらしい。

家康の死後、形見分けとして紀伊《きい》徳川家の徳川頼宣《よりのぶ》に伝わり、のち、伊予《いよ》国（愛媛県）西条《さいじょう》藩主となった頼宣の子松平頼純《まつだいらよりずみ》に譲られた。以来、西条藩主松平家の重宝となり、現在は林原美術館《はやしばらびじゅつかん》の所蔵となっている。

【刃長】八寸三分（約25cm）

【刀鍛冶】相模国鎌倉　正宗

鎌倉時代末期

◎主な所有者―

九鬼守隆←徳川家康←徳川頼宣

九鬼守隆：安土桃山～江戸時代初期の武将。慶長五年（一六〇〇）の「関ヶ原の戦い」では、父嘉隆が西軍についたが、守隆は東軍につき、志摩国（三重県）鳥羽藩初代藩主となる。

■所蔵情報

林原美術館

〒700-0823

岡山県岡山市北区丸の内2-7-15

短刀

金森長近の愛刀

金森正宗《かなもりまさむね》

《銘》無銘

【刃長】八寸三分（約25cm）
【刀鍛冶】相模国鎌倉　正宗
鎌倉時代末期

◎主な所有者―
金森長近
↓
徳川家康

飛騨《ひだ》国（岐阜県）高山《たかやま》城主の金森長近《かなもりながちか》が所持していたことから、金森正宗という。長近は、もともとは織田信長《おだのぶなが》の家臣で、本能寺《ほんのうじ》の変《へん》後、豊臣秀吉《とよとみひでよし》に従い、飛騨国を平定したものである。長近の死後、家督を継いだ養子の可重《ありしげ》に伝えられた。元和《げんな》元年（一六一五）、可重が死去して子の重頼《しげより》が跡を継ぐと、相続の御礼のため、徳川家康《とくがわいえやす》に献上。以来、徳川将軍家の所有となっている。

寛永《かんえい》二年（一六二五）、三代将軍徳川家光《いえみつ》が尾張《おわり》徳川家の徳川義直《よしなお》に下賜《かし》。さらに老中の土井利勝《どいとしかつ》が拝領したのち、利勝の子利隆《としたか》が四代将軍徳川家綱《いえつな》に献上したため、再び徳川将軍家の所有となっている。

金森長近：戦国～江戸時代初期の武将。織田信長、豊臣秀吉に仕え、飛騨（岐阜県）一国を与えられた。慶長五年（一六〇〇）の「関ヶ原の戦い」では徳川家康に従い、飛騨国高山藩初代藩主となった。
土井利勝：江戸時代初期の譜代大名。幼い頃から徳川家康、秀忠に仕え、幕府では老中・大老も務めた。下総国古川藩初代藩主。

短刀

片桐且元が所持

片桐正宗《かたぎりまさむね》

《銘》無銘

【刃長】八寸（約24cm）
【刀鍛冶】相模国鎌倉　正宗
鎌倉時代末期

◉主な所有者—
片桐且元

もともとは、慶長《けいちょう》五年（一六〇〇）の関ヶ原《せきがはら》の戦い後に和歌山《わかやま》藩主となった浅野幸長《あさのよしなが》の家臣が所持していたものらしい。このため、紀伊国《きのくに》正宗とよばれることもある。

その後、幸長から徳川家康《とくがわいえやす》に献上され、片桐且元《かたぎりかつもと》に伝えられた。このため、片桐正宗とよばれている。且元は、豊臣《とよとみ》家の老臣で、慶長十九年（一六一四）の大坂冬《おおさかふゆ》の陣《じん》の直前には、家康との交渉も行っている。その結果、且元自身は大坂城を退去し、徳川方についた。おそらく、その時期に家康から贈られたものであろう。

且元の死後は子の孝利《たかとし》に伝えられ、孝利から家康の側近本多正純《ほんだまさずみ》の弟忠純《ただずみ》に贈られた。

片桐且元：戦国～江戸時代初期の武将。豊臣秀吉に仕えた、賤ヶ岳の七本槍の一人。秀吉の死後は秀頼に仕えたが、「大坂の陣」では徳川方についた。

短刀

堀尾氏の愛刀

堀尾正宗《ほりおまさむね》

《銘》無銘

【刃長】九寸三分（約28cm）

【刀鍛冶】相模国鎌倉　正宗

鎌倉時代末期

◎主な所有者―
堀尾忠氏
↓
徳川頼房

出雲《いずも》国（島根県）松江《まつえ》藩主堀尾忠氏《ほりおただうじ》が所蔵していたため、堀尾正宗という。堀尾家は、忠氏の父吉晴《よしはる》が豊臣秀吉《とよとみひでよし》に従って功をたて、忠氏は、慶長《けいちょう》五年（一六〇〇）の関ヶ原《せきがはら》の戦いで東軍徳川家康《とくがわいえやす》に従い活躍した。しかし、忠氏は慶長九年（一六〇九）に早世し、忠氏の子忠晴《ただはる》も嗣子《しし》なく早世したため、断絶してしまう。

堀尾正宗は、このとき徳川将軍家に接収されたらしく、水戸《みと》徳川家の徳川頼房《よりふさ》に伝わった。そして、寛永《かんえい》元年（一六二四）、頼房が将軍職を辞して大御所《おおごしょ》とよばれていた徳川秀忠《ひでただ》に献上。その後は、どのような経緯があったのかはわからないが、鹿児島《かごしま》藩主島津《しまづ》家に伝わっている。

堀尾忠氏：安土桃山～江戸時代初期の武将。徳川家康に仕え、慶長五年（一六〇〇）の「関ヶ原の戦い」で功をあげ、出雲国（島根県）松江藩初代藩主となった。

徳川頼房：江戸時代前期の大名。徳川家康の一一男。常陸国（茨城県）水戸藩初代藩主。水戸徳川家の祖。

短刀

堺の豪商岡本家が売却

岡本正宗《おかもとまさむね》

《銘》無銘

【刃長】八寸六分（約26ｃｍ）

【刀鍛冶】相模国鎌倉　正宗

鎌倉時代末期

◎主な所有者―

黒田忠之

堺《さかい》の豪商岡本道意《おかもとどうい》が所持していたことから、岡本正宗という。その後、加賀《かが》国（石川県）金沢《かなざわ》藩主前田利常《まえだとしつね》が買い上げ、徳川家康《とくがわいえやす》に献上した。利常が兄利長《としなが》の跡を継いで藩主となったのは慶長《けいちょう》十年（一六〇五）のことであったから、献上したのは関ヶ原《せきがはら》の戦いから大坂《おおさか》の陣《じん》までのことになろう。

慶長十七年（一六一二）、筑前《ちくぜん》国（福岡県）福岡《ふくおか》藩主黒田長政《くろだながまさ》の子忠之《ただゆき》が元服《げんぷく》したとき、家康は忠之にこの岡本正宗を下賜《かし》した。忠之の母が、家康の養女栄姫《えいひめ》だったからである。以来、黒田家の重宝として伝えられることになった。

前田利常：江戸時代前期の大名。加賀藩二代藩主。藩祖前田利家の四男。慶長二〇年（一六一五）の「大坂夏の陣」で功をあげ、家康から四国を恩賞として提示されたが、これを固辞した。

黒田忠之：江戸時代初期の大名。黒田長政の長男。筑前国（福岡県）福岡藩二代藩主。譜代の重臣との対立がきっかけで、お家騒動に発展した（黒田騒動）。

短刀

豊臣秀長の家老横浜一庵の短刀

一庵正宗《いちあんまさむね》

《銘》無銘

【刃長】八寸二分（約25cm）

【刀鍛冶】相模国鎌倉　正宗

鎌倉時代末期

◎主な所有者―

横浜一庵

豊臣《とよとみ》秀吉《ひでよし》の弟秀長《ひでなが》に仕えた家老《かろう》横浜一庵《よこはまいちあん》が所持していたことから、一庵正宗という。秀長は慶長《けいちょう》十九年（一五九一）に病没し、秀長の跡を継いだ養子の秀保《ひでやす》も文禄《ぶんろく》四年（一五九五）に早世したため、秀吉の直臣となった。しかし、一庵自身、慶長《けいちょう》元年（一五九六）の慶長伏見地震《ふしみじしん》で圧死してしまっている。江戸《えど》時代、一庵正宗は、徳川《とくがわ》将軍家の所有となっていた。

元和《げんな》九年（一六二三）、徳川家光《いえみつ》が三代将軍となった際、近江《おうみ》国（滋賀県）彦根《ひこね》藩主の井伊直孝《いいなおたか》が拝領。元禄《げんろく》十四年（一七〇一）、直孝の孫直該《なおおき》が五代将軍徳川綱吉《つなよし》に献上したため、再び、徳川将軍家の所有となった。現在は、徳川美術館《とくがわびじゅつかん》に収蔵されている。

横浜一庵：安土桃山時代の武将。豊臣秀長（秀吉の異父弟）と秀保（秀吉の甥）に仕えた。秀長、秀保が没すると秀吉に仕えた。

井伊直孝：江戸時代前期の譜代大名。近江彦根藩第二代藩主。二代将軍徳川秀忠、大老として三代将軍家光、四代将軍家綱に仕えた。

■**所蔵情報**
徳川美術館
〒461-0023
名古屋市東区徳川町1017

短刀

毛利輝元が所持

宗瑞正宗《そうずいまさむね》

《銘》無銘

【刃長】八寸六分（約26cm）

【刀鍛冶】相模国鎌倉　正宗

鎌倉時代末期

◉主な所有者ー
毛利輝元←徳川家康

もともとは、毛利輝元《もうりてるもと》が所持していたもので、輝元の法名である宗瑞《そうずい》にちなんで、宗瑞正宗という。慶長《けいちょう》五年（一六〇〇）の関ヶ原《せきがはら》の戦いで、石田三成《いしだみつなり》よって西軍の総大将にまつりあげられた輝元は、東軍の徳川家康《とくがわいえやす》に敗れて降伏する。そして、恭順《きょうじゅん》の姿勢を示すために出家して宗瑞と号し、隠居した。

関ヶ原の戦い後、宗瑞正宗は家康の手に入ったのち、尾張《おわり》徳川家に伝えられたらしい。元禄《げんろく》十一年（一六九八）、五代将軍綱吉《つなよし》が江戸の尾張徳川邸を訪れた際、徳川綱誠《つなのぶ》から献上された。

明治維新《めいじいしん》後、徳川宗家一六代の徳川家達《いえさと》が明治天皇に献上し、現在は御物《ぎょぶつ》となっている。

毛利輝元：安土桃山～江戸前期の大名。長州藩（山口県）の藩祖。豊臣政権五大老の一人。慶長五年（一六〇〇）の「関ヶ原の戦い」では西軍総大将を務めた。

石田三成：安土桃山時代の武将。豊臣政権の五奉行の一人。豊臣秀吉の死後、徳川家康と対立。慶長五年（一六〇〇）の「関ヶ原の戦い」では西軍を主導したが敗れ、斬首された。

■ **所蔵情報**
三の丸尚蔵館（宮内庁）
〒110-8111
東京都千代田区千代田1-1

短刀

多賀豊後守高忠の正宗

豊後正宗《ぶんごまさむね》

《銘》無銘

【刃長】八寸（約24cm）

【刀鍛冶】相模国鎌倉　正宗

鎌倉時代末期

◉主な所有者―

多賀高忠

室町《むろまち》幕府の侍所《さむらいどころ》所司代《しょしだい》を務めた多賀高忠《たがたかただ》が所持していたもので、高忠の受領名である豊後守《ぶんごのかみ》にちなんで豊後正宗という。多賀高忠は、刀剣の鑑定にも秀でていたとされ、高忠が所持した刀剣は珍重されていた。

この豊後正宗は、江戸《えど》時代、相模《さがみ》国（神奈川県）小田原《おだわら》藩主大久保《おおくぼ》家の重宝として伝えられた。近代になって売り立てられ、現在は、三井記念美術館《みついきねんびじゅつかん》の所蔵となっている。

なお、豊後正宗という同じ号の刀も別に存在し、豊臣秀吉《とよとみひでよし》が所蔵していたようであるが、元和《げんな》元年（一六一五）の大坂夏《おおさかなつ》の陣《じん》で焼けてしまったらしい。

多賀高忠：室町時代の武将。近江国の守護、京極持清の片腕として活躍。応仁元年（一四六七）から文明九年（一四七七）まで続いた「応仁・文明の乱」では細川勝元配下の東軍に属した。

■ **所蔵情報**
三井記念美術館
〒103-0022
東京都中央区日本橋室町2-1-1

短刀

国宝

日向正宗《ひゅうがまさむね》

水野日向守勝成が関ヶ原の戦いで拝領

《銘》無銘

【刃長】八寸二分半（約25cm）

【刀鍛冶】相模国鎌倉　正宗

鎌倉時代末期

◎主な所有者―
石田三成←福原直堯←水野勝成

もともとは、豊臣秀吉《とよとみひでよし》が所持していたらしい。秀吉から五奉行《ごぶぎょう》の一人として豊臣政権を支えていた石田三成《いしだみつなり》に与えられ、さらに三成の妹婿にあたる福原長堯《ふくはらながたか》（直高《なおたか》）に伝わった。

秀吉が慶長《けいちょう》三年（一五九八）に死去したのち、五奉行の実力者である石田三成と、五大老《ごたいろう》の筆頭である徳川家康《とくがわいえやす》が政治の実権をめぐって争う。慶長五年（一六〇〇）、徳川家康が上洛《じょうらく》の要請を拒絶する会津《あいづ》の上杉景勝《うえすぎかげかつ》を討つため畿内《きない》を離れた間隙をぬって三成が挙兵。このとき、三成は美濃《みの》国（岐阜県）の大垣《おおがき》城に福原長堯をおくと、自らはその西方に位置する関ヶ原に布陣した。これにより、畿内へ引き返してきた徳川家康率いる東軍と、三成率いる西軍が関ヶ

石田三成：安土桃山時代の武将。豊臣政権の五奉行の一人。豊臣秀吉の死後、徳川家康と対立。慶長五年（一六〇〇）の「関ヶ原の戦い」では西軍を主導したが敗れ、斬首された。

福原直堯：安土桃山時代の武将。福原直高。豊臣秀吉に仕え、慶長五年（一六〇〇）の「関ヶ原の戦い」では西軍につく。降伏するも自刃させられた。

水野勝成：戦国～江戸時代初期の武将。徳川家康に仕えた。「大坂の陣」の功で、大和国（奈良県）郡山藩主、次いで備後国福山藩初代藩主となった。

原で衝突することになった。いわゆる関ヶ原の戦いである。

　関ヶ原の戦いは、九月十五日、わずか一日で東軍の勝利という形で終結するが、それで戦いのすべてが終わったわけではない。大垣城には、福原長堯率いる西軍が健在だったからである。このため、大垣城は、家康の従弟にあたる水野勝成《みずのかつなり》率いる東軍の総攻撃を受けることになった。

　城内で東軍に寝返る西軍も続出するなか、九月二十三日、長堯が降伏開城する。その後、長堯は伊勢《いせ》国（三重県）の朝熊山金剛證寺《あさまやまこんごうしょうじ》に謹慎していたが、九月二十八日に自害を遂げた。長堯の所持していた正宗の短刀は、このとき、恩賞として水野勝成に与えられたらしい。勝成の受領名が日向守《ひゅうがのかみ》であったことから、以来、日向正宗とよばれるようになった。また、こうした経緯から大垣《おおがき》正宗とよばれることもある。

　このあと、水野勝成の借金のかたとして、紀伊《きい》徳川家の徳川頼宣《よりのぶ》が譲りうけ、紀伊徳川家の重宝として伝わった。近代になって売り立てられ、現在は、三井記念美術館《みついきねんびじゅつかん》の所蔵となっている。

■所蔵情報
三井記念美術館
〒103-0022
東京都中央区日本橋室町2-1-1

短刀

若江正宗《わかえまさむね》

家老に奪われた三好義継の短刀

《銘》無銘

【刃長】八寸五分（約26ｃｍ）
【刀鍛冶】相模国鎌倉　正宗
鎌倉時代末期

◉主な所有者―
十河一存
↓
三好義継

河内《かわち》国（大阪府）若江《わかえ》城主三好義継《みよしよしつぐ》の家老であった若江三人衆、すなわち池田教正《いけだのりまさ》・野間長前《のまながさき》・多羅尾右近《たらおうこん》のいずれかが所持していたことから、若江正宗という。ただし、もともとは義継の実父である十河一存《そごうかずまさ》が所持していたようであるから、一存から義継が譲られていたものであろう。義継は、嫡男を失った三好長慶《ながよし》の養嗣子となり、三好宗家を継いだ。

永禄《えいろく》十一年（一五六八）に織田信長《おだのぶなが》が足利義昭《あしかがよしあき》を奉じて上洛《じょうらく》してくると、義継は、長慶の近臣であった松永久秀《まつながひさひで》とともに信長に従った。しかし、正室が義昭の妹であったことから、義昭が信長と対立すると、信長に反旗を翻す。そのため、天正《てんしょう》元年（一五七三）、義

十河一存：戦国時代の武将。三好長慶の弟。讃岐国（香川県）十河城主十河景滋の養子。天文十八年（一五四九）の「摂津江口の戦い」で、父元長の敵である三好政長を討ち取った。
三好義継：戦国時代の武将。十河一存の長男。伯父三好長慶の養子となり家督を継ぐ。織田信長に追放された足利義昭をかくまったことで信長軍に攻められ自害した。

継は居城の若江城を信長の命をうけた佐久間《さくま》信盛《のぶもり》に攻められてしまったのである。このとき、家老の若江三人衆が寝返ったことから、義継は自害をとげることになってしまう。おそらく、若江正宗は、三人衆の筆頭であった池田教正に奪われたにちがいない。

その後、教正は信長に従い、天正十年（一五八〇）、信長が本能寺《ほんのうじ》の変《へん》に倒れたあとは、豊臣秀吉《とよとみひでよし》の甥秀次《ひでつぐ》に従った。そのころ、秀次あるいは秀吉に献上されたものかもしれない。秀吉から子の秀頼《ひでより》に伝わり、元和《げんな》元年（一六一五）の大坂夏《おおさかなつ》の陣《じん》で、大坂城が落城したときの火災で焼けてしまった。

このあと、徳川家康《とくがわいえやす》の命により越前《えちぜん》国（福井県）の刀鍛冶康継《やすつぐ》が再刃する。こうして蘇った若江正宗は、家康の子で尾張《おわり》徳川家の義直《よしなお》に譲られたらしい。江戸《えど》時代を通じて尾張徳川家に伝わり、現在は、尾張徳川家の遺品を管理する徳川黎明会《とくがわれいめいかい》の所有となり、徳川《とくがわ》美術館《びじゅつかん》に収蔵されている。

■所蔵情報
徳川美術館
〒461-0023
名古屋市東区徳川町1017

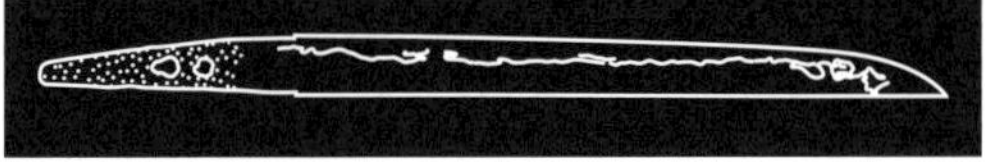

短刀

形が庖丁に似た短刀

庖丁正宗《ほうちょうまさむね》

国宝

《銘》無銘

【刃長】七寸三分（約22ｃｍ）

【刀鍛冶】相模国鎌倉　正宗

鎌倉時代末期

◎主な所有者――
安国寺恵瓊←奥平信昌←松平忠明

形が幅広で、料理に用いる庖丁《ほうちょう》に似ていることから庖丁正宗という。もともとは、安芸国《あき》（広島県）の戦国大名毛利《もうり》家の外交僧として活躍した安国寺恵瓊《あんこくじえけい》が所持していた。恵瓊は、安芸国の守護《しゅご》であった武田《たけだ》家の一族といい、安芸安国寺《あんこくじ》の住持であったが、豊臣秀吉《とよとみひでよし》に取り立てられて交渉を担っていたものである。秀吉に重用されて伊予国《いよ》（愛媛県）に六万石を与えられ、大名にもなっていた。

慶長《けいちょう》五年（一六〇〇）の関ヶ原《せきがはら》の戦いでは、西軍石田三成《いしだみつなり》に協力して、主家にあたる毛利輝元《てるもと》を総大将に就かせることに成功する。しかし、結果的には東軍徳川家康《とくがわいえやす》に敗れてしまった。戦線を離脱した恵瓊は、京都に潜伏していたものの、家康の家臣奥平信昌《おくだいらのぶまさ》によっ

安国寺恵瓊：安土桃山時代の臨済宗の僧。毛利輝元と豊臣秀吉の講和を成立させ、秀吉の信任を得る。慶長五年（一六〇〇）の「関ヶ原の戦い」では西軍に属して戦いに敗れ、京都六条河原で切られた。

奥平信昌：安土桃山～江戸時代初期の武将。徳川家康に仕えた。天正三年（一五七五）の「長篠の戦い」では長篠城を守り抜き、織田・徳川連合軍の勝利を呼び寄せた。上野国（群馬県）小幡藩初代藩主。のちに美濃国（岐阜県）加納藩初代藩主。

松平忠明：安土桃山～江戸時代初期の武将。奥平信昌の四男。母は家康の長女亀姫。「大坂の陣」で活躍、戦後は大坂城の修復に務めた。のちに播磨国（兵庫県）姫路藩藩主となった。

て捕縛されてしまう。このとき、信昌は恵瓊から奪った庖丁正宗を家康に献上するが、結果的に、信昌が家康から恩賞として下賜《かし》されている。

奥平信昌は、三河《みかわ》国（愛知県）作手《つくで》城主奥平貞能《さだよし》の子で、もともとの名は、貞昌《さだまさ》という。しかし、天正《てんしょう》三年（一五七五）の長篠《ながしの》・設楽原《したらがはら》の戦いで、武田《たけだ》勝頼《かつより》に長篠城を包囲されながらも守り抜き、織田《おだ》信長《のぶなが》から「信」の字を拝領し、信昌と改名したのである。さらに、徳川家康の長女亀姫《かめひめ》を正室に迎えるという破格の待遇を与えられていた。信昌と亀姫との間に生まれた忠明《ただあきら》は、家康の孫ということになり、松平《まつだいら》姓も与えられている。

信昌の死後、庖丁正宗は、信昌から松平忠明に受け継がれ、忠明にはじまる武蔵《むさし》国（埼玉県）忍《おし》藩主松平家に伝わった。そして、近代になって、細川《ほそかわ》家に譲渡され、現在は、細川家の伝来品を管理する永青文庫《えいせいぶんこ》が所蔵している。

なお、庖丁正宗と称する名物は、このほかに二口が現存している。尾張《おわり》国（愛知県）名古屋《なごや》藩主徳川家と、日向《ひゅうが》国（宮崎県）延岡《のべおか》藩主内藤《ないとう》家に伝来したもので、いずれも国宝に指定されている。

■所蔵情報
永青文庫
〒112-0015
東京都文京区目白台1-1

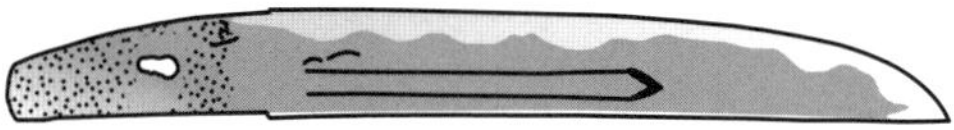

短刀

徳川家康が伏見で入手

伏見正宗《ふしみまさむね》

重要文化財

《銘》無銘

【刃長】八寸五分（約26ｃｍ）

【刀鍛冶】相模国鎌倉　正宗

鎌倉時代末期

◎主な所有者―

徳川家康

徳川家康《とくがわいえやす》が金森長近《かなもりながちか》の取次により山城《やましろ》国（京都府）の伏見《ふしみ》城において入手したため、伏見正宗とよぶ。家康は慶長《けいちょう》八年（一六〇三）に征夷大将軍《せいいたいしょうぐん》に任ぜられ、江戸《えど》に幕府を開いたが、伏見で政務を執ることも多かった。このため、初期の江戸幕府は、「伏見幕府」とよばれることもある。それほど、家康にとって伏見という地は重要だったといえる。

その後、伏見正宗は、徳川将軍家の重宝となった。宝永《ほうえい》五年（一七〇八）、五代将軍徳川綱吉《つなよし》は、養女の松姫《まつひめ》が加賀《かが》藩の前田吉徳《まえだよしのり》に嫁ぐ際、婿引出物として伏見正宗を吉徳に贈る。こうして、伏見正宗は江戸時代を通じて、前田家の重宝となった。

徳川綱吉：江戸幕府第五代将軍。三代将軍家光の四男。「生類憐みの令」を発布し、犬公方と呼ばれた。

前田吉徳：江戸中期の大名。加賀藩第五代藩主。先代綱紀の三男。倹約政策を進めたが、重臣らの反発をかい、お家騒動（加賀騒動）の遠因を作った。

短刀

「小松中納言」前田利常が購入

小松正宗《こまつまさむね》

《銘》無銘

【刃長】九寸四分半（約29cm）

【刀鍛冶】相模国鎌倉　正宗

鎌倉時代末期

◎主な所有者―

前田利常

加賀国《かが》（石川県）金沢《かなざわ》藩主であった前田利常《まえだとしつね》が購入した短刀で、利常自身は、正宗の作とみていたらしい。無銘であったため、加賀の本阿弥《ほんあみ》家に依頼したところ、確かに正宗と鑑定された。しかし、続いて本阿弥宗家に依頼をしたところ、肥後《ひご》国の「延寿国資《えんじゅくにすけ》」と鑑定されたという。納得のいかない利常が再び鑑定を依頼すると、「行光《ゆきみつ》」と判定され、さらにもう一度依頼したところ、「正宗」と鑑定されたと伝わる。

利常は隠居したあと、加賀国の小松《こまつ》に隠居したため、「小松中納言《ちゅうなごん》」と称された。そのため、この正宗は小松正宗とよばれ、現在は、佐野美術館《さのびじゅつかん》が所蔵している。

前田利常：江戸時代前期の大名。加賀藩二代藩主。藩祖前田利家の四男。慶長二〇年（一六一五）の「大坂夏の陣」で功をあげ、家康から四国を恩賞として提示されたが、これを固辞した。

■所蔵情報
佐野美術館
〒411-0838
静岡県三島市1-43

短刀

横雲正宗《よこくもまさむね》

『新古今和歌集』の歌から名づけられた短刀

《銘》横雲正宗
光徳（花押）

【刃長】八寸七分（約26cm）
【刀鍛冶】相模国鎌倉　正宗
鎌倉時代末期

◎主な所有者―
竹中重利

刀剣の鑑定家として知られる本阿弥《ほんあみ》光徳《こうとく》によって正宗の作だと認められ、表に「横雲正宗」、裏に「光徳（花押）」と朱銘がある。

豊臣秀吉《とよとみひでよし》の側近竹中重治《たけなかしげはる》の従弟にあたる竹中重利《しげとし》は、文禄《ぶんろく》三年（一五九四）、豊後《ぶんご》国（大分県）高田《たかだ》一万三〇〇〇石を与えられたが、領国に向かう途中、短刀を海に落としてしまう。このとき、『新古今《しんこきん》和歌集《わかしゅう》』中の藤原家隆《ふじわらのいえたか》の歌「霞《かすみ》たつ　末《すえ》の松山　ほのぼのと　波にはなるる　横雲の空」にちなみ横雲正宗と名づけたと伝わる。重利は、慶長《けいちょう》五年（一六〇〇）の関ヶ原《せきがはら》の戦いで、途中から東軍につき豊後《ぶんご》国府内《ふない》二万石に加増される。その御礼のためか、徳川将軍家に横雲正宗を献上したが、明暦《めいれき》三年（一六五七）の大火で焼けてしまった。

竹中重利：戦国～江戸時代初期の武将。豊臣秀吉の側近、竹中重治の従弟にあたり、秀吉に仕えた。慶長五年（一六〇〇）の「関ヶ原の戦い」では、黒田孝高に誘われて東軍について、豊後国（大分県）府内藩初代藩主となった。

短刀

「正宗」銘が入った珍しい短刀

不動《ふどう》正宗《まさむね》

重要文化財

《銘》正宗

不動明王《ふどうみょうおう》の彫物があることから、不動正宗という。正宗は、鎌倉《かまくら》幕府のお抱え刀鍛冶であったためか、銘を残した刀剣は少ない。この不動正宗には、銘が入れられており、それだけでも十分に貴重な短刀といえよう。

豊臣秀次《とよとみひでつぐ》が五〇〇貫文（約一五〇〇万円）で購入し、秀次から下賜《かし》された徳川家康《とくがわいえやす》が前田利家《まえだとしいえ》に贈った。その後、慶長《けいちょう》十九年（一六一四）、利家の子利常《としつね》が家督を継いだとき、相続の御礼のため、すでに将軍職を辞して大御所《おおごしょ》とよばれていた家康に献上する。その後、家康から子にあたる尾張《おわり》徳川家の徳川義直《よしなお》に伝えられ、現在は、徳川黎明会《とくがわれいめいかい》の所蔵となっている。

【刃長】八寸二分半（約25cm）

【刀鍛冶】相模国鎌倉　正宗

鎌倉時代末期

◎主な所有者―
豊臣秀次←徳川家康←前田利家

豊臣秀次：安土桃山時代の武将。秀吉の長男鶴丸の夭折で、秀吉の養子となり関白職も継ぐ。しかし、秀吉の次男秀頼の誕生後は冷遇され、切腹させられた。

前田利家：戦国～安土桃山時代の武将で、加賀藩の藩祖。織田信長に仕え、元亀元年（一五七〇）の「姉川の戦い」などで活躍。信長の死後は、豊臣政権五大老の一人として秀頼の後見人を務めた。

■所蔵情報
徳川美術館
〒461-0023
名古屋市東区徳川町1017

短刀

刀身に倶利伽羅の彫物

倶利伽羅正宗《くりからまさむね》

《銘》無銘

【刃長】八寸四分（約25cm）
【刀鍛冶】相模国鎌倉　正宗
鎌倉時代末期

◉主な所有者—
浅野光晟 ← 徳川家綱 ← 徳川光貞

刀身に倶利伽羅《くりから》の彫物があるため、倶利伽羅正宗という。倶利伽羅とは、サンスクリット語の音写で、不動明王《ふどうみょうおう》の化身である倶利伽羅龍王《りゅうおう》のことである。倶利伽羅正宗が、不動明王に対する信仰を表していることは言うまでもない。

もともとは、安芸《あき》国（広島県）広島《ひろしま》藩主浅野光晟《あさのみつあきら》が所持していたもので、寛文《かんぶん》十二年（一六七二）に光晟が隠居する際、御礼として四代将軍徳川家綱《とくがわいえつな》に献上し、小判二〇〇枚（約二四〇〇万円）を下賜《かし》された。その家綱も、延宝《えんぽう》八年（一六八〇）には死去。その形見分けの際、紀伊《きい》国（和歌山県）和歌山《わかやま》藩主徳川光貞《みつさだ》に譲られた。以来、倶利伽羅正宗は、紀伊徳川家の重宝となっている。

浅野光晟：江戸時代前期の武将。安芸国広島藩二代藩主。先代藩主浅野長晟の次男。母は徳川家康の娘振姫。
徳川家綱：江戸幕府第四代将軍。三代将軍家光の長男。叔父の保科正之や酒井忠勝らの補佐を受け、文治政治を行った。
徳川光貞：江戸時代前期の大名。紀州藩第二代藩主。先代頼宣（家康の一〇男）の長男。

打刀

安宅冬康の愛刀

安宅貞宗《あたぎさだむね》

《銘》
安たき貞宗末代鉞也
羽柴岡山中納言秀詮所持

【刃長】
二尺一寸五分
（約65cm）

【刀鍛冶】
相模国鎌倉　貞宗

鎌倉時代末期

◎主な所有者―
安宅冬康
←
小早川秀秋

三好長慶《みよしながよし》の弟安宅冬康《あたぎふゆやす》が所持していたことから、安宅貞宗という。冬康は、永禄《えいろく》七年（一五六四）、兄との確執から自害。その後は、豊臣秀吉《とよとみひでよし》、前田利家《まえだとしいえ》、小早川秀秋《こばやかわひであき》へと伝わった。

「安たき貞宗末代鉞也羽柴岡山中納言秀詮所持《はしばおかやまちゅうなごんひであき》」との象嵌《ぞうがん》が入れられているが、この「羽柴秀詮」というのが小早川秀秋のことである。秀秋は、慶長《けいちょう》五年（一六〇〇）の関ヶ原《せきがはら》の戦い後、備前《びぜん》国（岡山県）岡山《おかやま》五五万石に加増転封され、「秀詮」と改名していた。しかし、慶長七年（一六〇二）、秀秋はわずか二一歳で病死し、小早川家は無嗣《むし》断絶となってしまう。安宅貞宗は、その後、徳川家康《とくがわいえやす》が接収したものであろう。徳川将軍家の重宝となった。

安宅冬康：戦国時代の武将。三好長慶の弟。安宅氏の養子となって淡路水軍を統率し、三好政権を支えたが、兄長慶に殺された。

前田利家：戦国～安土桃山時代の武将で、加賀藩の藩祖。織田信長に仕え、元亀元年（一五七〇）の「姉川の戦い」などで活躍。信長の死後は、豊臣政権五大老の一人として秀頼の後見人を務めた。

小早川秀秋：安土桃山時代の武将。豊臣秀吉の養子となった後、豊臣政権五大老の一人、小早川隆景の養嗣子に。慶長五年（一六〇〇）の「関ヶ原の戦い」では西軍から東軍に転じ、東軍勝利の一因を作った。

脇差

氏家行広が所持

氏家貞宗《うじいえさだむね》

《銘》無銘

織田信長《おだのぶなが》の家臣氏家卜全《うじいえぼくぜん》（直元《なおもと》）の子行広《ゆきひろ》が所持していたことから、氏家貞宗という。卜全は、信長による伊勢《いせ》国（三重県）長島《ながしま》一向一揆《いっこういっき》の平定に加わったが、元亀《げんき》二年（一五七一）、一向一揆に敗れた織田軍の殿《しんがり》として、敵からの攻撃を防ぎながら退却していたとき、討ち取られてしまった。

本能寺《ほんのうじ》の変《へん》後、子の行広は、豊臣秀吉《とよとみひでよし》に仕えたが、慶長《けいちょう》五年（一六〇〇）の関ヶ原《せきがはら》の戦いで西軍石田三成《いしだみつなり》についたため、所領を没収されてしまう。氏家貞宗は、このころ、行広が手放したものであるらしい。のち、徳川家康《とくがわいえやす》の重臣井伊直政《いいなおまさ》が入手し、家康に献上。家康は、次男の結城秀康《ゆうきひでやす》に氏家貞宗を与えた。

【刃長】一尺五分（約32ｃｍ）

【刀鍛冶】相模国鎌倉　貞宗

鎌倉時代末期

◎主な所有者―

氏家行広←徳川家康←結城秀康

氏家行広：戦国～江戸時代初期の武将。織田信長、豊臣秀吉に仕え、「小田原攻め」などで功をあげる。慶長五年（一六〇〇）の「関ヶ原の戦い」では西軍に属し、のちに改易されてしまう。「大坂の陣」では、落城とともに自刃した。

結城秀康：安土桃山～江戸時代初期の武将。徳川家康の次男。「小牧・長久手の戦い」の講和のために豊臣秀吉の養子に出された後、下総国結城城主、結城晴朝の養子となった。「関ヶ原の戦い」後、越前国（福井県）福井（北ノ庄）藩初代藩主。

打刀

刀身に掘られた二筋樋

二筋樋貞宗《ふたすじひさだむね》

重要文化財

《銘》無銘

【刃長】二尺三寸二分（約70ｃｍ）

【刀鍛冶】相模国鎌倉　貞宗

鎌倉時代末期

◎主な所有者ー

豊臣秀吉

刀の鎬《しのぎ》の部分に、曲がりにくくするための溝が平行して掘られている。この溝が「二筋樋《ふたすじひ》」とよばれていることから、二筋樋貞宗とよぶ。なお、「二筋樋」は、強度を増すだけでなく、不動明王《ふどうみょうおう》に対する信仰を示す護摩箸《ごまはし》を象徴するものでもあった。護摩とは、真言宗《しんごんしゅう》などの密教において、不動明王に加護を祈るための修法をいい、その修法で供物を火中にくべるときに用いるのが、護摩箸である。不動明王は、救いがたい衆生《しゅじょう》を力ずくで救うと考えられており、武力で敵を倒そうとする戦国武将に崇敬されていた。

二筋樋貞宗は、豊臣秀吉《とよとみひでよし》の愛刀であったことから、秀吉の本拠地の名にちなんで、大坂《おおさか》貞宗ともよばれている。

打刀

切刃造の打刀

切刃貞宗《きりはさだむね》

重要文化財

《銘》無銘

切刃造《きりはづくり》という形で作られているため、切刃貞宗という。豊臣秀吉《とよとみひでよし》が所持していたもので、前田利家《まえだとしいえ》から福島正則《ふくしままさのり》に伝わった。寛永《かんえい》元年（一六二四）に正則は死去するが、その際、子の正利《まさとし》は無断で火葬にしたとして、所領を没収されそうになる。このとき、正利は三代将軍徳川家光《とくがわいえみつ》への取りなしを求め、家光の弟忠長《ただなが》に切刃貞宗を贈った。それが奏功したのか、正利は三〇〇〇石余の旗本《はたもと》として存続を許されている。

その後、紀伊《きい》徳川家に下賜《かし》されたが、元禄《げんろく》十年（一六九七）、徳川綱教《つなのり》が五代将軍徳川綱吉《つなよし》に献上。こうして再び将軍家の所有となり、現在は東京国立博物館《とうきょうこくりつはくぶつかん》が所蔵している。

【刃長】二尺三寸六分半（約72cm）

【刀鍛冶】相模国鎌倉　貞宗

鎌倉時代末期

◉主な所有者—

前田利家
↓
福島正則

前田利家：戦国～安土桃山時代の武将で、加賀藩の藩祖。織田信長に仕え、元亀元年（一五七〇）の「姉川の戦い」などで活躍。信長の死後は、豊臣政権五大老の一人として秀頼の後見人を務めた。

福島正則：安土桃山～江戸時代初期の武将。豊臣秀吉子飼いの将で、賤ヶ岳の七本槍の一人。慶長五年（一六〇〇）の「関ヶ原の戦い」では東軍に属し、安芸・備後（広島県）49万石を与えられた。

■ **所蔵情報**

東京国立博物館
〒110-8712
東京都台東区上野公園13-9

打刀

国宝

亀甲貞宗《きっこうさだむね》

刀身に亀甲菊花文の彫物

《銘》無銘

【刃長】二尺三寸四分（約71cm）

【刀鍛冶】相模国鎌倉　貞宗

鎌倉時代末期

◉主な所有者—松平直政

刀身の柄におおわれる茎《なかご》の部分に、亀甲菊花文《きっこうきっかもん》の彫物があるため、亀甲貞宗とよばれる。もともとは、徳川家康《とくがわいえやす》の次男結城秀康《ゆうきひでやす》の子で、家康にとっては孫にあたる松平直政《まつだいらなおまさ》が所持していた。直政は、慶長《けいちょう》十九年（一六一四）の大坂冬《おおさかふゆ》の陣《じん》において一四歳で初陣《ういじん》をはたし、祖父家康から武功を賞賛されている。このとき、家康から直接、拝領したものかもしれない。

その後、どのような経緯をたどったのかは不明だが、尾張《おわり》徳川家に伝わった。元禄《げんろく》十一年（一六九八）、徳川綱誠《つなのぶ》が宗瑞正宗《そうずいまさむね》（186ページ）とともに五代将軍徳川綱吉《つなよし》に献上。以来、徳川将軍家の重宝となり、現在は東京国立博物館《とうきょうこくりつはくぶつかん》が所蔵している。

結城秀康：安土桃山～江戸時代初期の武将。徳川家康の次男。「小牧・長久手の戦い」の講和のために豊臣秀吉の養子に出された後、下総国結城城主、結城晴朝の養子となった。「関ヶ原の戦い」後、越前国（福井県）福井（北ノ庄）藩初代藩主。

松平直政：江戸時代前期の大名。結城秀康の三男。「大坂の冬の陣」が初陣。「大坂の夏の陣」で武勲をあげた。出雲国（島根県）松江藩初代藩主。

■**所蔵情報**
東京国立博物館
〒110-8712
東京都台東区上野公園13-9

打刀

徳川家康が見つけ出した

御掘出貞宗《おほりだしさだむね》

重要文化財

《銘》無銘

【刃長】二尺三寸一分（約70cm）

【刀鍛冶】相模国鎌倉　貞宗

鎌倉時代末期

◎主な所有者―
徳川家康
←
前田利常

慶長《けいちょう》五年（一六〇〇）の関ヶ原《せきがはら》の戦い以後、徳川家康《とくがわいえやす》がひょんなことから山城《やましろ》国（京都府）伏見《ふしみ》で見つけ出したため、御掘出貞宗とよばれたという。家康は慶長八年（一六〇三）に征夷大将軍《せいいたいしょうぐん》に任ぜられるが、江戸《えど》ではなく伏見で政務を執ることのほうが多かった。

慶長十年（一六一〇）、将軍職を子の秀忠《ひでただ》に譲った家康は、駿河《するが》国（静岡県）の駿府《すんぷ》城を居城とし、大御所《おおごしょ》とよばれる。そして、元和《げんな》二年（一六一六）一月、家康は鷹狩に出た先で倒れ、床に伏せるようになってしまう。死期を悟った家康は、四月八日、加賀《かが》国（石川県）金沢《かなざわ》藩主の前田利常《まえだとしつね》に御掘出貞宗を下賜《かし》。十日後の四月十七日、駿府城においてこの世を去った。

前田利常：江戸時代前期の大名。加賀藩二代藩主。藩祖前田利家の四男。慶長二〇年（一六一五）の「大坂夏の陣」で功をあげ、家康から四国を恩賞として提示されたが、これを固辞した。

脇差

石田三成が所持していた貞宗

石田《いしだ》貞宗《さだむね》

重要文化財

《銘》無銘

【刃長】一尺三分半（約31cm）

【刀鍛冶】相模国鎌倉　貞宗

鎌倉時代末期

◎主な所有者 ―
石田三成→榊原康政

豊臣秀吉《とよとみひでよし》の家臣で五奉行《ごぶぎょう》の筆頭としても知られる石田三成《いしだみつなり》が所持していたことから、石田貞宗という。三成は、慶長《けいちょう》五年（一六〇〇）、関ヶ原《せきがはら》の戦いで徳川家康《とくがわいえやす》と戦って敗れたあと、捕らえられて京都の六条河原《ろくじょうがわら》で斬首された。

伝承によると、このとき三成の身柄を預けられた家康の重臣榊原康政《さかきばらやすまさ》が、実は三成の一命を助けていたという。その御礼に石田貞宗を贈られたことになるが、にわかに信じがたい。康政は、関ヶ原の戦いの直前、西軍諸将との折衝にあたっていたから、その関係で贈られたものであろう。石田貞宗は江戸《えど》時代を通じて榊原家の重宝として伝わり、現在は東京国立博物館《とうきょうこくりつはくぶつかん》が所蔵している。

石田三成：安土桃山時代の武将。豊臣政権の五奉行の一人。豊臣秀吉の死後、徳川家康と対立。慶長五年（一六〇〇）の「関ヶ原の戦い」では西軍を主導したが敗れ、斬首された。**榊原康政**：戦国～江戸時代初期の武将。徳川四天王の一人。徳川家康に仕え、三河一向一揆の対処で功をあげた。以後も各地の戦いで活躍し、上野国（群馬県）館林藩を与えられた。

■所蔵情報
東京国立博物館
〒110-8712
東京都台東区上野公園13-9

脇差

別所貞宗《べっしょさだむね》

別所長治の愛刀

《銘》無銘

播磨《はりま》国（兵庫県）の戦国大名別所長治《べっしょながはる》の愛刀であったことから、別所貞宗という。長治は、天正《てんしょう》五年（一五七七）、織田信長《おだのぶなが》の命をうけて播磨に侵攻した豊臣秀吉《とよとみひでよし》に従ったが、翌天正六年には、安芸《あき》国（広島県）の毛利輝元《もうりてるもと》に通じて反旗を翻す。このため、居城の三木城《みきじょう》を秀吉に包囲された長治は、二年にわたる籠城戦をしのいだものの、天正八年（一五八〇）、この別所貞宗を用いて自害した。

その後、恩賞として信長から秀吉に与えられたものであろうか。秀吉から秀頼《ひでより》へと伝わったあと、徳川家康《とくがわいえやす》の手に渡ったらしい。元和《げんな》三年（一六一七）、二代将軍徳川秀忠《ひでただ》の養女振姫《ふりひめ》が、仙台《せんだい》藩主伊達忠宗《だてただむね》に嫁ぐ際、秀忠から忠宗の父政宗《まさむね》に贈られた。

【刃長】一尺三分（約31cm）

【刀鍛冶】相模国鎌倉　貞宗

鎌倉時代末期

◎主な所有者―

別所長治
↓
伊達政宗

別所長治：戦国～安土桃山時代の武将。織田信長に仕え、中国進出に参陣したが、一転して反旗を翻した。播磨国（兵庫県）三木城に立てこもって、対する秀吉を手こずらせたが、兵糧攻めにあって降伏。自害した。

毛利輝元：安土桃山～江戸前期の大名。長州藩（山口県）の藩祖。豊臣政権五大老の一人。慶長五年（一六〇〇）の「関ヶ原の戦い」では西軍総大将を務めた。

伊達政宗：安土桃山～江戸時代初期の武将。伊達氏一七代当主。幼少時に右目を失明し、独眼竜と呼ばれた。豊臣秀吉に仕えて朝鮮に出兵したが、「関ヶ原の戦い」、「大坂の陣」では徳川方につき、仙台藩初代藩主となった。

脇差

斎村政広が所持

斎村貞宗《さいむらさだむね》

重要文化財

《銘》貞宗
（花押）

播磨《はりま》国（兵庫県）の戦国大名斎村政広《さいむらまさひろ》（赤松広秀《あかまつひろひで》）が所持していたため、斎村貞宗という。銘は存在しないが、刀剣の鑑定家である本阿弥光徳《ほんあみこうとく》が貞宗と認めたため、「貞宗」「（花押）」の朱銘が入っている。政広は、慶長《けいちょう》五年（一六〇〇）の関ヶ原《せきがはら》の戦いで西軍の因幡《いなば》国（鳥取県）鳥取《とっとり》城を攻めた際、城下を類焼させた咎によって、自害を命じられてしまう。このあと、斎村貞宗も、徳川《とくがわ》将軍家の手に渡ったものであろう。寛永《かんえい》十二年（一六三五）、金沢《かなざわ》藩主前田利常《まえだとしつね》の娘満姫《まんひめ》が広島《ひろしま》藩主浅野光晟《あさのみつあきら》に嫁いだ際、三代将軍徳川家光《いえみつ》が光晟に斎村貞宗を贈っている。満姫の実母珠姫《たまひめ》が二代将軍徳川秀忠《ひでただ》の娘であり、家光にとっては姪にあたるためである。

斎村政広：戦国から安土桃山時代の武将。織田信長、のちに豊臣秀吉に仕え、主要な戦いに参戦して功をあげる。「関ヶ原の戦い」では途中で寝返って徳川方につくも、戦い方が問題になり切腹させられた。

浅野光晟：江戸時代前期の武将。安芸国広島藩二代藩主。先代藩主浅野長晟の次男。母は徳川家康の娘振姫。

【刃長】一尺（約30cm）

【刀鍛冶】相模国鎌倉　貞宗

鎌倉時代末期

◎主な所有者―

斎村政広

短刀

池田輝政が細川家から購入

池田貞宗《いけださだむね》

重要文化財

《銘》無銘

もともとは、京都の商人蓮池常知《はすいけじょうち》が所持していたもので、刀剣の鑑定家本阿弥光二《ほんあみこうじ》の取次ぎで、細川藤孝《ほそかわふじたか》（幽斎《ゆうさい》）が買い求めたという。そして、藤孝から子の忠興《ただおき》、忠興の四男立孝《たつたか》へと伝わった。その後、播磨《はりま》国（兵庫県）姫路《ひめじ》藩主池田輝政《いけだてるまさ》が小判一〇〇枚（約一二〇〇万円）で細川家から譲り受けたらしい。そのため、池田貞宗とよばれるようになった。

輝政は、この池田貞宗を江戸《えど》幕府の二代将軍徳川秀忠《とくがわひでただ》に献上。寛永《かんえい》六年（一六二九）、すでに将軍職を辞していた大御所《おおごしょ》の秀忠が、金沢《かなざわ》藩主前田利常《まえだとしつね》の江戸藩邸を訪れたおり、利常に下賜《かし》。以来、前田家の重宝となっている。

【刃長】一尺二分（約31cm）

【刀鍛冶】相模国鎌倉　貞宗

鎌倉時代末期

◉主な所有者―

池田輝政

細川藤孝：戦国～江戸時代初期の武将。室町幕府一三代将軍足利義輝に仕え、のちに義昭擁立に尽力。以後、織田信長、豊臣秀吉、徳川家康に重用された。慶長五年（一六〇〇）の「関ヶ原の戦い」では、長男忠興が東軍について活躍。忠興は戦後に豊前国（福岡県ほか）小倉藩初代藩主となった。

池田輝政：安土桃山～江戸時代前期の武将。織田信長・豊臣秀吉に使え、慶長五年（一六〇〇）の「関ヶ原の戦い」では、徳川方につき岐阜城を攻略するなどの戦功をあげた。初代姫路藩主。

前田利常：江戸時代前期の大名。加賀藩二代藩主。藩祖前田利家の四男。慶長二〇年（一六一五）の「大坂夏の陣」で功をあげ、家康から四国を恩賞として提示されたが、これを固辞した。

短刀

国宝

寺沢貞宗《てらざわさだむね》

寺沢広高が所持

《銘》無銘

【刃長】九寸七分（約29cm）

【刀鍛冶】相模国鎌倉　貞宗

鎌倉時代末期

◉主な所有者―
寺沢広高←織田長益←徳川秀忠

豊臣秀吉《とよとみひでよし》の家臣で肥前《ひぜん》国（佐賀県）唐津《からつ》城主の寺沢広高《てらざわひろたか》が所持していたことから、寺沢貞宗とよぶ。広高は、これを刀剣鑑定家の本阿弥祐徳《ほんあみゆうとく》から大判二〇枚（約二四〇〇万円）で買い求めたのだという。その後、広高から秀吉に献上され、秀吉が織田信長《おだのぶなが》の実弟織田長益《ながます》（有楽斎《ゆうらくさい》）に下賜《かし》。長益は、秀吉の遺児秀頼《ひでより》をよく支えたが、元和《げんな》元年（一六一五）、大坂夏《おおさかなつ》の陣《じん》の直前に豊臣家から離れている。このころ、二代将軍徳川秀忠《とくがわひでただ》に献上したものかもしれない。

寛永《かんえい》九年（一六三二）に秀忠が死去した際、形見分けとして弟にあたる紀伊《きい》徳川家の徳川頼宣《とくがわよりのぶ》に与えられた。近代になって売り立てられ、現在は東京国立博物館《とうきょうこくりつはくぶつかん》が所蔵している。

寺沢広高：戦国〜江戸時代前期の武将。肥前国（佐賀県）唐津藩初代藩主。豊臣秀吉に仕え、朝鮮出兵などに尽力。「関ヶ原の戦い」では東軍に属し、天草四万石の加増を受けた。

織田長益：安土桃山〜江戸時代初期の武将、茶人。織田信長の弟。信長の死後は豊臣秀吉に仕えた。慶長五年（一六〇〇）「関ヶ原の戦い」では徳川方につき、長男長挙とともに活躍。利休十哲の一人。有楽斎とも呼ばれ、東京有楽町は屋敷跡。

徳川秀忠：江戸幕府第二代将軍。家康の三男。「大坂の陣」では総大将として家康とともに参加。武家諸法度などを発令して幕政の基礎を固めた。

■ **所蔵情報**
東京国立博物館
〒110-8712
東京都台東区上野公園13-9

短刀

本多上野介正純が所持

上野貞宗《こうずけさだむね》

《銘》無銘

【刃長】九寸五分（約29cm）

【刀鍛冶】相模国鎌倉　貞宗

鎌倉時代末期

◎主な所有者—

本多正純
←
徳川義直

徳川家康《とくがわいえやす》の近臣で下野国《しもつけ》（栃木県）宇都宮《うつのみや》藩主本多正純《ほんだまさずみ》が所持していたもので、正純の通称が「上野介《こうずけのすけ》」であったことから、上野貞宗という。元和《げんな》二年（一六一六）に家康が死去したあと、二代将軍となった秀忠《ひでただ》の近臣との間に権力闘争が生じたものであろう。元和八年（一六二二）、正純は、日光東照宮《にっこうとうしょうぐう》の参詣に向かう秀忠を、宿泊が予定されていた宇都宮城で暗殺しようとしていたという嫌疑をかけられ、所領を没収されてしまったのである。

上野貞宗は、秀忠の手に渡り、その後、三代将軍徳川家光《いえみつ》の娘千代姫《ちよひめ》が尾張《おわり》徳川家の徳川光友《みつとも》に嫁ぐ際、光友の父に贈られた。現在は、徳川黎明会《とくがわれいめいかい》が所有し、徳川美術館《とくがわびじゅつかん》に収蔵されている。

本多正純：安土桃山～江戸時代初期の武将。本多正信の長男。徳川家康の側近として権勢を振るったが、家康の死後は二代将軍秀忠に疎まれて改易させられた。

徳川義直：家康の九男。江戸時代初期の大名。尾張藩初代藩主。慶長一九年（一六一四）の「大坂冬の陣」で初陣。翌年の夏の陣では後詰として参陣している。

■ **所蔵情報**

徳川美術館

〒461-0023

名古屋市東区徳川町1017

短刀

国宝

徳善院前田玄以が所持

徳善院貞宗《とくぜんいんさだむね》

《銘》無銘

【刃長】一尺一寸一分半（約35cm）

【刀鍛冶】相模国鎌倉　貞宗

鎌倉時代末期

◎主な所有者—

前田玄以

織田《おだ》信長《のぶなが》の嫡男信忠《のぶただ》が所持していたが、信忠は、天正《てんしょう》十年（一五八二）の本能寺《ほんのうじ》の変《へん》で父とともに自害。信忠の子秀信《ひでのぶ》に形見として伝えられ、さらに豊臣秀吉《とよとみひでよし》に贈られた。慶長《けいちょう》三年（一五九八）、秀吉の死に際し、形見分けとして前田玄以《まえだげんい》に与えられ、以来、玄以の法号徳善院《とくぜんいん》にちなみ徳善院貞宗とよばれるようになっている。

慶長十三年（一六〇八）、玄以の子茂勝《しげかつ》が乱行により所領を没収された。そのころ、徳川家康《とくがわいえやす》の手に渡ったものであろう。家康から紀伊《きい》徳川家の徳川頼宣《よりのぶ》に譲られ、さらにその支藩である伊予《いよ》国（愛媛県）西条《さいじょう》藩主松平《まつだいら》家に伝わった。明治維新《めいじいしん》後に家が入手し、現在は三井文庫《みついぶんこ》が所有、三井記念美術館《みついきねんびじゅつかん》に収蔵されている。

前田玄以：戦国～安土桃山時代の僧、武将。豊臣政権五奉行の一人。織田信長、豊臣秀吉に仕え、慶長五年（一六〇〇）の「関ヶ原の戦い」では西軍に属したが出陣せず、丹波国（京都府ほか）亀山の本領を安堵された。

■**所蔵情報**

三井記念美術館

〒103-0022

東京都中央区日本橋室町2-1-1

短刀

堺の豪商奈良屋が売却

奈良屋貞宗《ならやさだむね》

《銘》無銘

【刃長】九寸七分（約29cm）

【刀鍛冶】相模国鎌倉　貞宗

鎌倉時代末期

◎主な所有者―

豊臣秀吉←豊臣秀頼←徳川秀忠

もともとは、和泉国《いずみ》（大阪府）堺《さかい》の豪商奈良屋宗悦《ならやそうえつ》が所持していたため、奈良屋貞宗という。その後、豊臣秀吉《とよとみひでよし》の手に渡り、慶長《けいちょう》十三年（一六〇八）、秀吉の子秀頼《ひでより》が岳父にあたる江戸《えど》幕府の二代将軍徳川秀忠《とくがわひでただ》に贈ったものである。このころ、豊臣家と徳川家との溝が深まっており、秀頼は両家の関係を改善しようとしたのだろう。しかし、その溝が埋まることはなく、元和《げんな》元年（一六一五）、秀頼は大坂夏《おおさかなつ》の陣《じん》で自害を遂げることになる。

元和九年（一六二三）、秀忠が尾張《おわり》徳川家の徳川義直《よしなお》を江戸藩邸に訪れた際、この奈良屋貞宗を下賜《かし》。以来、尾張徳川家に伝わり、現在は徳川黎明会《とくがわれいめいかい》の所有となり、徳川美術館《とくがわびじゅつかん》に収蔵されている。

豊臣秀頼：秀吉の三男。安土桃山～江戸時代前期の大名。秀吉の死後、関ヶ原の戦い以降も、影響力を持ったが、大坂夏の陣で徳川方に迫られ、母淀殿らと共に自害した。

徳川秀忠：江戸幕府第二代将軍。家康の三男。「大坂の陣」では総大将として家康とともに参加。武家諸法度などを発令して幕政の基礎を固めた。

■所蔵情報
徳川美術館
〒461-0023
名古屋市東区徳川町1017

短刀

国宝

伏見で入手したものか

伏見貞宗《ふしみさだむね》

《銘》貞宗
本阿（花押）

【刃長】	一尺弱（約30cm）
【刀鍛冶】	相模国鎌倉　貞宗
	鎌倉時代末期
◎主な所有者―	加藤嘉明

作者の銘は無いものの、刀剣の鑑定家本阿弥光温《ほんあみこうおん》が貞宗の作と認めたため、「貞宗」「本阿（花押）」の朱銘が入っている。戦国時代には、豊臣秀吉《とよとみひでよし》の家臣加藤嘉明《かとうよしあき》が所持していた。

嘉明は、天正十一年（一五八三）の賤ヶ岳《しずがたけ》の戦いで活躍した「七本槍《しちほんやり》」のひとりとしても知られ、秀吉の死後は徳川家康《とくがわいえやす》に従い、大坂《おおさか》の陣《じん》後、陸奥《むつ》国（福島県ほか）会津《あいづ》四〇万石を得た。しかし、嘉明の子明成《あきなり》のとき、家臣と対立した「会津騒動《あいづそうどう》」をおこして四〇万石を返上。その後、嘉明の功績が認められ、明成の子明友《あきとも》が近江《おうみ》国（滋賀県）水口《みなくち》二万石を与えられている。以来、伏見貞宗は、水口藩主加藤家の重宝として伝わった。

加藤嘉明：安土桃山～江戸時代前期の武将。賤ヶ岳の七本槍の一人。豊臣秀吉に仕え、「小田原攻め」「朝鮮出兵」などに参加した。東軍についた関ヶ原後、伊予国（愛媛県）松山藩。大坂の陣後に陸奥国（福島県ほか）会津藩初代藩主。

■**所蔵情報**
黒川古文化研究所
〒662-0081
兵庫県西宮市苦楽園三番町14-50

短刀

重要文化財

徳川家康秘蔵の愛刀

物吉貞宗《ものよしさだむね》

《銘》無銘

「物吉《ものよし》」というのは、縁起が良いという意味である。徳川家康《とくがわいえやす》が秘蔵していた短刀で、差して出陣した合戦には必ず勝利を収めたため、物吉貞宗とよばれるようになったのだという。徳川将軍家にとっても、重宝であったといえる。

そのため、元和《げんな》二年（一六一六）に家康が死去した際の形見分けでは、将軍家に残される予定であったらしい。しかし、家康の側室お亀《かめ》の方《かた》が、自身の子である義直《よしなお》に分け与えるように奔走したという。こうして、物吉貞宗は、尾張《おわり》徳川家の義直に譲られることになった。以来、江戸時代を通じて尾張徳川家に伝来し、現在は、徳川《とくがわ》黎明会《れいめいかい》が所有し、徳川美術館《とくがわびじゅつかん》に収蔵されている。

【刃長】一尺九分半（約33cm）

【刀鍛冶】相模国鎌倉　貞宗

鎌倉時代末期

◉主な所有者──

徳川家康

↓

徳川義直

徳川義直：家康の九男。江戸時代初期の大名。尾張藩初代藩主。慶長一九年（一六一四）の「大坂冬の陣」で初陣。翌年の夏の陣では後詰として参陣している。

■所蔵情報

徳川美術館

〒461-0023

名古屋市東区徳川町1017

短刀

重要文化財

豪商太鼓鐘が所蔵

太《たい》鼓《こ》鐘《がね》貞《さだ》宗《むね》

《銘》無銘

【刃長】八寸二分（約25ｃｍ）

【刀鍛冶】相模国鎌倉　貞宗

鎌倉時代末期

◎主な所有者――

伊達忠宗

大坂《おおさか》の堺《さかい》に太鼓鐘《たいこがね》を屋号とする豪商がいて、その所蔵であったから太鼓鐘貞宗とよばれるようになったらしい。どのような経緯をたどったのかは不明ながら、江戸《えど》時代の初めには、徳川《とくがわ》将軍家の所有となっていた。

元和《げんな》三年（一六一七）、江戸幕府の二代将軍徳川秀忠《ひでただ》の養女振姫《ふりひめ》が、仙台《せんだい》藩主伊達《だて》忠宗《ただむね》に嫁ぐ際、婿引出物として、忠宗に贈られた。ちなみに、忠宗の父政宗《まさむね》に対しては、このとき別所貞宗《べっしょさだむね》（206ページ）が贈られている。その後、太鼓鐘貞宗は、忠宗の孫綱村《つなむら》が稲葉正則《いなばまさのり》の娘仙姫《せんひめ》と結婚した際、稲葉家に贈ったものであるらしい。江戸時代には、淀《よど》藩主稲葉家に伝わった。

伊達忠宗：江戸時代前期の大名。伊達政宗の次男。陸奥国（宮城県ほか）仙台藩二代藩主。藩体制の確立に努め、守成の名君といわれた。

短刀

鍋をも貫き通すか

鍋《なべ》通《とおし》貞《さだ》宗《むね》

《銘》無銘

【刃長】	八寸（約24cm）
【刀鍛冶】	相模国鎌倉　貞宗
	鎌倉時代末期

◉主な所有者ー
徳川家康
↓
豊臣秀頼

名前の由来については定かではないが、鍋をも貫き通すという比喩によるものだろう。どのような経緯をたどったものかは不明ながら、江戸《えど》時代には、徳川家康《とくがわいえやす》の所有となっていた。

慶長《けいちょう》十六年（一六一一）三月二十八日、家康は、京都の二条城《にじょうじょう》において、豊臣秀吉《とよとみひでよし》の遺児秀頼《ひでより》と対面する。そして、家康から秀頼に贈られたのが、鍋通貞宗であったという。

このとき、家康は六九歳、秀頼は一七歳。家康は、立派に成長した秀頼の姿に驚愕し、徳川家の将来に危機感を抱いたらしい。結局、家康は豊臣家との確執を強め、元和《げんな》元年（一六一五）、大坂夏《おおさかなつ》の陣《じん》で豊臣家を滅ぼしてしまうのである。

豊臣秀頼：秀吉の三男。安土桃山〜江戸時代前期の大名。秀吉の死後、関ヶ原の戦い以降も、影響力を持ったが、大坂夏の陣で徳川方に迫られ、母淀殿らと共に自害した。

短刀

本阿弥家による朱判

朱判貞宗《しゅはんさだむね》

重要文化財

《銘》貞宗
本阿（花押）

【刃長】一尺一寸（約33cm）
【刀鍛冶】相模国鎌倉　貞宗
鎌倉時代末期

◎主な所有者―
土井利勝
←
前田利常

もともとは、刀剣鑑定家である本阿弥光刹《ほんあみこうさつ》が所持していた短刀で、徳川家康《とくがわいえやす》の重臣土井利勝《どいとしかつ》が入手したらしい。その後、利勝が家康に献上したのだろうか。江戸《えど》時代に入り、江戸幕府の二代将軍となった家康の子秀忠《ひでただ》から、加賀《かが》藩主前田利常《まえだとしつね》に下賜《かし》された。

貞宗は、相模《さがみ》国（神奈川県）の鎌倉《かまくら》を本拠とした刀鍛冶で、正宗《まさむね》の子であったとも、正宗の弟子であったともいう。現存する作品に銘ないのは、この短刀も例外ではない。江戸時代に、刀剣鑑定家の本阿弥光室《こうしつ》が貞宗の作と認めて「貞宗」「本阿（花押）」の朱銘を入れたため、朱判貞宗とよぶ。江戸時代を通じて前田家に伝来し、現在、ふくやま美術館が所蔵している。

土井利勝：江戸時代初期の譜代大名。幼い頃から徳川家康、秀忠に仕え、幕府では老中・大老も務めた。下総国古川藩初代藩主。
前田利常：江戸時代前期の大名。加賀藩二代藩主。藩祖前田利家の四男。慶長二〇年（一六一五）の「大坂夏の陣」で功をあげ、家康から四国を恩賞として提示されたが、これを固辞した。

■所蔵情報
ふくやま美術館
〒720-0067
広島県福山市西町2-4-3

太刀

小さな倶利伽羅龍の彫物

小龍景光《こりゅうかげみつ》

《銘》
備前国長船住景光
元亨二年五月　日

【刃長】二尺四寸四分（約74cm）

【刀鍛冶】備前国長船　景光

鎌倉時代末期

◎主な所有者―
楠木正成

備前《びぜん》国（岡山県）長船《おさふね》の刀鍛冶景光《かげみつ》の作。小さな倶利伽羅龍《くりからりゅう》を浮き彫りにしていることから、小龍景光という。南北朝《なんぼくちょう》時代、後醍醐《ごだいご》天皇に従って足利尊氏《あしかがたかうじ》と戦ったことで知られる楠木正成《くすのきまさしげ》が佩用していたと伝わり、そのため、楠公《なんこう》景光とよばれることもある。楠公というのが楠木正成のことであることは、言うまでもない。

江戸《えど》時代末期、河内《かわち》国（大阪府）の農家から売りに出されたものを、刀剣の試し切りを任務としていた山田浅右衛門《やまだあさえもん》が手に入れたという。明治維新後、山田浅右衛門から明治《めいじ》天皇に献上された。明治天皇は、サーベルの拵《こしらえ》をつけ、佩用したという。現在は東京国立《とうきょうこくりつ》博物館《はくぶつかん》に収蔵されている。

足利尊氏：室町幕府初代将軍。後醍醐天皇の鎌倉幕府倒幕運動「元弘の変」では、幕府に反旗を翻し京都を制圧。のちに後醍醐天皇と対立し、光明天皇を擁立すると、室町幕府を創設した。

楠木正成：鎌倉末期～南北朝時代の武将。後醍醐天皇による「建武の新政」の立役者の一人。足利尊氏離反後、「湊川の戦い」で尊氏に敗れ自害した。

■所蔵情報
東京国立博物館
〒110-8712
東京都台東区上野公園13-9

短刀

国宝

秩父大菩薩の加護

謙信景光《けんしんかげみつ》

《銘》
備州長船景光
元亨三年三月日

【刃長】
九寸三分（約28cm）

【刀鍛冶】
備前国長船　景光

鎌倉時代末期

◉主な所有者――

上杉謙信

越後国《えちご》（新潟県）の戦国大名上杉謙信《うえすぎけんしん》が所持していたことから、謙信景光という。謙信は、備前国《びぜん》（岡山県）長船《おさふね》の刀鍛冶を高く評価していたらしい。謙信の愛刀として、景光のほか、景光の子兼光《かねみつ》の刀剣が残されている。

謙信兼光の刀身には、「秩父大菩薩《ちちぶだいぼさつ》」の名号が彫られている。同様の太刀《たち》が、武蔵国《むさし》（埼玉県）の秩父神社《ちちぶじんじゃ》に奉納されていることからすると、謙信兼光は、もともと秩父神社に奉納されていたものであるらしい。その後、どのような経緯で謙信の手に渡ったものかはわからないが、上杉家の重宝となり、現在は、埼玉県立歴史と民俗《さいたまけんりつれきしみんぞく》の博物館《はくぶつかん》に収蔵されている。

上杉謙信：戦国時代の武将。初名は長尾景虎。甲斐国の武将、武田信玄と五度に渡って戦った「川中島の戦い」が有名。足利将軍家の信任も厚く、関東管領に任命され、関東の覇権を争って北条家と対立した。

■ **所蔵情報**
埼玉県立歴史と民俗の博物館
〒330-0803
埼玉県さいたま市大宮区高鼻町4-219

打刀

大きい青江と小さい青江

大青江《おおあおえ》

重要文化財

《銘》
貞次磨上之
本阿（花押）

加賀《かが》藩主前田利常《まえだとしつね》が所持していたもので、備中国《びっちゅう》（岡山県）青江《あおえ》の刀鍛冶貞次《さだつぐ》の作とされる。刀剣鑑定家の本阿弥光室《ほんあみこうしつ》によって短く切り詰められたため、金象嵌《きんぞうがん》で「貞次磨上之《すりあげ》」「本阿（花押）」と入れられている。花押《かおう》は、光室のものである。

前田家には、このほかにも秀逸な青江の刀二腰があり、これは、大きいほうであったため大青江という。ちなみに、小さいほうは、小青江《こあおえ》といった。

大青江は、利常から次男で越中国《えっちゅう》（富山県）富山《とやま》藩主の利次《としつぐ》に伝えられた。江戸《えど》時代を通じて富山藩主前田家に伝来したが、近代になって売り立てられ、現在は前田家の手を離れている。

【刃長】二尺五寸六分（約78ｃｍ）

【刀鍛冶】備中国青江　貞次

鎌倉時代末期

◉主な所有者―
前田利常
↓
前田利次

前田利常：江戸時代前期の大名。加賀藩二代藩主。藩祖前田利家の四男。慶長二〇年（一六一五）の「大坂夏の陣」で功をあげ、家康から四国を恩賞として提示されたが、これを固辞した。

前田利次：江戸前期の大名。加賀藩主前田利常の次男。利常から、支藩となる越中国（富山県）富山藩一〇万石を分与された。新田開発、城下町の建設などを行って藩政の礎を築いた。

短刀

桑山家の栄枯盛衰

桑山保昌《くわやまほうしょう》

国宝

《銘》
高市郡住金吾藤貞吉
元亨二二年甲子十月十八日

【刃長】	八寸五分（約26cm）
【刀鍛冶】	大和国高市　貞吉
	鎌倉時代末期

◎主な所有者―
桑山元晴

鎌倉《かまくら》時代末期に大和《やまと》国（奈良県）高市郡《たかいちぐん》で活躍していた保昌《ほうしょう》一門の貞吉《さだよし》が作った短刀で、「高市郡住金吾藤貞吉」、「元亨《げんこう》二二（四）年甲子《きのえね》十月十八日」の銘《めい》がある。豊臣秀吉《とよとみひでよし》の家臣桑山元晴《くわやまもとはる》が所持していたことから、桑山保昌という。

元晴は、慶長《けいちょう》五年（一六〇〇）の関ヶ原《せきがはら》の戦いでは徳川家康《とくがわいえやす》に味方し、戦後、大和国御所《ごせ》一万石を与えられる。しかし、元晴の長男清晴《きよはる》は二代将軍徳川秀忠《ひでただ》の勘気《かんき》を被り所領は没収され、次男貞晴《さだはる》も嗣子《しし》なく所領を没収されてしまう。桑山保昌は、そのころ、加賀《かが》藩主前田利常《まえだとしつね》が買い上げたものらしい。江戸《えど》時代を通じて、加賀藩主前田家に伝わった。

桑山元晴：安土桃山～江戸時代初期の武将。豊臣秀吉の弟、羽柴長秀に仕え、長秀の死後は秀吉に仕えた。慶長五年（一六〇〇）の「関ヶ原の戦い」では、父重晴とともに徳川家康について功をたて、大和国（奈良県）御所藩初代藩主となった。

前田利常：江戸時代前期の大名。加賀藩二代藩主。藩祖前田利家の四男。慶長二〇年（一六一五）の「大坂夏の陣」で功をあげ、家康から四国を恩賞として提示されたが、これを固辞した。

短刀

青木来国次《あおきらいくにつぐ》

関ヶ原の戦いで没落した青木一矩

《銘》国次

もとは近江国《おうみ》（滋賀県）の戦国大名浅井長政《あざいながまさ》の重臣阿閉貞征《あつじさだゆき》が所持していた。貞征は浅井家の滅亡を機に織田信長《おだのぶなが》に従うが、天正《てんしょう》十年（一五八二）の本能寺《ほんのうじ》の変《へん》で、明智光秀《あけちみつひで》に味方したため、処刑されてしまう。その後、豊臣秀吉《とよとみひでよし》の家臣青木一矩《あおきかずのり》の手に渡ったことから、青木来国次という。一矩は慶長《けいちょう》五年（一六〇〇）の関ヶ原《せきがはら》の戦いで西軍石田三成《いしだみつなり》に味方して没落。一矩の子俊矩《としのり》が福島正則《ふくしままさのり》に譲った。

そして、正則の死後、許可なく火葬した咎《とが》で処罰されそうになった正則の子正利《まさとし》が、将軍職を辞して大御所《おおごしょ》となっていた徳川秀忠《とくがわひでただ》に献上する。以来、徳川将軍家の重宝となったが、明暦《めいれき》三年（一六五七）の大火で焼けてしまった。

【刃長】九寸四分半（約29cm）

【刀鍛冶】山城国来　国次

鎌倉時代末期

◉主な所有者—

阿閉貞征
←
青木一矩

阿閉貞征：戦国～安土桃山時代の武将。浅井長政、織田信長、明智光秀に仕える。「本能寺の変」で光秀に味方したため処刑された。

青木一矩：戦国～安土桃山時代の武将。青木秀以。豊臣秀吉に仕え、「賤ヶ岳の戦い」、「九州攻め」で功をあげた。慶長五年（一六〇〇）の「関ヶ原の戦い」では、西軍に属して北陸の諸将を集め、前田利長と戦って敗北。本戦で西軍が敗れると降伏した。

福島正則：安土桃山～江戸時代初期の武将。豊臣秀吉子飼いの将で、賤ヶ岳の七本槍の一人。慶長五年（一六〇〇）の「関ヶ原の戦い」では東軍に属し、安芸・備後（広島県）五〇万石を与えられた。

短刀

増《ま》田《した》来《らい》国《くに》次《つぐ》

五奉行のひとり増田長盛の来国次

《銘》不明

【刃長】九寸七分（約29cm）
【刀鍛冶】山城国来　国次
鎌倉時代末期

◎主な所有者―
豊臣秀次
←
増田長盛

もともとは、豊臣秀次《とよとみひでつぐ》が所持していた。その後、秀次の叔父にあたる豊臣秀吉《ひでよし》が召し上げ、慶長《けいちょう》三年（一五九八）、秀吉の死後に行われた形見分けで増田長盛《ましたながもり》が拝領。以来、増田来国次とよばれるようになっている。増田長盛は五奉行《ごぶぎょう》の一人であり、慶長《けいちょう》五年（一六〇〇）の関ヶ原《せきがはら》の戦いでは、西軍石田三成《いしだみつなり》に与《くみ》して大坂《おおさか》城を守備していた。保身のため、東軍徳川家康《とくがわいえやす》にも内通していたが、戦後、所領の大和《やまと》国（奈良県）郡山《こおりやま》二〇万石を没収されている。

増田来国次は、このとき家康の手に渡ったものであろう。家康の死後は家康の子徳川義直《よしなお》に譲られ、また将軍家に献上されたらしい。明暦《めいれき》三年（一五六七）の大火で焼けてしまった。

豊臣秀次：安土桃山時代の武将。秀吉の長男鶴丸の夭折で、秀吉の養子となり関白職も継ぐ。しかし、秀吉の次男秀頼の誕生後は冷遇され、切腹させられた。

増田長盛：安土桃山～江戸時代初期の武将。豊臣政権五奉行の一人。慶長五年（一六〇〇）の「関ヶ原の戦い」では、本戦に出陣しなかったことで家康に許しを請うも受入れられず、高野山に追放された。

短刀

戸川逵安の愛刀

戸川来国次《とがわらいくにつぐ》

《銘》来国次

【刃長】九寸七分（約29cm）

【刀鍛冶】山城国来　国次

鎌倉時代末期

◎主な所有者―

戸川逵安

備前《びぜん》国（岡山県）の戦国大名宇喜多直家《うきたなおいえ》の家老《かろう》戸川逵安《とがわみちやす》が所持していたことから、戸川来国次という。逵安は、直家の死後に跡を継いだ子の秀家《ひでいえ》にも仕えたが、慶長《けいちょう》四年（一五九九）、家中の内紛に巻き込まれ、秀家から追放されてしまう。そのため、翌年の関ヶ原《せきがはら》の戦いでは、秀家が西軍についたのに対し、逵安は東軍徳川家康《とくがわいえやす》につく。その功により、戦後、備中《びっちゅう》国（岡山県）庭瀬《にわせ》三万石の独立した大名になっている。

そのころ、戸川来国次は逵安から家康に献上されたものであろう。以来、徳川将軍家の重宝となったが、明暦《めいれき》三年（一六五七）の大火で焼失した。

戸川逵安：安土桃山～江戸時代初期の武将。宇喜多直家、秀家に仕えたが、お家騒動により主家から追い出され、徳川家康の家臣となった。「関ヶ原の戦い」では東軍に属して功をあげ、備中国（岡山県）庭瀬藩初代藩主となった。

短刀

鳥《とり》飼《かい》来《らい》国《くに》次《つぐ》

宇喜多秀家が関ヶ原の戦いで佩用

《銘》国次

【刃長】七寸九分（約24cm）
【刀鍛冶】山城国来　国次
鎌倉時代末期

◎主な所有者
鳥飼宗慶
↓
宇喜多秀家

戦国時代の書家として知られる鳥飼宗慶《とりかいそうけい》が所持していたことから鳥飼来国次という。その後、鳥飼家から豊臣秀次《とよとみひでつぐ》に献上され、豊臣秀吉《ひでよし》から宇喜多秀家《うきたひでいえ》に下賜《かし》された。鳥養《とりかい》来国次とも書かれる。

慶長《けいちょう》五年（一六〇〇）の関ヶ原《せきがはら》の戦いで、宇喜多秀家は石田三成《いしだみつなり》に味方し、西軍の主力として戦うも敗北。勝利を収めた徳川家康《とくがわいえやす》が、この鳥飼来国次を戦利品とし、子にあたる紀伊徳川家の徳川頼宣《よりのぶ》に譲った。その後、寛永《かんえい》元年（一六二四）、頼宣が大御所《おおごしょ》となっていた徳川秀忠《ひでただ》に献上。秀忠から下賜された加賀《かが》藩主前田利常《まえだとしつね》が稲葉《いなば》正勝《まさかつ》に譲ったため、江戸《えど》時代には山城国《やましろ》（京都府）淀《よど》藩主稲葉家に伝来した。

豊臣秀次：安土桃山時代の武将。秀吉の長男鶴丸の夭折で、秀吉の養子となり関白職も継ぐ。しかし、秀吉の次男秀頼の誕生後は冷遇され、切腹させられた。
宇喜多秀家：安土桃山時代の武将。豊臣政権五大老の一人。織田信長、豊臣秀吉に仕え、「小田原攻め」「朝鮮出兵」などで活躍した。「関ヶ原の戦い」では西軍に属し、八丈島に流罪となった。

短刀

重要文化財

池田輝政が所持

池田《いけだ》来国光《らいくにみつ》

《銘》来国光

【刃長】八寸七分（約26cm）

【刀鍛冶】山城国来　国光

鎌倉時代末期

◎主な所有者―

池田輝政

池田輝政《いけだてるまさ》が所持していたことから、池田来国光という。輝政は、織田信長《おだのぶなが》の乳兄弟《ちきょうだい》にあたる池田恒興《いけだつねおき》の子で、はじめ信長に仕え、天正《てんしょう》十年（一五八二）の本能寺《ほんのうじ》の変《へん》後は、豊臣秀吉《とよとみひでよし》に従う。徳川《とくがわ》家康《いえやす》の娘督姫《とくひめ》を正室に迎えたことから、慶長《けいちょう》五年（一六〇〇）の関ヶ原《せきがはら》の戦いでは、家康に味方をして東軍の先鋒として活躍。戦後、播磨《はりま》国（兵庫県）姫路《ひめじ》五二万石を与えられている。慶長《けいちょう》十七年（一六一二）、家康から若狭正宗《わかさまさむね》（166ページ）、二代将軍となっていた家康の子秀忠《ひでただ》から蜂屋江《はちやごう》（243ページ）を拝領した。

池田来国光は、その後、加賀《かが》藩主前田《まえだ》家の手に渡り、現在は日本《にっぽん》美術刀剣保存協会《びじゅつとうけんほぞんきょうかい》が所蔵、刀剣博物館《とうけんはくぶつかん》に収蔵されている。

池田輝政：安土桃山〜江戸時代前期の武将。織田信長・豊臣秀吉に使え、慶長五年（一六〇〇）の「関ヶ原の戦い」では、徳川方につき岐阜城を攻略するなどの戦功をあげた。初代姫路藩主。

■ **所蔵情報**

刀剣博物館

〒151-0053

東京都渋谷区代々木4-25-10

短刀

重要文化財

塩川長満から信長に献上されたか

塩川来国光《しおかわらいくにみつ》

《銘》来国光

【刃長】八寸四分（約25cm）
【刀鍛冶】山城国来　国光
鎌倉時代末期

◉主な所有者──
塩川長満

摂津国《せっつのくに》（兵庫県）山下城主《やましたじょうしゅ》塩川長満《しおかわながみつ》が所持していたことから、塩川来国光とよばれるようになったと伝わる。長満は、永禄《えいろく》十一年（一五六八）、足利義昭《あしかがよしあき》を奉じた織田信長《おだのぶなが》が上洛《じょうらく》した際、信長に臣従《しんじゅう》し、本領《ほんりょう》を安堵《あんど》された。塩川来国光は、このとき、信長に献上されたのではないだろうか。長満は、娘を信長の子信忠《のぶただ》に嫁がせるなど、信長との関係を深めたが、長満の死後、後継者争いにより塩川家は没落してしまっている。

塩川来国光は、その後、徳川家康《とくがわいえやす》の重臣で徳川四天王《してんのう》のひとりとされる本多忠勝《ほんだただかつ》の子忠政《ただまさ》の手に渡り、江戸《えど》時代には、三河国《みかわのくに》（愛知県）岡崎《おかざき》藩主本多家に伝来した。

塩川長満：戦国時代の武将。三好
本多忠政：安土桃山～江戸時代初期の武将。本多忠勝の長男。桑名藩二代藩主。徳川家康、秀忠につかえ、「大坂の陣」で活躍。その功績から、播磨国（兵庫県）姫路藩に転封となった。

短刀

国宝

信長の弟有楽斎長益が所持

有楽来国光《うらくらいくにみつ》

《銘》来国光

【刃長】九寸一分半（約28cm）
【刀鍛冶】山城国来　国光
鎌倉時代末期

◉主な所有者—
豊臣秀吉←豊臣秀頼←織田長益

豊臣秀吉《とよとみひでよし》が所持していた来国光《らいくにみつ》の短刀で、子の秀頼《ひでより》に伝わった。秀頼は、この短刀を、織田信長《おだのぶなが》の末弟にあたる織田長益《ながます》に下賜《かし》。長益の号が「有楽斎《うらくさい》」であったことから、有楽来国光という。長益は、元和《げんな》元年（一六一五）の大坂夏《おおさかなつ》の陣《じん》直前まで、姪にあたる淀殿《よどどの》とその子秀頼《ひでより》を補佐していた。

その後、有楽来国光は、刀剣鑑定家の本阿弥光甫《ほんあみこうほ》の取次ぎで加賀《かが》藩主前田利常《まえだとしつね》が入手し、次男の越中《えっちゅう》国（富山県）富山《とやま》藩主前田利次《としつぐ》に伝える。しかし、利次が有楽来国光を借金のかたとしたため、返済に窮《きゅう》して手放す。こうして、江戸《えど》時代を通じ、有楽来国光は加賀藩主前田家に伝来した。

豊臣秀頼：秀吉の三男。安土桃山～江戸時代前期の大名。秀吉の死後、関ヶ原の戦い以降も、影響力を持ったが、大坂夏の陣で徳川方に迫られ、母淀殿らと共に自害した。
織田長益：安土桃山～江戸時代初期の武将、茶人。織田信長の弟。信長の死後は豊臣秀吉に仕えた。慶長五年（一六〇〇）「関ヶ原の戦い」では徳川方につき、長男長挙とともに活躍。利休十哲の一人。有楽斎とも呼ばれ、東京有楽町は屋敷跡。
前田利常：江戸時代前期の大名。加賀藩二代藩主。藩祖前田利家の四男。慶長二〇年（一六一五）の「大坂夏の陣」で功をあげ、家康から四国を恩賞として提示されたが、これを固辞した。

短刀

もとの姿を保った来国光

新身来国光《あらみらいくにみつ》

重要文化財

《銘》来国光

【刃長】一尺七分（約32cm）

【刀鍛冶】山城国来　国光

鎌倉時代末期

◉主な所有者―

保科正之

造り込みがしっかりとしていて、後代に手を加えられていない製作当初の姿を保った刀剣を「新身《あらみ》」とよぶことがある。この新身来国光も、『享保名物帳《きょうほうめいぶつちょう》』には「格好丈夫故《かっこうじょうぶゆえ》名付《なづ》く」と記されており、当時のままの状態であることが高く評価されたものであろう。

江戸《えど》時代初期に所持していたのは、陸奥《むつ》国（福島県ほか）会津《あいづ》藩主保科正之《ほしなまさゆき》であった。正之は、二代将軍徳川秀忠《ひでただ》の末子で、三代将軍徳川家光《いえみつ》の異母弟にあたり、四代将軍徳川家綱《いえつな》をよく補佐したことでも知られている。正之は寛文《かんぶん》九年（一六六九）に隠居《いんきょ》し、このとき新身来国光を家綱に献上した。以来、徳川将軍家の重宝となっている。

保科正之：江戸時代前期の大名。徳川秀忠の子。星奈正光の養子となり、信濃国（長野県）高遠藩、出羽国（山形県ほか）山形藩をへて、陸奥国（福島県）会津藩の藩主となる。「会津家訓十五箇条」を定め、藩政の基礎を作った。

短刀

秋田実季の了戒

重要文化財

秋田了戒《あきたりょうかい》

《銘》了戒

山城国《やましろ》（京都府）で活躍した来国俊《らいくにとし》の門人といわれる了戒《りょうかい》の作。出羽国《でわ》北部（秋田県）の戦国大名秋田実季《あきたさねすえ》が所持していたことから、秋田了戒という。古来、秋田家は、日本海海運を押さえており、名刀を入手しやすい環境にあったようである。実季は、このほかに秋田藤四郎《あきたとうしろう》（100ページ）などを所持していた。

実季は、豊臣秀吉《とよとみひでよし》・徳川家康《とくがわいえやす》に従い、関ヶ原《せきがはら》の戦い後、常陸国《ひたち》（茨城県）宍戸《ししど》藩主となったが、寛永《かんえい》七年（一六三〇）、勘気《かんき》をこうむり、伊勢国《いせ》（三重県）朝熊山《あさまやま》に蟄居《ちっきょ》を命じられてしまう。このとき、秋田了戒を売りに出したものかもしれない。加賀《かが》藩主前田利常《まえだとしつね》が買い求め、江戸《えど》時代には加賀藩主前田家に伝わった。

【刃長】九寸（約27cm）

【刀鍛冶】近江国坂本　了戒

鎌倉時代末期

◎主な所有者―

秋田実季

秋田実季：安土桃山～江戸時代初期の武将。出羽国（秋田・山形県）の戦国大名、安東愛季の二男。慶長五年（一六〇〇）の「関ヶ原の戦い」では東軍に属し、江戸幕府成立後は常陸（茨城県）宍戸藩初代藩主となった。

前田利常：江戸時代前期の大名。加賀藩二代藩主。藩祖前田利家の四男。慶長二〇年（一六一五）の「大坂夏の陣」で功をあげ、家康から四国を恩賞として提示されたが、これを固辞した。

短刀

秋田実季の則重

秋田則重《あきたのりしげ》

《銘》不明

【刃長】八寸六分（約26cm）

【刀鍛冶】越中国呉服　則重

鎌倉時代末期

◉主な所有者―

秋田実季

刀鍛冶は、越中国《えっちゅう》（富山県）婦負《ねい》郡呉服《ごふく》郷を拠点とした則重《のりしげ》とされる。出羽国《でわ》（秋田県）の戦国大名秋田実季《あきたさねすえ》が所持していたことから、秋田則重とよぶ。

伝来については、よくわかっていない。江戸《えど》時代には、福岡《ふくおか》藩主黒田《くろだ》家の重宝となっていた。黒田孝高《よしたか》かその子長政《ながまさ》が豊臣秀吉《とよとみひでよし》あるいは徳川家康《とくがわいえやす》から拝領《はいりょう》したものかもしれない。

承応《じょうおう》三年（一六五四）、長政の子忠之《ただゆき》が死去し、忠之の子光之《みつゆき》が家督《かとく》を継ぐ。このとき、光之が相続の御礼として、秋田則重を四代将軍徳川家綱《いえつな》に献上。以来、徳川将軍家の重宝となったが、明暦《めいれき》三年（一六五七）の大火で焼けてしまった。

秋田実季：安土桃山～江戸時代初期の武将。出羽国（秋田・山形県）の戦国大名、安東愛季の二男。慶長五年（一六〇〇）の「関ヶ原の戦い」では東軍に属し、江戸幕府成立後は常陸（茨城県）宍戸藩初代藩主となった。

黒田孝高：戦国～江戸初期、豊臣秀吉の側近として活躍した武将・大名。軍師黒田官兵衛、出家後の黒田如水の名が広く知られている。天正三年（一五七五）、織田信長より「圧切長谷部」を拝領。

黒田長政：安土桃山～江戸時代初期の武将。黒田孝高の長男。父とともに豊臣秀吉に仕え、「賤ヶ岳の戦い」や「九州攻め」などで功をあげた。慶長五年（一六〇〇）の「関ヶ原の戦い」では、徳川方につき、筑前国（福岡県）福岡藩初代藩主となった。

黒田忠之：江戸時代初期の大名。黒田長政の長男。筑前国（福岡県）福岡藩二代藩主。譜代の重臣との対立がきっかけで、お家騒動に発展した（黒田騒動）。

■再刃ってなに？

刀剣は、熱した刀身《とうしん》を水で急速に冷やす「焼《や》き入《い》れ」を施すことで、折れにくいように作られている。そのため、火事などにより焼けてしまうと、たとえ刀剣としての形を保っていたとしても、使いものにならなくなってしまう。それは、「焼き入れ」のような急冷を行っていないためである。一度焼けてしまった刀身、すなわち焼《や》け身《み》を武器として使うには、再び「焼き入れ」をしなければならない。このように、焼け身を再び「焼き入れ」することを再刃《さいば》という。

当時の武士の感覚としていうならば、刀剣が焼けたことがあったとしても、武器として利用できるのであれば問題なかった。また、焼けたからといって名刀を消滅させるのは忍びないという意識もあったのだろう。焼け身になったときには、再刃させるのがふつうだった。

刀剣が武器として用いられていた時代、刀剣が焼け身になってしまうことはなにも珍しいことではない。戦闘中に火災に巻き込まれることもあったし、火事に巻き込まれることも少なくなかったためである。天下人《てんかびと》によって大切に所蔵されてきたはずの名刀でさえ、天正《てんしょう》十年（一五八二）の本能寺《ほんのうじ》の変《へん》、元和《げんな》元年（一六一五）の大坂夏《おおさかなつ》の陣《じん》、明暦《めいれき》三年（一六五七）の明暦の大火《たいか》で焼けてしまっている。

特に大坂夏の陣では、豊臣秀吉《とよとみひでよし》が集めた多くの刀剣が、大坂落城時の火災で焼け身になってしまう。このとき、徳川家康《とくがわいえやす》は、越前《えちぜん》国（福井県）出身の刀鍛冶康継《やすつぐ》に再刃を命じた。秀吉が集めた名刀は、刃文《はもん》などの記録が残されていたため、元の形に復元することは可能だったのである。

◉第三章

南北朝・室町時代

【七〇ロ】

南北朝・室町時代の刀剣と刀鍛冶

■長大化する刀剣

鎌倉《かまくら》時代末期には豪壮《ごうそう》な刀剣が一般的となったが、南北朝《なんぼくちょう》時代は、南北両朝の対立から戦乱が広がり、それとともに刀剣の需要も高まった。このため、各地で刀剣が作られることになったが、量産により全体としての質は低下している。刀鍛冶《かたなかじ》の盛衰《せいすい》も、武士《ぶし》の動向に左右され、刀剣には南朝の年号を刻むものもあれば、北朝の年号を刻むものもあった。年号は、権力の正当性を示すと考えられていたから、両朝ともに独自の年号を用いていたからである。

南北朝時代には、山岳での野戦が主体となり、武士の主要な武器も、弓矢から刀剣へと代わっていく。そのため、大太刀《おおだち》あるいは背負太刀《せおいだち》とよばれるような三尺（約九〇センチ）を越える長大な太刀も用いられるようになった。それとともに、槍《やり》・薙刀《なぎなた》など、長柄《ながえ》の刀剣も戦場の主要な武器になっている。当時は、権威を否定する実力主義の風潮があり、「婆娑羅《ばさら》」とよばれる豪放な気風が流行していた。長大な刀剣も、そうした気風を象徴するものであったろう。

■全国に広がった相州伝

刀剣の需要が増大したことは、各地の刀鍛冶の交流も活発にしたらしい。鎌倉時代末期の相模国《さがみ》（神奈川県）で、正宗《まさむね》によって完成された相州伝《そうしゅうでん》が、全国に広がっている。古来、正宗の門弟として、越中《えっちゅう》国（富山県）の則重《のりしげ》・義弘《よしひろ》、美濃《みの》国（岐阜県）の志津《しづ》兼氏《かねうじ》・金重《かねしげ》、山城《やましろ》国（京都府）の来国次《らいくにつぐ》・長谷部《はせべ》国重《くにしげ》、備前《びぜん》国（岡山県）の兼光《かねみつ》・長義《ながよし》、筑前《ちくぜん》国（福岡県）の安吉《やすよし》、石見《いわみ》国（島根県）の直綱《おなつな》といった一〇人が「正宗十哲《まさむねじってつ》」とよばれている。いずれも、実際に正宗の門弟であったことは確認できないが、作風を受け継いでいるのは確かなようである。

則重は秋田則重《あきたのりしげ》（231ページ）の作者で、義弘《よしひろ》の師という。義弘は、越中《えっちゅう》国松倉郷《まつくらごう》に住していたことから郷義弘《ごうよしひろ》とよばれ、富田江《とみたごう》（238ページ）・稲葉江《いなばごう》（240ページ）のようにその作品には「江」の字がつけられる。兼氏《かねうじ》は、大和《やまと》国の手掻《てがい》一門で包氏と名乗っていたが、美濃《みの》国志津《しづ》の地に移り、兼氏《かねうじ》と改名したものである。長谷部《はせべ》一門の国重《くにしげ》は、へし切長谷部《きりはせべ》（294ページ）で知られ、安吉《やすよし》の一門は銘に「左」の一字のみを刻んだことから左文字《さもんじ》とよばれる。兼光《かねみつ》と長義《ながよし》は、備前《びぜん》国の長船《おさふね》に住した刀鍛冶であった。

■戦闘の激化

最終的に南北両朝は、室町《むろまち》時代、三代将軍足利義満《あしかがよしみつ》によって北朝を主体に統合されたが、将軍の後継争いから応仁《おうにん》・文明《ぶんめい》の乱《らん》がおこる。以後、戦国時代《せんごくじだい》とよばれる時代に突入していく。この時代の戦闘は、足軽《あしがる》を組み込んだ集団戦法がとられるようになり、刀剣も抜刀しやすい打刀《うちがたな》が主流となる。この時代の生産地としては、西では備前国《びぜん》、東では美濃国《みの》であった。

備前国の長船《おさふね》一門は、このころ、需要の急増に応じて「数打《かずうち》」とよばれる大量生産の刀剣を作るようになっていた。しかし、天正《てんしょう》十八年（一五九〇）、近くを流れる吉井川《よしいがわ》が氾濫したことで壊滅的な被害をうけ、衰退していく。

一方、美濃国には各地の刀鍛冶が移り住み、歌仙兼定《かせんかねさだ》（306ページ）の兼定《かねさだ》、青木兼元《あおきかねもと》（305ページ）の兼元《かねもと》が知られるようになった。美濃国の刀鍛冶は、実用本位の作風が好まれ、諸国の大名に招聘《しょうへい》されることもあったらしい。兼元は、「関の孫六《せきのまごろく》」ともよばれ、その名跡は現代にまで続いている。

このほか、妙法村正《みょうほうむらまさ》（310ページ）の作者である伊勢国《いせ》（三重県）の村正《むらまさ》、御手杵《おてぎね》（314ページ）の作者である駿河国《するが》（静岡県）の義助《よしすけ》が有名である。

打刀

三好長慶の江

三好江《みよしごう》

《銘》無銘

【刃長】二尺二寸八分（約69cm）

【刀鍛冶】越中国松倉　義弘

南北朝時代

◎主な所有者—
三好長慶
↓
徳川家康

織田信長《おだのぶなが》が入京する以前に室町《むろまち》幕府の実権を握っていた三好長慶《みよしながよし》が所持していたため、三好江という。その後、どのような経緯があったのか不明であるものの、紀伊国《きいのくに》（和歌山県）の太田党《おおたとう》に属する松本助持《まつもとすけもち》が手に入れていたらしい。天正《てんしょう》十三年（一五八五）、豊臣《とよとみ》秀吉《ひでよし》に拠点の太田城《おおたじょう》を水攻めらされた太田党は、籠城《ろうじょう》一か月にして降伏開城。松本助持は、三好江を秀吉に差し出して助命された。

その後、小牧《こまき》・長久手《ながくて》の戦いで秀吉と戦った徳川家康《とくがわいえやす》が天正十四年（一五八六）、大坂城《おおさかじょう》で秀吉に臣下の礼をとったとき、秀吉が家康に下賜《かし》。以来、徳川家の重宝となったが、明暦《めいれき》三年（一六五七）の大火で焼けてしまった。

三好長慶：戦国時代の武将。管領細川晴元につかえたが、のちに対立。晴元から実権を奪って足利義輝らを京都から追放し、権勢を振るった。
松永久秀：戦国〜安土桃山時代の武将。畿内を支配した三好長慶の家臣。長慶の死後、三好三人衆らとともに足利義輝を襲って殺害したが、義輝の弟義昭を奉じて上洛した織田信長によって滅ぼされた。

打刀

富田一白が所持

富田江《とみたごう》

国宝

《銘》無銘

もともとは、伊勢《いせ》国(三重県)安濃津《あのつ》(津《つ》)城主富田一白《とみたいっぱく》が所持していたため、富田江という。一白は、関白豊臣秀吉《かんぱくとよとみひでよし》に仕え、諸大名との外交に従事した。富田江は、その一白が秀吉に献上したものらしい。

富田江の作者は、越中《えっちゅう》国(富山県)の刀鍛冶義弘《よしひろ》である。松倉郷《まつくらごう》に居住したと伝えられることから、郷《ごうの》義弘として知られている。郷義弘が作った刀であるということから富田郷とよばれ、江戸時代には、郷が同音の「江《ごう》」で表記されることが多かったため、富田江と書かれる。

秀吉が好んだ刀剣は、鎌倉《かまくら》時代中期の吉光《よしみつ》、鎌倉時代末期の

【刃長】
二尺一寸四分
(約65cm)

【刀鍛冶】
越中国松倉　義弘

南北朝時代

◉主な所有者—
富田一白←豊臣秀吉←前田利家

富田一白：安土桃山時代の武将。織田信長、豊臣秀吉に仕えた。「小牧・長久手の戦い」後の徳川家康と織田信雄の和睦交渉など、秀吉の外交使節として活躍。秀吉の晩年には御伽衆を務めた。

前田利長：安土桃山～江戸時代初期にかけての武将。加賀藩初代藩主。織田信長の死後、天正十一年(一五八三)の「賤ヶ岳の戦い」では、柴田勝家側についていたが、その後父利家と共に秀吉に恭順する。利家の死後、慶長五年(一六〇〇)の「関ヶ原の戦い」では、家康側について加賀百二十万石の礎を築いた。

正宗《まさむね》、それとこの義弘だった。そのため、義弘は正宗・吉光とともに「天下三作《てんかさんさく》」とよばれ、なかでも富田江は、「天下第一の江」の呼び声が高かった。慶長《けいちょう》三年（一五九八）に秀吉が死去すると、富田江は、形見分けとして前田利家《まえだとしいえ》の子利長《としなが》が拝領している。

利長は、慶長四年（一五九九）に利家が病没したあと、徳川家康《とくがわいえやす》に謀反の疑いをかけられ、追討されそうになる。このとき、利長は家康に降伏し、実母の芳春院《ほうしゅんいん》（まつ）を人質として家康のもとに送った。慶長五年（一六〇〇）の関ヶ原《せきがはら》の戦いでも、利長は家康に味方し、加賀《かが》・能登《のと》国（ともに石川県）と越中《えっちゅう》国で約一二〇万石を与えられている。富田江も、このころ利長が家康に献上したものかもしれない。

その後は、江戸幕府の二代将軍となった家康の子秀忠《ひでただ》が所持し、寛永《かんえい》九年（一六三二）に死去した際、形見分けとして利長の跡を継いでいた弟利常《としつね》に与えられた。以来、富田江は加賀藩主前田家の重宝として伝えられ、現在も、前田家の遺産を管理する前田育徳会《まえだいくとくかい》が所蔵している。

■所蔵情報
公益法人前田育徳会
〒153-0041
東京都目黒区駒場4-3-55

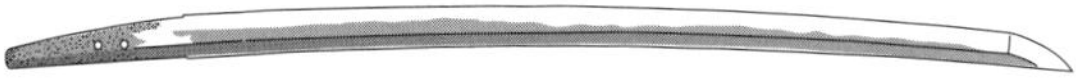

打刀

稲葉重通が所持

稲葉江《いなばごう》

国宝

《銘》天正十三十二月日
江 本阿弥磨上（花押）
所持稲葉勘右衛門尉

【刃長】二尺三寸四分（約71cm）

【刀鍛冶】越中国松倉　義弘

南北朝時代

◎主な所有者——
稲葉重通←徳川家康←結城秀康

西美濃《みの》三人衆として知られる稲葉良通《いなばよしみち》（一鉄《いってつ》）の子重通《しげみち》が所持していたため、稲葉江という。もともとは太刀であったが、天正《てんしょう》十三年（一五八五）、重通が刀剣の鑑定家本阿弥光徳《ほんあみこうとく》に依頼し、刀に仕立て直した。そのため、「天正十三十二月日　江　本阿弥磨上《すりあげ》（花押）」「所持稲葉勘右衛門尉《かんうえもんのじょう》」という金象嵌《きんぞうがん》が入っている。「勘右衛門尉」というのが、重通の通称である。

重通は、慶長《けいちょう》三年（一五九八）に死去したが、稲葉江は、その前後に、徳川家康《とくがわいえやす》が五〇〇貫文（約一五〇〇万円）で召し上げたらしい。ちなみに、重通の養嗣子となった正成《まさなり》は、三代将軍徳川家光《いえみつ》の乳母として名高い春日局《かすがのつぼね》である。

稲葉重通：戦国～安土桃山時代の武将。春日局の養父。織田信長、豊臣秀吉・秀頼に仕えた。「小牧・長久手の戦い」で功をあげ、「九州の役」「小田原攻め」などに従軍。秀吉の晩年には御伽衆を務めた。

結城秀康：安土桃山～江戸時代初期の武将。徳川家康の次男。「小牧・長久手の戦い」の講和のために豊臣秀吉の養子に出された後、下総国結城城主、結城晴朝の養子となった。「関ヶ原の戦い」後、越前国（福井県）福井（北ノ庄）藩初代藩主。

慶長五年（一六〇〇）の関ケ原《せきがはら》の戦いに際し、家康は会津《あいづ》の上杉《うえすぎ》景勝《かげかつ》を討つため東下するが、畿内《きない》で蜂起した石田三成《いしだみつなり》に対するため、下野《しもつけ》国（栃木県）小山《おやま》から引き返す。このとき、家康は次男の結城《ゆうき》秀康《ひでやす》を宇都宮《うつのみや》におき、上杉軍の南下に備えさせることにした。秀康は、下総《しもうさ》国（茨城県）結城城主結城晴朝《はるとも》の養子になっていたものである。家康は秀康と別れる際、稲葉江を秀康に与えたという。

家康が恐れていたのは、上杉景勝が関東に侵入してくることだった。もしそうなれば、家康は石田三成と上杉景勝に挟み撃ちされてしまう。そうした意味で、秀康が上杉景勝の南下を阻んだ功績は、大きいものがあった。戦後、秀康は越前《えちぜん》国（福井県）北庄《きたのしょう》六八万石を与えられ、子孫は松平《まつだいら》に復姓する。

江戸時代、稲葉江は秀康の子である松平忠直《ただなお》を経て、忠直の子光長《みつなが》へと伝えられた。その後、江戸《えど》時代を通じて光長の養子宣富《のぶとみ》にはじまる美作《みまさか》国（岡山県）津山《つやま》藩主松平家に伝来し、現在は国宝に指定されている。

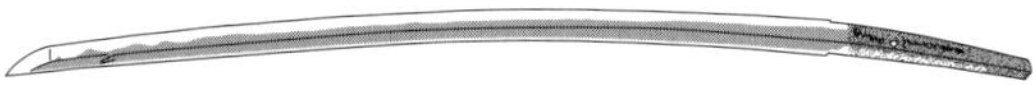

打刀

中川重政が拝領

中川江《なかがわごう》

《銘》無銘

【刃長】二尺二寸二分（約67cm）

【刀鍛冶】越中国松倉　義弘

南北朝時代

◎主な所有者
中川重政
↓
松平光長

もともとは織田信長《おだのぶなが》の嫡男信忠《ちゃくなんのぶただ》が所持していたもので、織田家の家臣中川重政《なかがわしげまさ》が拝領した。当初、南北朝《なんぼくちょう》時代に筑前《ちくぜん》国（福岡県）で活躍した左文字《さもんじ》一門の安吉《やすよし》の作とされていたが、刀剣鑑定家の本阿弥光室《ほんあみこうしつ》によって、郷義弘《ごうのよしひろ》が作者とされる。このため、中川江とよばれるようになった。

その後、江戸《えど》幕府の二代将軍徳川秀忠《とくがわひでただ》に献上されて徳川将軍家の所有となる。寛永《かんえい》六年（一六二九）、越後《えちご》国（新潟県）高田《たかだ》藩の松平光長《まつだいらみつなが》が元服《げんぷく》したおり、三代将軍徳川家光《いえみつ》が光長に中川江を下賜《かし》。光長は、隠居する際、四代将軍徳川家綱《いえつな》に献上したと伝わり、現在は佐野美術館《さのびじゅつかん》が所蔵している。

中川重政：戦国～安土桃山時代の武将。織田信長に仕え、安土城の城代などを務めた。信長の死後は信雄に仕え、「小牧・長久手の戦い」では犬山城を守備したが破れた。

松平光長：江戸時代前期の大名。松平忠直の長男。結城秀康の孫。越後国（新潟県）高田藩藩主。養嗣子をめぐってお家騒動（越後騒動）が起こり、改易されて伊予国（愛媛県）松山に配流となる。

■所蔵情報
佐野美術館
〒411-0838
静岡県三島市1-43

打刀

蜂屋頼隆が所持

蜂屋江《はちやごう》

《銘》無銘

【刃長】二尺二寸二分（約67cm）
【刀鍛冶】越中国松倉　義弘
南北朝時代

◎主な所有者
蜂屋頼隆←豊臣秀次←豊臣秀吉

織田信長《おだのぶなが》の近臣であった蜂屋頼隆《はちやよりたか》が所持していたため、蜂屋江という。頼隆が豊臣秀吉《とよとみひでよし》の甥にあたる秀次《ひでつぐ》に献上し、秀次が文禄《ぶんろく》四年（一五九五）、秀吉によって自害に追い込まれたあと、秀吉の手に渡ったらしい。秀吉から子の秀頼《ひでより》に伝えられ、慶長《けいちょう》十六年（一六一一）、秀頼が岳父にあたる江戸《えど》幕府の二代将軍徳川秀忠《とくがわひでただ》に贈った。

三代将軍徳川家光《いえみつ》が慶安《けいあん》四年（一六五一）に死去したおり、形見分けとして次男の綱重《つなしげ》が受け取ったが、明暦《めいれき》三年（一六五七）の大火で焼けてしまったらしい。ちなみに綱重は、このあと甲府《こうふ》藩主となり、その子家宣《いえのぶ》が五代将軍徳川綱吉《つなよし》の養子として六代将軍となっている。

蜂屋頼隆：戦国〜安土桃山時代の武将。織田信長、豊臣秀吉に仕え、越前国（福井県）敦賀四万石を与えられた。
豊臣秀次：安土桃山時代の武将。秀吉の長男鶴丸の夭折で、秀吉の養子となり関白職も継ぐ。しかし、秀吉の次男秀頼の誕生後は冷遇され、切腹させられた。

打刀

鍋島直茂の愛刀

鍋島江《なべしまごう》

《銘》無銘

【刃長】二尺二寸六分半（約69cm）
【刀鍛冶】越中国松倉　義弘
南北朝時代

◎主な所有者―
鍋島直茂
↓
徳川家康

肥前国《ひぜん》（佐賀県）の佐嘉《さが》（佐賀）城主鍋島直茂《なべしまなおしげ》が所持していたため、鍋島江とよぶ。慶長《けいちょう》五年（一六〇〇）の関ヶ原《せきがはら》の戦いで、直茂の子勝茂《かつしげ》は西軍石田三成《いしだみつなり》についたものの、直茂が東軍徳川家康《とくがわいえやす》に加担。西軍の敗戦後、ただちに謝罪をしたため、本領《ほんりょう》を安堵《あんど》されている。その御礼として、徳川家康に献上されたものという。

その後、家康の子である尾張《おわり》徳川家の徳川義直《よしなお》に伝えられたが、三代将軍徳川家光《いえみつ》が江戸《えど》の尾張藩邸を訪れた際に、義直が献上。以後、徳川将軍家に伝わった。しかし、明治維新《めいじいしん》後、徳川宗家一六代家達《いえさと》が明治《めいじ》天皇に献上したため、現在は国の所有となり、東京国立《とうきょうこくりつ》博物館《はくぶつかん》に保管されている。

鍋島直茂：戦国～江戸時代初期の武将。肥前（佐賀・長崎県）の戦国大名、龍造寺隆信に仕え、豊後（大分県）の大友氏を破って北九州一帯を支配した。慶長五年（一六〇〇）の「関ヶ原の戦い」では、息子勝茂が西軍についたが、改易を免れた。佐賀藩の藩祖。

■所蔵情報
東京国立博物館
〒110-8712
東京都台東区上野公園13-9

打刀

熊本藩の家老松井家に伝来

松《ま》井《つい》江《ごう》

重要文化財

《銘》義弘
本阿（花押）

【刃長】二尺二寸九分半（約69cm）
【刀鍛冶】越中国松倉　義弘
南北朝時代

◎主な所有者―
松井康之←徳川綱教

肥後国《ひご》（熊本県）熊本《くまもと》藩主細川《ほそかわ》家の家老《かろう》で、八代城代《じょうだい》を務めた松井《まつい》家に伝来したため、松井江という。もともとの銘は存在しないが、刀剣の鑑定家本阿弥《ほんあみ》光常《こうじょう》が義弘《よしひろ》の作と認め、「義弘」「本阿（花押）」の朱銘《しゅめい》をいれている。

その後、どのような経緯をたどったのかはわからないが、徳川《とくがわ》将軍家の所蔵となった。そして、貞享《じょうきょう》二年（一六八五）、五代将軍徳川綱吉《つなよし》の娘鶴姫《つるひめ》が紀伊《きい》徳川家の徳川綱教《つなのり》に嫁ぐとき、綱吉から綱教に婿引出物として贈られた。以来、江戸時代を通じて紀伊徳川家に伝えられ、近代になって売り立てられた。こうして、現在は、佐野《さの》美術館《びじゅつかん》の所蔵になっている。

松井康之：戦国～江戸時代初期の武将。室町幕府第一三代将軍足利義輝に仕え、のちに細川藤孝らとともに織田信長に仕えた。天正十年（一五八二）の「本能寺の変」後は、藤孝の子忠興に従い、「関ヶ原の戦い」は、徳川方で活躍した。

徳川綱教：江戸時代前期の大名。紀伊国（和歌山県）和歌山藩第三代藩主。

■**所蔵情報**
佐野美術館
〒411-0838
静岡県三島市1-43

打刀

上杉謙信が所持

上杉江《うえすぎごう》

《銘》無銘

【刃長】二尺七寸三分（約83cm）
【刀鍛冶】越中国松倉　義弘
南北朝時代

◉主な所有者――
上杉謙信

上杉謙信《うえすぎけんしん》が所持していた刀であったが、天正《てんしょう》六年（一五七八）に謙信が死去したあと、上杉家では大切にされてこなかったらしい。手入れを怠ったためか、刀身が錆びついてしまっていた。そこで、刀剣鑑定家である本阿弥光甫《ほんあみこうほ》が上杉家から譲り受け、光甫が隠居する際、研ぎなおした刀を徳川将軍家に献上したという。

このときまで、この刀の作者については知られていなかった。その後、本阿弥光温《こうおん》が義弘《よしひろ》の作だと鑑定する。以来、上杉江とよばれるようになった。しかし、惜しくも明暦《めいれき》三年（一六五七）の大火で焼けてしまったらしい。

上杉謙信：戦国時代の武将。初名は長尾景虎。甲斐国の武将、武田信玄と五度に渡って戦った「川中島の戦い」が有名。足利将軍家の信任も厚く、関東管領に任命され、関東の覇権を争って北条氏と対立した。

打刀

常陸江《ひたちごう》

《銘》本多上野介所持
義弘 本阿（花押）

【刃長】二尺二寸二分（約67cm）
【刀鍛冶】越中国松倉　義弘
南北朝時代

◎主な所有者―
木村常陸介
←
本多正純

豊臣秀吉《とよとみひでよし》の近臣木村常陸介《きむらひたちのすけ》が所持していたことから、常陸江という。木村常陸介は、賤ヶ岳《しずがたけ》の戦い、小牧《こまき》・長久手《ながくて》の戦いなどに活躍し、山城国《やましろ》（京都府）淀城《よどじょう》一八万石を与えられていた。しかし、文禄《ぶんろく》四年（一五九五）、関白《かんぱく》となっていた秀吉の甥秀次《ひでつぐ》が謀反をおこしたとして自害に追い込まれた事件に連座し、自害を遂げている。

その後、どのような経緯があったものかは不明だが、徳川家康《とくがわいえやす》の近臣本多正純《ほんだまさずみ》の手に渡った。このため、常陸江には、「本多上野介《こうずけのすけ》所持」「義弘《よしひろ》 本阿（花押）」の象嵌名《ぞうがんめい》が入っている。だが、その正純も元和《げんな》八年（一六二二）、二代将軍徳川秀忠《ひでただ》の勘気を被って失脚し、常陸江も徳川将軍家に接収された。

木村重茲：安土桃山時代の武将。豊臣氏の家臣。木村常陸介。天正十一年（一五八三）の「賤ヶ岳の戦い」、天正十二年（一五八四）の「小牧・長久手の戦い」で功績を挙げる。文禄元年（一五九二）には秀吉の養嗣子、秀次の配下として朝鮮に出兵した（文禄の役）。その後、秀次に謀反の疑いがかかり、共に罪に問われ切腹させられる。

本多正純：安土桃山～江戸時代初期の武将。本多正信の長男。徳川家康の側近として権勢を振るったが、家康の死後は二代将軍秀忠に疎まれて改易させられた。

打刀

甲斐江《かいごう》

甲斐の戦国大名武田家の重宝

《銘》無銘

【刃長】二尺一寸三分（約65ｃｍ）

【刀鍛冶】越中国松倉　義弘

南北朝時代

◉主な所有者―

武田信玄
←
武田勝頼

甲斐国《かい》（山梨県）の戦国大名武田《たけだ》家歴代の重宝であったため、甲斐江とよばれる。武田信玄《しんげん》の子勝頼《かつより》は、天正《てんしょう》三年（一五七五）の長篠《ながしの》・設楽原《したらがはら》の戦いで織田信長《おだのぶなが》・徳川家康《とくがわいえやす》に敗れ、天正十年（一五八二）、ついに武田家は滅亡してしまう。これにより、甲斐江は信長の手に渡ったが、信長はこれを家康に贈ったようである。

天正十二年（一五八四）、小牧《こまき》・長久手《ながくて》の戦いで豊臣秀吉《とよとみひでよし》に敗れた家康は、和睦《わぼく》の際に甲斐江を秀吉に献上。以来、秀吉から子の秀頼《ひでより》に伝えられたが、秀頼が岳父にあたる徳川秀忠《ひでただ》へと贈ったらしい。こうして再び徳川家の所有となったが、惜しくも明暦《めいれき》三年（一六五七）の大火で焼けてしまったという。

武田信玄：戦国時代の武将。甲斐国（山梨県）の守護。武田信虎の長男。隣国信濃（長野県）一円も制し、越後国の上杉謙信と五度に渡って戦った「川中島の戦い」が有名。元亀三年（一五七三）の「三方ヶ原の戦い」で徳川家康を破ったが、病死した。

武田勝頼：戦国～安土桃山時代の武将。武田信玄の四男。信玄の死により家督を相続。天正三年（一五七五）の「長篠の戦い」で、織田・徳川連合軍に大敗。上杉景勝と同盟を結ぶなどして再建をはかったが、織田軍の攻撃を受けて自害した。

打刀

肥後江《ひごごう》

加藤清正が婿に贈った引出物

《銘》磨上無銘

【刃長】二尺三寸四分（約71cm）

【刀鍛冶】越中国松倉　義弘

南北朝時代

◉主な所有者―

加藤清正
←
徳川頼宣

肥後《ひご》国（熊本県）熊本《くまもと》城主であった加藤清正《かとうきよまさ》が所持していたことから、肥後江という。また、所在地から熊本江とよばれることもある。清正は、この刀を、刀剣鑑定家の本阿弥光瑳《ほんあみこうさ》に取り次いでもらい、五〇〇〇貫文（約一億五〇〇〇万円）で入手した。

慶長《けいちょう》十四年（一六〇九）、清正の娘と徳川家康《とくがわいえやす》の末子頼宣《よりのぶ》との婚約が決まると、清正はこの肥後江を婿引出物として頼宣に贈る。頼宣は紀伊《きい》藩主であったため、以来、肥後江は紀伊江とよばれることにもなった。その後、頼宣が父家康に献上したことで、徳川将軍家の重宝となるが、明暦《めいれき》三年（一六五七）の大火で焼けてしまったらしい。

加藤清正：安土桃山～江戸時代初期の武将。豊臣秀吉の家臣で賤ヶ岳の七本槍の一人として知られる。秀吉の死後は、徳川家康に仕え、慶長五年（一六〇〇）の「関ヶ原の戦い」の功績で、肥後国（熊本県）熊本藩を与えられた。

打刀

横須賀城主大須賀康高の愛刀

横須賀郷《よこすかごう》

《銘》無銘

【刃長】二尺四寸七分（約75cm）

【刀鍛冶】越中国松倉　義弘

南北朝時代

◎主な所有者―

大須賀康高

←

阿部忠吉

遠江国《とおとうみ》（静岡県）横須賀《よこすか》城主の大須賀康高《おおすがやすたか》が所持していたため、横須賀江とよばれていたらしい。康高は徳川家康《とくがわいえやす》の家臣で、遠江国高天神城《たかてんじんじょう》をめぐる攻防戦では、甲斐《かい》国（山梨県）の武田勝頼《たけだかつより》と戦った。天正《てんしょう》九年（一五八一）に高天神城を奪還すると、その功により家康から横須賀城を与えられたものである。横須賀江は、そのころ康高が家康から拝領したものかもしれない。

横須賀江は、康高の娘が同じく家康の家臣阿部忠吉《あべただよし》に嫁ぐ際、婿引出物として贈られたという。江戸《えど》時代を通じて白河《しらかわ》藩主となった阿部家に伝来し、現在は、阿部家の遺品などを展示する白河集古苑《しゅうこえん》に保管されている。

大須賀康高：戦国～安土桃山時代の武将。徳川家康の家臣。武田勝頼らの侵攻を食い止めた。「小牧・長久手の戦い」では先鋒を務めて活躍した。

阿部忠吉：戦国時代の武将。徳川家康・秀忠に仕えた。「小田原攻め」「大坂の陣」などで活躍し、大番頭となった。

■所蔵情報

白川集古苑

〒961-0074

福島県白河市郭内1-73

打刀

本多忠政が桑名で入手

桑名江《くわなごう》

《銘》
義弘 本阿（花押）
本多美濃守所持

【刃長】	二尺二寸九分（約69cm）
【刀鍛冶】	越中国松倉　義弘
	南北朝時代
◎主な所有者―	本多忠政

徳川《とくがわ》家康《いえやす》の重臣で四天王の一人として名高い本多忠勝《ほんだただかつ》の子忠政《ただまさ》が所持していた刀である。忠政は、父の跡を継いで伊勢《いせ》国（三重県）桑名《くわな》一五万石を領する大名であった。あるとき、鷹狩に出かけた先の民家で休憩した忠政が、その家の宝刀として祀られていたのを見て気に入り、懇請して譲り受けたのだという。刀剣の鑑定家本阿弥《ほんあみ》光徳《こうとく》が鑑定して義弘《よしひろ》の作と認めたため、「義弘 本阿（花押）」「本多美濃守《みののかみ》所持」と金象嵌銘《きんぞうがんめい》が入れられている。こうして、忠政が入手した土地の名前から、桑名江とよばれるようになった。

江戸《えど》時代を通じて、本多家の重宝として伝わり、現在は京都国立《きょうとこくりつ》博物館《はくぶつかん》が所蔵している。

本多忠政：安土桃山～江戸時代初期の武将。本多忠勝の長男。桑名藩二代藩主。徳川家康、秀忠につかえ、「大坂の陣」で活躍。その功績から、播磨国（兵庫県）姫路藩に転封となった。

■**所蔵情報**
京都国立博物館
〒605-0931
京都府京都市東山区茶屋町527

打刀

北野江《きたのごう》

前田利常が北野天満宮で試し切り

《銘》江磨上　光徳（花押）

刀剣の鑑定家として有名な本阿弥光悦《ほんあみこうえつ》の養子光瑳《こうさ》が大坂《おおさか》の堺《さかい》で買い求めたもので、一族の本阿弥光徳《こうとく》によって短く切り詰められたらしい。「江磨上《すりあげ》光徳（花押）」の金象嵌銘《きんぞうがんめい》が入っている。

慶長《けいちょう》十九年（一六一四）、加賀《かが》藩主の前田利長《まえだとしなが》が死去し、その弟利常《としつね》が相続を報告するため江戸《えど》に向かうとき、利常が光瑳から買い上げたという。その後、利常が京都《きょうと》の北野天満宮《きたのてんまんぐう》を参詣したおりに試し切りをしたことから北野江とよばれるようになったとされる。

江戸時代を通じて前田家の重宝として伝来し、明治維新《めいじいしん》後、前田家から明治天皇に献上された。現在は国の所有となり、東京国立《とうきょうこくりつ》博物館《はくぶつかん》に保管されている。

【刃長】二尺三寸分半（約70cm）

【刀鍛冶】越中国松倉　義弘

南北朝時代

◎主な所有者—

前田利常

前田利常：安土桃山から江戸時代初期の武将。加賀藩藩祖前田利家の四男で第二代藩主。慶長十九年「大坂冬の陣」、元和元年「大坂夏の陣」に参戦した。

■所蔵情報

東京国立博物館

〒110-8712

東京都台東区上野公園13-9

打刀

西方江《にしかたごう》

堺の西方家から徳川家康が購入

《銘》無銘

【刃長】二尺三寸（約70cm）
【刀鍛冶】越中国松倉　義弘
南北朝時代

◎主な所有者―
徳川家康←豊臣秀吉

大坂《おおさか》の堺《さかい》に、西方家《にしかた》・東方家《ひがしかた》という家があり、そのうちの西方家が所蔵していたため、西方江とよばれたのだという。徳川家康《とくがわいえやす》が買い求め、天正《てんしょう》十二年（一五八三）の小牧《こまき》・長久手《ながくて》の戦いで豊臣秀吉《とよとみひでよし》に敗れたあと、和睦の際に秀吉へ献上したと伝わる。その後、秀吉が五大老の一人でもあった安芸国《あき》（広島県）の毛利輝元《もうりてるもと》に下賜《かし》。輝元は、慶長《けいちょう》五年（一六〇〇）の関ヶ原《せきがはら》の戦いで、西軍の総大将となって家康に敗れた。このとき、輝元から家康に献上されたという。

家康から子の尾張《おわり》藩主徳川義直《よしなお》に形見分けされたが、慶安《けいあん》三年（一六五〇）、義直が死去した際に、子の光友《みつとも》が三代将軍徳川家光《いえみつ》に献上。しかし、明暦《めいれき》三年（一六五七）の大火で焼けてしまった。

毛利輝元：安土桃山～江戸前期の大名。長州藩（山口県）の藩祖。豊臣政権五大老のひとり。慶長五年（一六〇〇）の「関ヶ原の戦い」では西軍総大将を務めた。

徳川義直：江戸時代初期の大名。徳川家康の九男。尾張徳川家の始祖で尾張藩初代藩主。初陣は慶長十九年（一六一四）の「大坂冬の陣」。

打刀

大江《おおごう》

完成度の高い江

《銘》無銘

【刃長】二尺一寸七分半（約66cm）
【刀鍛冶】越中国松倉　義弘
南北朝時代

◉主な所有者―

織田信長←荒木村重←豊臣秀吉

義弘《よしひろ》の刀剣のなかで最も完成度が高いということで、大江とよばれている。もともとは、室町《むろまち》幕府の足利《あしかが》将軍家が所蔵していたものであろうか。永禄《えいろく》十一年（一五六八）、足利義昭《よしあき》を奉じて上洛《じょうらく》した織田信長《おだのぶなが》が、摂津《せっつ》国（大阪府）茨木《いばらき》城主荒木村重《あらきむらしげ》に下賜《かし》している。その後、村重は、摂津国有岡《ありおか》城《じょう》主に抜擢されるが、天正《てんしょう》六年（一五七八）、突如として謀反をおこして滅ぼされた。このとき、刀剣鑑定家の本阿弥光二《ほんあみこうじ》が大江を見つけ出して信長に献上したものの、「不吉の刀なり」と言い、用いることはなかったという。

本能寺《ほんのうじ》の変《へん》後、豊臣秀吉《とよとみひでよし》、その子秀頼《ひでより》へと伝えられたが、元和《げんな》元年（一六一五）の大坂夏《おおさかなつ》の陣《じん》で焼けてしまった。

荒木村重：戦国～安土桃山時代の武将。織田信長に仕えていたが謀反の疑いをかけられ離反、毛利氏のもとへ逃れた。信長の死後は茶人として豊臣秀吉に仕えた。千利休の高弟利休十哲のひとり。

脇差

籠手切江《こてぎりごう》

籠手を切るほどの切れ味

《銘》
コテ切義弘 本阿（花押）
稲葉丹波守所持

【刃長】一尺五寸七分（約48cm）	【刀鍛冶】越中国松倉　義弘	南北朝時代

◎主な所有者―
稲葉正勝

名前の由来は定かではないが、籠手《こて》を切るほどの切れ味を比喩したものとも考えられる。江戸《えど》時代の初めには、稲葉正勝《いなばまさかつ》が所持していた。刀剣の鑑定家本阿弥光温《ほんあみこうおん》によって義弘《よしひろ》の作と認められ、金象嵌《きんぞうがん》で「コテ切義弘 本阿（花押）」、銀象嵌《ぎんぞうがん》で「稲葉丹波守《たんばのかみ》所持」と入れられている。

正勝は、江戸《えど》幕府の三代将軍徳川家光《とくがわいえみつ》の乳母として知られる春日局《かすがのつぼね》の実子で、子孫は山城《やましろ》国（京都府）淀《よど》藩主となっている。どのような経緯があったものかは不明ながら、いったん、熊本《くまもと》藩主細川《ほそかわ》家に贈られ、再び稲葉家に戻った。以後は、稲葉家の重宝として伝わり、明治維新《めいじいしん》後に売り立てられている。

稲葉正勝：江戸時代初期の大名。下野国（栃木県）真岡藩二代藩主、相模国（神奈川県）小田原藩初代藩主。母は三代将軍徳川家光の乳母、春日局。幼少から家光に仕え、幕政では老中を務めた。

打刀

五月雨のような刃文

五月雨江《さみだれごう》

重要文化財

《銘》無銘

刀剣の鑑定家本阿弥光瑳《ほんあみこうさ》が五月雨《さみだれ》の降るころに義弘《よしひろ》の作と認めたことから、五月雨江とよばれたと伝わる。だが、実際には、霧がかかっているように見えることから五月雨江とよばれたらしい。福岡《ふくおか》藩主の黒田長政《くろだながまさ》が入手し、江戸《えど》幕府の二代将軍徳川秀忠《ひでただ》に献上した。このとき秀忠は、「この刀にだけ霧がかかっているように見える。五月雨とはうまく名づけたものだ」と感心したという。

寛永《かんえい》十六年（一六三九）、三代将軍徳川家光《いえみつ》の娘千代姫《ちよひめ》が尾張《おわり》徳川家の徳川光友《みつとも》に嫁ぐ際、家光から光友に婿引出物として贈られた。以来、江戸時代を通じて尾張徳川家に伝来。現在は徳川黎明会《れいめいかい》が所蔵し、徳川美術館《とくがわびじゅつかん》に収蔵されている。

【刃長】二尺三寸四分（約71cm）

【刀鍛冶】越中国松倉　義弘

南北朝時代

◎主な所有者―

徳川秀忠

↓

徳川光友

徳川秀忠：江戸幕府第二代将軍。家康の三男。「大坂の陣」では総大将として家康とともに参加。武家諸法度などを発令して幕政の基礎を固めた。

松平忠直：江戸時代初期の大名。徳川家康の次男、結城秀康の長男。元和元年（一六一五）の「大坂夏の陣」では真田幸村を討ち取る活躍をしたが、戦功に不満を抱き豊後に流された。

■所蔵情報

徳川美術館

〒461-0023

名古屋市東区徳川町1017

短刀

長谷川守知の短刀

長谷川江《はせがわごう》

《銘》無銘

【刃長】八寸（約24cm）

【刀鍛冶】越中国松倉　義弘

南北朝時代

◎主な所有者―

長谷川守知

織田《おだ》信長《のぶなが》の側近として使えた長谷川宗仁《はせがわそうにん》の子守知《もりとも》が所持していたことから、長谷川江という。慶長《けいちょう》五年（一六〇〇）の関ヶ原《せきがはら》の戦いで、守知は石田三成《いしだみつなり》に従い、その居城である近江《おうみ》国（滋賀県）佐和山《さわやま》城の守備についたものの、実は徳川家康《とくがわいえやす》に内通していたらしい。やはり家康に通じていた大津《おおつ》城主京極高次《きょうごくたかつぐ》に内通を約束し、この長谷川江を贈ったという。関ヶ原での決戦後、守治らの手引きにより佐和山城は落城。その功績により、守知は本領を安堵された。

京極家に渡った長谷川江が、その後、どのような経緯をたどったのかはわからない。江戸《えど》時代には越後《えちご》国（新潟県）新発田《しばた》藩主溝口《みぞぐち》家に伝来した。

長谷川守知：安土桃山～江戸時代初期の武将。慶長五年（一六〇〇）の「関ヶ原の戦い」では、石田三成についたが徳川方に内応。後の大坂の陣でも戦功をあげて、美濃国（岐阜県）長谷川藩を与えられた。

京極高次：戦国～江戸時代初期の武将。織田信長、豊臣秀吉に仕えた。秀吉の死後、慶長五年（一六〇〇）の「関ヶ原の戦い」では徳川方につき、若狭国小浜藩初代藩主となった。

打刀

分部志津《わけべしづ》

伊勢上野藩主分部家に伝来した志津

重要文化財

《銘》無銘

【刃長】二尺三寸三分（約71cm）

【刀鍛冶】美濃国志津　兼氏

南北朝時代

◎主な所有者―
分部光嘉

美濃《みの》国（岐阜県）志津《しづ》の刀工であった兼氏《かねうじ》の作。伊勢《いせ》国（三重県）上野《うえの》藩主分部《わけべ》家に伝来したことから、分部志津という。

分部家は、もともとは伊勢国の領主長野家の諸流にあたる。永禄《えいろく》十一年（一五六八）、美濃国を平定した織田信長《おだのぶなが》が伊勢国に侵攻したとき、藩祖分部光嘉《みつよし》は信長に降伏。以来、豊臣秀吉《とよとみひでよし》・徳川家康《とくがわいえやす》に臣従した。慶長《けいちょう》五年（一六〇〇）の関ヶ原《せきがはら》の戦いで、光嘉は家康に与《くみ》して安濃津《あのつ》（津《つ》）城に入城。結果的に、守りきることはできずに降伏開城したものの、功を認められて加増された。その御礼で家康に献上されたのかもしれない。家康から、紀伊《きい》徳川家の徳川頼宣《よりのぶ》に譲られ、江戸《えど》時代を通じて、紀伊徳川家の重宝となった。

分部光嘉：安土桃山～江戸時代の武将。織田信包（信長の弟）、豊臣秀吉に仕えた。「関ヶ原の戦い」では徳川方につき、「安濃津城の戦い」で功をあげ、伊勢国（三重県ほか）上野藩初代藩主となった。

打刀

桑山元晴が所持した志津

桑山志津《くわやましづ》

《銘》兼氏

【刃長】	二尺三寸五分（約71cm）
【刀鍛冶】	美濃国志津　兼氏
	南北朝時代
◎主な所有者—	桑山元晴

茶人大名として知られる桑山重晴《くわやましげはる》の子元晴《もとはる》が所持していたことから、桑山志津という。元晴は、豊臣秀吉《とよとみひでよし》の弟秀長《ひでなが》に仕え、秀長の養嗣子である秀保《ひでやす》が早世したあとは、秀吉の直臣《じきしん》となる。慶長《けいちょう》五年（一六〇〇）の関ヶ原《せきがはら》の戦いでは、徳川家康《とくがわいえやす》に従って功をたて、戦後、大和《やまと》国（奈良県）御所《ごせ》藩主となった。元晴は、大坂の陣にも従軍して功を上げるなどの活躍をしたものの、桑山家は元晴の子貞晴《さだはる》に嗣子《しし》なく断絶してしまう。

その後、桑山志津は、徳川将軍家に接収されたものであろうか。のち、譜代《ふだい》の酒井《さかい》家に下賜《かし》されたものらしく、江戸《えど》時代には播磨《はりま》国（兵庫県）姫路《ひめじ》藩主酒井家に伝来した。

桑山元晴：安土桃山～江戸時代初期の武将。豊臣秀吉の弟、羽柴長秀に仕え、長秀の死後は秀吉に仕えた。慶長五年（一六〇〇）の「関ヶ原の戦い」では、父重晴とともに徳川家康について功をたて、大和国（奈良県）御所藩初代藩主となった。

打刀

安宅冬康が所持

安宅志津《あたぎしづ》

《銘》兼氏

三好長慶《みよしながよし》の弟安宅冬康《あたぎふゆやす》が所持していたことから、安宅志津という。安宅家は、もともと、淡路国《あわじ》（兵庫県）の水軍衆である。冬康は、安宅治興《はるおき》の養嗣子として家督を継ぎ、洲本城《すもと》・由良城《ゆら》・岩屋城《いわや》を拠点に淡路国を支配下におく。兄長慶による畿内の掌握に多大な役割を果たしたが、永禄《えいろく》七年（一五六四）、謀反を疑われて兄から自害を命じられてしまう。長慶の家臣松永久秀《まつながひさひで》の讒言《ざんげん》があったともいわれるが、たしかな原因についてはわからない。

その後、安宅志津は、どのような経緯があったものかは不明ながら、徳川《とくがわ》将軍家の所有になった。三代将軍徳川家光《いえみつ》の時代に、二尺一寸八分あった刃身を、二尺一寸一分へと切り詰めている。

【刃長】二尺一寸八分（約66ｃｍ）

【刀鍛冶】美濃国志津　兼氏

南北朝時代

◎主な所有者―

安宅冬康

安宅冬康：戦国時代の武将。三好長慶の弟。安宅氏の養子となって淡路水軍を統率し、三好政権を支えたが、兄長慶に殺された。

短刀

重要文化財

稲葉道通が所持

稲葉志津《いなばしづ》

《銘》
志津
本阿（花押）

【刃長】八寸三分半（約25cm）

【刀鍛冶】美濃国志津　兼氏

南北朝時代

◎主な所有者――
稲葉道通
←浅野幸長
←黒田長政

稲葉良通《いなばよしみち》（一鉄《いってつ》）の長男重通《しげみち》の子道通《みちとお》が所持していたことから、稲葉志津という。もともとの銘は存在しないが、刀剣鑑定家の本阿弥光徳《ほんあみこうとく》により、「志津」「本阿（花押）」の朱銘《しゅめい》が入れられている。

豊臣秀吉《とよとみひでよし》の死後、徳川家康《とくがわいえやす》が政治の実権を握るなか、道通から徳川家康に献上されたらしい。家康から浅野幸長《あさのよしなが》に贈られ、さらに、幸長が家康に献上した。慶長《けいちょう》五年（一六〇〇）、家康の養女栄姫《えいひめ》が黒田孝高《くろだよしたか》の嫡男長政《ながまさ》に嫁ぐ際、婿引出物として家康から長政に贈られた。直後の関ヶ原《せきがはら》の戦いで、長政は家康に従って功をたて、筑前《ちくぜん》国（福岡県）福岡《ふくおか》五二万石余の藩主となる。以来、稲葉志津は福岡藩主黒田家の重宝となった。

稲葉道通：安土桃山～江戸時代初期の武将。豊臣秀吉に仕え、伏見城の工事で評価され、五〇〇〇石の加増を受けた。「関ヶ原の戦い」では東軍に属して功をあげ、伊勢国（三重県ほか）田丸藩初代藩主となった。

浅野幸長：安土桃山～江戸時代初期の武将。豊臣秀吉の側近。「小田原攻め」「朝鮮出兵」で功をあげ、甲斐一国（山梨県）を与えられた。「関ヶ原の戦い」では徳川家康につき、紀伊国（和歌山県ほか）和歌山藩初代藩主となった。

黒田長政：安土桃山～江戸時代初期の武将。黒田孝高の長男。父とともに豊臣秀吉に仕え、「賤ヶ岳の戦い」や「九州攻め」などで功をあげた。慶長五年（一六〇〇）の「関ヶ原の戦い」では、徳川方につき、筑前国（福岡県）福岡藩初代藩主となった。

短刀

戸川達安の短刀

戸川志津《とがわしづ》

《銘》無銘

備前国《びぜん》(岡山県)の戦国大名宇喜多秀家《うきたひでいえ》の家老戸川達安《とがわみちやす》が所持していたことから、戸川志津という。達安は、慶長《けいちょう》四年(一五九九)、秀家と対立して追放され、翌慶長五年(一六〇〇)の関ヶ原《せきがはら》の戦いでは、徳川家康《とくがわいえやす》に従い、石田三成《いしだみつなり》の重臣島左近《しまさこん》を討ち取ったともいう。戦後、家康から備中《びっちゅう》(岡山県)庭瀬《にわせ》三万石を与えられた。

戸川志津は、その後、加賀《かが》藩主前田利常《まえだとしつね》の手に渡り、寛永《かんえい》六年(一六二九)、将軍職を辞して大御所《おおごしょ》とよばれていた徳川秀忠《ひでただ》が江戸《えど》の加賀藩邸を訪れた際、利常が献上。紀伊《きい》徳川家の徳川頼宣《よりのぶ》から尾張《おわり》徳川家の徳川義直《よしなお》に伝わり、以来、江戸時代を通じて尾張徳川家の重宝となった。

【刃長】八寸九分(約27cm)

【刀鍛冶】美濃国志津　兼氏

南北朝時代

◉主な所有者—

戸川達安

戸川達安:安土桃山~江戸時代初期の武将。宇喜多直家、秀家に仕えたが、お家騒動により主家から追い出され、徳川家康の家臣となった。「関ヶ原の戦い」では東軍に属して功をあげ、備中国(岡山県)庭瀬藩初代藩主となった。

前田利常:江戸時代前期の大名。加賀藩二代藩主。藩祖前田利家の四男。慶長二〇年(一六一五)の「大坂夏の陣」で功をあげ、家康から四国を恩賞として提示されたが、これを固辞した。

■所蔵情報
徳川美術館
〒461-0023
名古屋市東区徳川町1017

短刀

宇喜多秀家の愛刀

浮田志津《うきたしづ》

《銘》無銘

【刃長】八寸二分半（約25cm）
【刀鍛冶】美濃国志津　兼氏
南北朝時代

◎主な所有者――
宇喜多秀家

備前国《びぜん》（岡山県）の戦国大名宇喜多秀家《うきたひでいえ》が所持していたもので、「宇喜多」は「浮田」とも書かれることから、浮田志津とよばれる。慶長《けいちょう》五年（一六〇〇）の関ヶ原《せきがはら》の戦いで、秀家は徳川家康《とくがわいえやす》に敗れた。このとき、浮田志津は家康の手に渡ったらしい。

寛永《かんえい》五年（一六二八）、本多忠刻《ほんだただとき》の娘勝姫《かつひめ》が池田光政《いけだみつまさ》に嫁ぐ際、すでに将軍を辞して大御所《おおごしょ》とよばれていた秀忠《ひでただ》が、光政に浮田志津を贈った。忠刻の正室千姫《せんひめ》が秀忠の娘であり、勝姫は秀忠の孫にあたる。以来、江戸時代を通じて浮田志津は岡山《おかやま》藩主池田家に伝来し、明治維新《めいじいしん》後、明治天皇に献上されたため、現在は御物《ぎょぶつ》として宮内庁《くないちょう》三《さん》の丸尚蔵館《まるしょうぞうかん》に収蔵されている。

宇喜多秀家：安土桃山時代の武将。豊臣政権五大老の一人。織田信長、豊臣秀吉に仕え、「小田原攻め」「朝鮮出兵」などで活躍した。「関ヶ原の戦い」では西軍に属し、八丈島に流罪となった。

■所蔵情報
三の丸尚蔵館（宮内庁）
〒100-8111
東京都千代田区千代田1-1

太刀

板部岡江雪斎が所持

江雪左文字《こうせつさもんじ》

国宝

《銘》筑州住左

【刃長】二尺五寸七分（約78cm）

【刀鍛冶】筑前国博多　安吉

南北朝時代

◎主な所有者―

板部岡江雪斎←徳川家康←徳川頼宣

相模国《さがみ》（神奈川県）の戦国大名であった北条家《ほうじょう》の家臣板部岡《いたべおか》江雪斎《こうせつさい》が所持していた太刀である。作者は、筑前国《ちくぜん》（福岡県）博多《はかた》の刀鍛冶安吉《やすよし》。銘に「左」の一字を入れていることから、その一門は左文字《さもんじ》とよばれる。「左」は、安吉の通称である左衛門三郎《さえもんさぶろう》に由来するらしい。

天正《てんしょう》十八年（一五九〇）に北条家が豊臣秀吉《とよとみひでよし》によって滅ぼされたあと、江雪斎は徳川家康《とくがわいえやす》に臣従する。江雪左文字は、そのころ家康に献上されたものであろう。家康から紀伊《きい》徳川家の徳川頼宣《よりのぶ》に譲られ、江戸《えど》時代を通じて紀伊徳川家の重宝となった。近代になって売りたてられ、現在はふくやま美術館《びじゅつかん》に寄託されている。

板部岡江雪斎：安土桃山～江戸時代初期の武将。岡野嗣成。北条氏政、豊臣秀吉、徳川家康に従った。

■所蔵情報
ふくやま美術館
〒720-0067
広島県福山市西町2-4-3

太刀

徳川家康が二条城の会見で秀頼に贈る

大左文字《おおさもんじ》

《銘》左

【刃長】
二尺六寸四分
（約80cm）

【刀鍛冶】
筑前国博多　安吉

南北朝時代

◎主な所有者

徳川家康
←
豊臣秀頼

銘《めい》に「左」とだけ刻んだことで知られる筑前《ちくぜん》国（福岡県）博多《はかた》の刀鍛冶安吉《やすよし》の太刀である。号《ごう》の由来は明らかでないが、ほかの作品よりも長大であることから大左文字と名づけられたものであろう。

徳川家康《とくがわいえやす》が所持しており、慶長《けいちょう》十六年（一六一一）、家康が京都の二条城《にじょうじょう》で豊臣秀吉《とよとみひでよし》の遺児秀頼《ひでより》と会見したおり、家康から秀頼に贈られたものであるらしい。このとき、家康は鍋通貞宗《なべとおしさだむね》（216ページ）も秀頼に贈っている。元和《げんな》元年（一六一五）の大坂夏《おおさかなつ》の陣《じん》後、家康の手に戻り、寛永《かんえい》二年（一六二五）、江戸幕府《えどばくふ》の三代将軍徳川家光《いえみつ》から尾張《おわり》徳川家の徳川義直《よしなお》が拝領《はいりょう》した。以来、尾張徳川家の重宝となり、現在は徳川黎明会《れいめいかい》が所蔵、徳川美術館《とくがわびじゅつかん》に収蔵されている。

豊臣秀頼：秀吉の三男。安土桃山～江戸時代前期の大名。秀吉の死後、関ヶ原の戦い以降も、影響力を持ったが、大阪夏の陣で徳川方に迫られ、母淀殿らと共に自害した。

徳川義直：家康の九男。江戸時代初期の大名。尾張藩初代藩主。慶長十九年（一六一四）の「大坂冬の陣」で初陣。翌年の夏の陣では後詰として参陣している。

■所蔵情報
徳川美術館
〒461-0023
名古屋市東区徳川町1017

打刀

重要文化財

天下人の手に渡った数奇な運命

三好左文字《みよしさもんじ》

《銘》
織田尾張守信長
永禄三年五月十九日
義元討捕刻彼所持刀

【刃長】二尺二寸一分半（約67cm）
【刀鍛冶】筑前国博多　安吉
南北朝時代

◎主な所有者—
三好政長（宗三）←今川義元←織田信長

室町《むろまち》幕府の管領《かんれい》細川晴元《ほそかわはるもと》の側近として仕えた三好政長《みよしまさなが》が所持していたことから三好左文字という。また、政長の法名宗三《そうさん》をとって、宗三左文字ともよばれる。天文《てんぶん》五年（一五三六）、のちに左大臣《さだいじん》となる三条公頼《さんじょうきんより》の娘が甲斐《かい》国（山梨県）の戦国大名武田信虎《たけだのぶとら》の子信玄《しんげん》に嫁ぐ際、信虎に贈られたという。信玄に嫁いだ三条の方が、主君細川晴元の正室《せいしつ》にとって妹にあたるためであった。政長はこのころ、三好家の嫡流長慶《ながよし》と対立しており、武田家を味方につける目的もあったらしい。

翌天文六年（一五三七）、信虎の娘が駿河《するが》国（静岡県）の戦国大名今川義元《いまがわよしもと》に嫁いだ際、三好左文字は、信虎から義元に婿引出物と

三好政長：戦国時代の武将。室町幕府管領細川晴元の側近として権勢を振るった。一族の三好元長を春元に讒言して排除したが、元長の長男三好長慶と対立して、討ち取られる（江口の戦い）。茶人としても著名だった。

今川義元：戦国時代の武将。駿河・遠江（静岡県）を所領に、三河・尾張（愛知県）の一部まで勢力を拡大し、今川家全盛時代を築いた。北条氏政、武田信玄と同盟を結ぶと、永禄三年（一五六〇）に尾張（愛知県）へ大軍を率いて侵入。しかし、「桶狭間の戦い」で織田軍に敗れ討ち死にした。

して贈られている。こうして、三好左文字は、義元の愛刀になったのである。永禄《えいろく》三年（一五六〇）、義元は尾張《おわり》国（愛知県）に侵攻するが、桶狭間《おけはざま》において織田信長《おだのぶなが》に急襲されて討ち死にしてしまう。このとき、義元が差していたのも、この三好左文字であった。義元から三好左文字を奪いとった信長は、二尺六寸あった刃を二尺二寸一分半に切り詰めたうえ、「織田尾張守信長」「永禄三年五月十九日義元討捕刻彼所持刀」と金象眼銘《きんぞうがんめい》を入れている。以来、三好左文字は、義元左文字としても広く知られるようになった。

信長は、この三好左文字をいたく気に入っていたらしい。天正《てんしょう》十年（一五八二）、本能寺《ほんのうじ》の変で家臣明智光秀《あけちみつひで》に襲撃されたときに差していたのも三好左文字であった。本能寺が戦火に巻き込まれたため、三好左文字も焼けてしまったが、見つけ出されて信長の跡を継いだ豊臣秀吉《とよとみひでよし》の手に渡る。そして、関ヶ原《せきがはら》の戦いの翌年にあたる慶長《けいちょう》六年（一六〇一）、秀吉の子秀頼《ひでより》から徳川家康に贈られた。関ヶ原の戦いの戦勝祝いであったのかもしれない。

以来、徳川将軍家の家宝となり、明治維新《めいじいしん》後、信長を祭神とする建勲神社《たけいさおじんじゃ》が京都に創建されたとき、徳川家から奉納された。

■所蔵情報
建勲神社
〒603-8227
京都府京都市北区紫野北舟岡町49

短刀

東海道小夜の中山に由来

小夜左文字《さよさもんじ》

重要文化財

《銘》筑州住
左

【刃長】八寸八分（約27cm）

【刀鍛冶】筑前国博多　安吉

南北朝時代

◉主な所有者

細川藤孝
↓
細川忠興

この短刀は、戦国時代を代表する歌人として知られた細川藤孝《ほそかわふじたか》（幽斎《ゆうさい》）が所持していた。その幽斎が、『新古今和歌集《しんこきんわかしゅう》』に収められている鎌倉《かまくら》時代の歌人西行《さいぎょう》の和歌「年《とし》たけて　また越《こ》ゆべしと　思《おも》ひきや　命《いのち》なりけり　小夜《さよ》の中山《なかやま》」にちなみ、小夜左文字と名づけたという。

小夜の中山は、遠江国《とおとうみ》（静岡県）に位置する東海道《とうかいどう》の峠である。古来、鈴鹿《すずか》峠や箱根《はこね》峠とともに、東海道の難所として知られていた。難所といっても、急な山道が通行に支障をきたしていたというだけではない。こうした峠には、治安が及ばず、山賊に襲われることも珍しくなかったからである。

細川藤孝：戦国～江戸時代初期の武将。室町幕府一三代将軍足利義輝に仕え、のちに義昭擁立に尽力。以後、織田信長、豊臣秀吉、徳川家康に重用された。慶長五年（一六〇〇）の「関ヶ原の戦い」では、長男忠興が東軍について活躍。忠興は戦後に豊前国（福岡県ほか）小倉藩初代藩主となった。

細川忠興：安土桃山～江戸時代初期の大名。細川幽斎の長男。父とともに織田信長、豊臣秀吉、徳川家康に仕えた。慶長五年（一六〇〇）の「関ヶ原の戦い」で功をあげ、豊前国（福岡県ほか）小倉藩初代藩主となった。

文治《ぶんじ》三年（一一八六）、平清盛《たいらのきよもり》の子重衡《しげひら》によって焼き討ちされた東大寺《とうだいじ》の復興を計画した西行は、平泉《ひらいずみ》の藤原秀衡《ふじわらのひでひら》に協力を仰ぐべく、奥州《おうしゅう》に向かう。このとき、西行は六十九歳。二十代のころに一度通ったことがあったため、二度目の旅となる。「年をとってまた小夜の中山を越えることがあるなどとは考えもしなかった。それができるのは、命があればこそなのだなあ」と詠んだこの和歌は、西行の偽らざる本心であったのだろう。藤孝は自分の人生を、この和歌に重ねたものかもしれない。

藤孝は、もともとは室町《むろまち》幕府の幕臣であった。しかし、仕えていた一三代将軍足利義輝《あしかがよしてる》が松永久秀《まつながひさひで》らに殺害されてしまう。その後、久秀らに擁立《ようりつ》された一四代将軍足利義栄《よしひで》は、足利義昭《よしあき》を奉じた織田《おだ》信長《のぶなが》に追放され、藤孝は一五代将軍となった義昭に仕えたのだった。義昭と信長が対立すると、義昭を見限って信長の家臣となり、豊臣《とよとみ》秀吉《ひでよし》・徳川家康《とくがわいえやす》に従って、子孫は熊本《くまもと》藩主になっている。

小夜左文字は、藤孝の子忠興《ただおき》に譲られたあと、福岡《ふくおか》藩主黒田《くろだ》家、広島《ひろしま》藩主浅野《あさの》家などに伝わり、最終的には京都の豪商の手に渡っている。

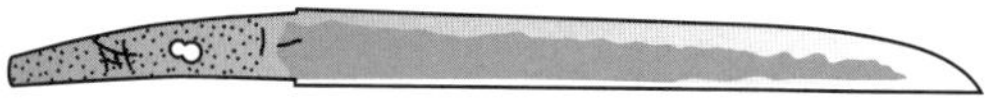

打刀

織田信長が所持していた左文字

織田左文字《おださもんじ》

《銘》無銘

【刃長】二尺二寸四分半（約68cm）

【刀鍛冶】筑前国博多　安吉

南北朝時代

◉主な所有者―
織田信長
↓
織田信雄

織田信長《おだのぶなが》が所持していたことから、織田左文字という。刀身に銘はないが、佐野美術館《さのびじゅつかん》が所蔵する鐔《つば》に、「おた左」と透かし彫りがされている。「織田左」という意味である。

織田左文字は、信長から、次男信雄《のぶかつ》に譲られた。その後、徳川《とくがわ》家康《いえやす》の重臣で徳川四天王の一人として知られる井伊直政《いいなおまさ》に伝わったが、その間の経緯についてはわかっていない。天正《てんしょう》十二年（一五八四）の小牧《こまき》・長久手《ながくて》の戦いで、豊臣秀吉《とよとみひでよし》と対立した信雄は家康に支援を要請した。そのころ、家康に贈られたものが、直政に下賜《かし》されたものかもしれない。江戸《えど》時代を通じて、近江国《おうみ》（滋賀県）彦根《ひこね》藩主井伊家に伝来した。

織田信雄：安土桃山～江戸時代初期の武将。織田信長の二男。天正十二年（一五八四）の「小牧・長久手の戦い」では徳川家康と組んで、豊臣秀吉と戦ったが勝敗がつかず講和。「大坂の陣」では徳川方につき、大和国（奈良県）宇陀松山藩を与えられた。

井伊直政：安土桃山～江戸時代初期の武将。上野国（群馬県）高崎藩初代藩主。のちに近江国（滋賀県）佐和山（彦根）藩初代藩主。徳川四天王・徳川十六神将・徳川三傑に数えられる徳川家康の功臣。

打刀

伊勢家に伝来

伊勢左文字《いせさもんじ》

《銘》不明

室町幕府《むろまちばくふ》の幕臣伊勢貞為《いせさだため》が所持していたことから、伊勢左文字という。伊勢家は、幕府の訴訟を司る政所《まんどころ》の執事《しつじ》（長官）に任じられる家柄で、小烏丸《こがらすまる》（25ページ）も、この伊勢家に伝来している。

貞為は、武家の礼法に通じており、『伊勢貞為軍陣覚書《ぐんじんおぼえがき》』などの著作もある。足利義昭《あしかがよしあき》が織田信長《おだのぶなが》によって一五代将軍につけられると、その側近として活躍した。しかし、天正《てんしょう》元年（一五七三）、信長と義昭が対立すると義昭に従って信長に抵抗をするも降伏。以後、信長の家臣となった。伊勢左文字も、そのころ、信長に献上されたのではなかろうか。その後、豊臣秀吉《とよとみひでよし》から子の秀頼《ひでより》に譲られたが、元年（一六一五）の大坂夏《おおさかなつ》の陣《じん》で焼けてしまった。

【刃長】二尺三寸分半（約70cm）

【刀鍛冶】筑前国博多　安吉

南北朝時代

◉主な所有者——
伊勢貞為

伊勢貞為：戦国～江戸時代初期の武将・故実家。一四代将軍足利義栄に仕え、伊勢家の再興を目指したが、織田信長と足利義昭の上洛で失敗に終わる。のちに信長の家臣。馬術や武家故実の著書を残した。

豊臣秀頼：秀吉の三男。安土桃山～江戸時代前期の大名。秀吉の死後、関ヶ原の戦い以降も、影響力を持ったが、大坂夏の陣で徳川方に迫られ、母淀殿らと共に自害した。

打刀

吉見正頼が所持

吉見左文字《よしみさもんじ》

《銘》
左文字
吉見正頼研上之
永禄九年八月吉日

【刃長】
二尺二寸（約67cm）

【刀鍛冶】
筑前国博多　安吉

南北朝時代

◎主な所有者―
吉見正頼
←
徳川家康

石見国《いわみ》（島根県）三本松《さんぼんまつ》（津和野《つわの》）城主吉見正頼《よしみまさより》が所持していたことから吉見左文字という。もともとの銘は存在しないが、正頼によって「左文字吉見正頼研上《とぎあぐ》之」「永禄《えいろく》九年八月吉日」と象眼銘《ぞうがんめい》が入れられている。これにより、永禄九年（一五六六）、短く切り詰められたことがわかる。

正頼は、もともと周防《すおう》国（山口県）の大内義隆《おおうちよしたか》に従っていたが、義隆が重臣陶晴賢《すえはるかた》に殺されると、安芸《あき》国（広島県）の毛利元就《もうりもとなり》に従う。吉見左文字は、元就の孫輝元《てるもと》が家督《かとく》を相続したころ、献上されたのかもしれない。さらに、輝元から徳川家康《とくがわいえやす》に献上されたらしく、家康の死後、形見分けで尾張《おわり》徳川家の徳川義直《よしなお》に譲られた。

吉見正頼：戦国～安土桃山時代の武将。周防国（山口県）の守護大内家に仕えたが、同じ家臣の陶晴賢と対立。安芸国（広島県）の毛利元就と結んで大内家を滅ぼした。のちに元就の家臣。

■所蔵情報
徳川美術館
〒461-0023
名古屋市東区徳川町1017

打刀

長家に伝来

長左文字《ちょうさもんじ》

《銘》左　磨上光徳（花押）

【刃長】
二尺二寸四分
（約68cm）

【刀鍛冶】
筑前国博多　安吉

南北朝時代

◎主な所有者――
長連龍
←
前田利家

能登《のと》国（石川県）の戦国大名畠山《はたけやま》家の家老《かろう》であった長《ちょう》家に伝わったことから、長左文字という。主家の畠山家は、天正《てんしょう》五年（一五七七）、越後《えちご》国（新潟県）の上杉謙信《うえすぎけんしん》に攻め込まれ、滅亡してしまう。その後、長連龍《つらたつ》が、能登国に進出した織田信長《おだのぶなが》の家臣前田利家《まえだとしいえ》に臣従。このとき、長左文字は、連龍から利家に献上されたらしい。そのころ、刀剣の鑑定家本阿弥光徳《ほんあみこうとく》によって短く切り詰められたようで、「左 磨上《すりあげ》光徳（花押）」の金象眼銘が入っている。

以来、加賀《かが》藩主前田家の家宝として伝わり、元禄《げんろく》十五年（一七〇二）、江戸《えど》幕府の五代将軍徳川綱吉《とくがわつなよし》が、江戸の加賀藩邸を訪れた際、前田家から献上された。

長連龍：戦国～江戸時代初期の武将。能登（石川県）畠山家の家臣だったが、上杉謙信に滅ぼされ、織田信長に仕えた。信長の死後は前田利家の家臣として、「賤ヶ岳の戦い」「小田原攻め」「朝鮮出兵」に参陣し功をあげた。

前田利家：戦国～安土桃山時代の武将で、加賀藩の藩祖。織田信長に仕え、元亀元年（一五七〇）の「姉川の戦い」などで活躍。信長の死後は、豊臣政権五大老の一人として秀頼の後見人を務めた。

■**所蔵情報**
蟹仙洞博物館
〒999-3134
山形県上山市矢来4-6-8

打刀

生駒一正が所持

生駒左文字《いこまさもんじ》

《銘》磨上無銘

【刃長】二尺三寸九分（約72cm）
【刀鍛冶】筑前国博多　安吉
南北朝時代
◎主な所有者―
生駒一正

讃岐《さぬき》国（香川県）高松《たかまつ》藩主生駒一正《いこまかずまさ》が所持していたことから、生駒左文字という。一正は、豊臣秀吉《とよとみひでよし》に仕えた三中老の一人として知られる生駒親正《ちかまさ》の子である。慶長《けいちょう》五年（一六〇〇）の関ヶ原《せきがはら》の戦いでは、関ヶ原での本戦で活躍し、父親正が石田三成《いしだみつなり》に与《くみ》したものの、加増《かぞう》を受けた。その御礼のため、徳川家康《とくがわいえやす》に献上されたものかもしれない。

家康の死後は、形見分けで尾張《おわり》徳川家の徳川義直《よしなお》に譲られたようである。延宝《えんぽう》四年（一六七六）、尾張藩主徳川綱誠《つなのぶ》の養女貴姫《あてひめ》が広島《ひろしま》藩主浅野綱長《あさのつななが》に嫁ぐ際、婿引出物として綱長に贈られた。さらに、綱長の娘が小倉《こくら》藩主小笠原忠基《おがさわらただもと》に嫁ぐ際、婿引出物として忠基に贈られ、小笠原家の家宝となっている。

生駒一正：安土桃山～江戸時代初期の武将。生駒親正の長男。織田信長・豊臣秀吉に仕え、慶長五年（一六〇〇）の「関ヶ原の戦い」では東軍の先鋒を務めた。

打刀

加藤清正が所持

加藤左文字《かとうさもんじ》

《銘》磨上無銘

【刃長】二尺三寸九分（約72cm）

【刀鍛冶】筑前国博多　安吉

南北朝時代

◉主な所有者
加藤清正
↓
徳川頼宣

加藤清正《かとうきよまさ》が所持していたため、加藤左文字という。清正は、豊臣秀吉《とよとみひでよし》子飼いの家臣で、肥後国《ひごのくに》（熊本県）の半国二五万石を与えられていた。しかし、慶長《けいちょう》五年（一六〇〇）の関ヶ原《せきがはら》の戦いでは、徳川家康《とくがわいえやす》に従い、肥後一国五四万石へと加増されている。

清正は、慶長十四年（一六〇九）、娘の八十姫《やそひめ》を家康の末子頼宣《よりのぶ》と婚約させた。清正自身は慶長十六年（一六一一）に亡くなるが、元和《げんな》三年（一六一七）、八十姫は約束通り頼宣に輿入れする。加藤左文字は、嫁入り道具の一つとして、八十姫が持ちこんだものらしい。頼宣がこのあと紀伊《きい》藩主となったことから、加藤左門字も紀伊徳川家の家宝として幕末まで伝わった。

加藤清正：安土桃山～江戸時代初期の武将。豊臣秀吉の家臣で賤ヶ岳の七本槍の一人として知られる。秀吉の死後は、徳川家康に仕え、慶長五年（一六〇〇）の「関ヶ原の戦い」の功績で、肥後国（熊本県）熊本藩を与えられた。

徳川頼宣：紀伊国和歌山藩藩主。紀州徳川家の祖。家康の十男。八代将軍吉宗の祖父。

打刀

筒井順慶が所持

順慶左文字《じゅんけいさもんじ》

《銘》左
筒井順慶磨上之

【刃長】	二尺三寸五分半(約71cm)
【刀鍛冶】	筑前国博多　安吉
	南北朝時代

◎主な所有者 ―
筒井順慶→浅野長晟→蜂須賀至鎮

大和《やまと》国(奈良県)の戦国大名筒井順慶《つついじゅんけい》が所持していたことから、順慶左文字という。「左」「筒井順慶磨上之《すりあぐ》」と銀象眼銘《ぎんぞうがんめい》が入れられており、順慶自身が短く切り詰めたらしい。順慶は、天正《てんしょう》四年(一五七六)、織田信長《おだのぶなが》から大和一国を預けられ、本能寺《ほんのうじ》の変《へん》後は、豊臣秀吉《とよとみひでよし》・徳川家康《とくがわいえやす》に従った。しかし、慶長《けいちょう》十三年(一六〇八)、養子の定次《さだつぐ》が失政を咎められ、筒井家は所領を没収されてしまう。

その後、どのような経緯をたどったのかは不明ながら、紀伊《きい》藩主浅野長晟《あさのながあきら》から徳川家康に献上されている。そして、慶長十九年(一六一四)の大坂冬《おおさかふゆ》の陣《じん》で戦功のあった蜂須賀至鎮《はちすかよししげ》が二代将軍徳川秀忠《ひでただ》から下賜《かし》され、以来、徳島《とくしま》藩主蜂須賀家に伝わった。

筒井順慶：戦国～安土桃山時代の武将。畿内で権勢を誇っていた松永久秀に居城筒井城を奪われたが、三好三人衆と結んで奪還。のちに織田信長・豊臣秀吉に仕えて大和(奈良県)の所領を守った。

浅野長晟：江戸時代前期の武将。豊臣政権の五奉行の一人、浅野長政の次男。「関ヶ原の戦い」後は徳川家康に従う。兄幸長の病死により家督を継ぎ、紀伊国(和歌山県)和歌山藩二代藩主、のちに安芸国(広島県)広島藩初代藩主を務めた。

蜂須賀至鎮：安土桃山～江戸時代初期の武将。阿波国徳島藩初代藩主。家政の長男。幼少から豊臣秀吉に仕えたが、死後は徳川家康に接近。慶長五年(一六〇〇)の「関ヶ原の戦い」では東軍の先鋒として活躍した。

短刀

織田信長の右筆楠長諳の刀

楠左文字《くすのきさもんじ》

《銘》
筑州住
左

【刃長】七寸三分（約22cm）

【刀鍛冶】筑前国博多　安吉

南北朝時代

◎主な所有者―
楠長諳←徳川義直←井上正就

織田信長《おだのぶなが》の右筆《ゆうひつ》であった楠長諳《くすのきちょうあん》（楠木正虎《くすのきまさとら》）が所持していたことから、楠左文字という。右筆というのは、主君の手紙を代筆する家臣のことである。当時、武将が自筆で手紙を書くことはあまりなく、右筆に代筆させるのがふつうだった。ただ、右筆というのは、ただ単に代筆していたわけではない。決められた書式にのっとって重要な手紙を書くわけだから、主君にとっても、大切な存在であった。楠左文字も、もとはといえば、信長から拝領したものであろう。

その後、どのような経緯をたどったものかは定かではない。江戸《えど》時代には、徳川家康《とくがわいえやす》の子で尾張《おわり》徳川家の徳川義直《よしなお》の手に渡り、義直から、江戸幕府の老中《ろうじゅう》井上正就《いのうえまさなり》に贈られている。

楠長諳：戦国～安土桃山時代の書家。松永久秀、織田信長、豊臣秀吉の右筆を務める。楠木正成の末裔と称し、一族の朝敵の赦免を嘆願。正親町天皇の勅免を受けて、楠木正虎と改名した。
徳川義直：家康の九男。江戸時代初期の大名。尾張藩初代藩主。慶長一九年（一六一四）の「大坂冬の陣」で初陣。翌年の夏の陣では後詰として参陣している。
井上正就：安土桃山～江戸時代前期の武将。幼い頃から徳川秀忠に仕え、晩年には老中まで務めた。遠江国横須賀藩初代藩主。

短刀

松浦安吉《まつらやすよし》

《銘》安吉

【刃長】一尺一寸七分（約35cm）

【刀鍛冶】筑前国博多　安吉

南北朝時代

◎主な所有者ー
松浦鎮信
↓
前田利常

刀鍛冶は、左《さ》一門《いちもん》の初代安吉《やすよし》の子とされる安吉。初代と同名であるが、初代は「安吉」の銘ではなく、「左」あるいは「筑州住《ちくしゅうじゅう》」といった銘しか入れていない。そのため、刀剣に号をつけるときには、二代目安吉の作刀を「安吉」、初代安吉の作刀を「左文字《さもんじ》」として区別している。

もともと、平戸《ひらど》藩主松浦鎮信《まつらしげのぶ》が所持していたことから、松浦安吉という。鎮信は、豊臣秀吉《とよとみひでよし》の九州平定に従い、慶長《けいちょう》五年（一六〇〇）の関ヶ原の戦いでも徳川家康《とくがわいえやす》に与《くみ》して本領を安堵された。

その後、松浦安吉は、鎮信から加賀《かが》藩主前田利常《まえだとしつね》が買い上げたため、江戸《えど》時代には、加賀藩主前田家に伝わった。

松浦鎮信：戦国～江戸時代前期の武将。肥前国（長崎県ほか）平戸藩初代藩主。平戸貿易を推進。豊臣秀吉に仕え、「朝鮮出兵」の際には大きな功績をあげる。慶長五年（一六〇〇）の「関ヶ原の戦い」では、大坂にいた長男久信が西軍についたが、自らは東軍について所領を安堵された。

前田利常：江戸時代前期の大名。加賀藩二代藩主。藩祖前田利家の四男。慶長二〇年（一六一五）の「大坂夏の陣」で功をあげ、家康から四国を恩賞として提示されたが、これを固辞した。

短刀

重要文化財

一柳直盛が所持

一柳安吉《ひとつやなぎやすよし》

《銘》左安吉

【刃長】一尺六分（約32cm）

【刀鍛冶】筑前国博多　安吉

南北朝時代

◎主な所有者―

一柳直盛
↓
前田綱紀

豊臣秀吉《とよとみひでよし》の家臣一柳直盛《ひとつやなぎなおもり》が所持していたことから、一柳安吉という。秀吉の死後、直盛は徳川家康《とくがわいえやす》に従い、伊予国《いよ》（愛媛県）西条《さいじょう》などに六万八〇〇〇石余を与えられた。直盛の死後、遺領《いりょう》は三人の子直重《なおしげ》・直家《なおいえ》・直頼《なおより》に分割され、本領の西条三万石は長男の直重が継ぐ。しかし、寛文《かんぶん》五年（一六六五）、直重の子直興《なおおき》のとき、失政を理由に所領を没収された。直興の身柄は、加賀《かが》藩主前田綱紀《まえだつなのり》に預けられ、このとき、一柳安吉は直興から綱紀に贈られたらしい。加賀藩主前田家に伝わり、現在は東京国立博物館《とうきょうこくりつはくぶつかん》の所蔵となっている。

なお、直重の弟直家と直頼の家系は、それぞれ播磨国《はりま》（兵庫県）小野《おの》藩主、伊予国《いよ》小松《こまつ》藩主として残り、幕末に至っている。

一柳直盛：安土桃山～江戸時代前期の武将。
前田綱紀：江戸時代前期～中期の大名。加賀藩第四代藩主。父光高の急死により、三歳で家督を継ぐ（祖父利常が後見）。職制の改革を行い藩政を確立、名君とうたわれた。

■所蔵情報
東京国立博物館
〒110-8712
東京都台東区上野公園13-9

短刀

岡山藩の家老日置忠俊が所持

日置《へき》安吉《やすよし》

《銘》安吉

【刃長】九寸七分（約29cm）

【刀鍛冶】筑前国博多　安吉

南北朝時代

◎主な所有者――
日置忠俊
↓
前田利常

岡山《おかやま》藩主光政《みつまさ》の家老であった日置忠俊《へきただとし》が所持していたため、日置安吉という。ちなみに、忠俊は、家老とはいっても、一万七〇〇〇石を与えられていた。並みの大名よりも多い所領を持っていたことになる。

その後、加賀《かが》藩主前田利常《まえだとしつね》が買い上げ、江戸《えど》時代には加賀藩主前田家に伝わった。近代になって売り立てられ、現在は静嘉堂文庫《せいかどうぶんこ》美術館《びじゅつかん》の所蔵となっている。ちなみに、静嘉堂というのは、明治《めいじ》維新《いしん》後に三菱《みつびし》を創業した岩﨑彌太郎《いわさきやたろう》の弟彌之助《やのすけ》の号である。静嘉堂文庫美術館には、彌之助とその子小彌太《こやた》によって収集された古今東西の文物が収蔵され、一般公開されている。

前田利常：江戸時代前期の大名。加賀藩二代藩主。藩祖前田利家の四男。慶長二〇年（一六一五）の「大坂夏の陣」で功をあげ、家康から四国を恩賞として提示されたが、これを固辞した。

■所蔵情報
静嘉堂文庫美術館
〒157-0076
東京都世田谷区岡本2-23-1

太刀

蘆名家の重宝

蘆名兼光《あしなかねみつ》

《銘》不明

【刃長】	二尺四寸（約73cm）
【刀鍛冶】	備前国長船　兼光
	南北朝時代

◎主な所有者ー
蘆名盛氏
↓
遠藤宗信

陸奥国《むつ》（福島県ほか）の戦国大名蘆名《あしな》家重代の刀剣であったことから、蘆名兼光という。蘆名家は、鎌倉《かまくら》時代の御家人《ごけにん》三浦義明《みうらよしあき》の子義連《よしつら》を祖とする名族で、戦国時代、蘆名盛氏《もりうじ》が居城の黒川城《くろかわじょう》（のちの会津若松城《あいづわかまつじょう》）を拠点に勢力を拡大。伊達《だて》家と並ぶ大名家となり、陸奥国南部《なんぶ》に覇を唱えた。

しかし、盛氏の死後は、当主の早世が続き、常陸国《ひたち》（茨城県）の佐竹《さたけ》家から盛重《もりしげ》を養子に迎える。天正《てんしょう》十七年（一五八九）、その盛重が磐梯《ばんだい》山麓の摺上原《すりあげはら》で伊達政宗《だてまさむね》に破れ、蘆名家は滅亡。蘆名家の重宝は、政宗に奪われた。その重宝のうち、蘆名兼光は、政宗の家臣遠藤宗信《えんどうむねのぶ》に与えられたという。

蘆名盛氏：戦国時代の武将。陸奥国会津黒川城城主。南会津、安積・安達郡まで勢力を広げ、蘆名氏の全盛期を築いた。
遠藤宗信：陸奥（宮城県ほか）伊達氏の家臣。伊達政宗に仕え、「朝鮮出兵」などで功をあげた。

太刀

竹俣慶綱が所持

竹俣兼光《たけのまたかねみつ》

《銘》備州長船兼光
延文五年六月日

【刃長】二尺八寸（約85cm）

【刀鍛冶】備前国長船　兼光

南北朝時代

◎主な所有者
竹股慶綱←上杉謙信←豊臣秀吉

越後国《えちご》（新潟県）の戦国大名上杉謙信《うえすぎけんしん》の重臣竹俣慶綱《たけのまたよしつな》が所持していたことから、竹俣兼光という。弘治《こうじ》元年（一五五五）、謙信が能登《のと》国（石川県）の穴水城《あなみずじょう》に長続連《ちょうつぐつら》を攻めたとき、慶綱は竹股兼光を佩用して功をたてた。このとき、謙信が所望したため、慶綱は謙信に竹股兼光を献上したという。

それから二年後の弘治三年（一五五七）、第三次川中島《かわなかじま》の戦いで、謙信は、鉄砲を構えていた武田《たけだ》方の望月平太夫《もちづきへいだゆう》を、鉄砲ごと斬り倒したと伝わる。そこから竹股兼光は、鉄砲切《てっぽうぎり》兼光とよばれることにもなった。

謙信の死後、竹股兼光を受け継いだ養嗣子の景勝《かげかつ》が京都で研ぎ直

竹股慶綱：戦国～安土桃山時代の武将。上杉氏の家臣。上杉謙信に従い「川中島の戦い」ほかで活躍。織田信長の侵攻では魚津城を守備したが、柴田勝家に攻められて討ち死にした。

上杉謙信：戦国時代の武将。初名は長尾景虎。甲斐国の武将、武田信玄と五度に渡って戦った「川中島の戦い」が有名。足利将軍家の信任も厚く、関東管領に任命され、関東の覇権を争って北条氏と対立した。

しをさせたところ、見違えるほど磨かれて戻ってきたことがあった。このとき、竹股兼光を見た竹股慶綱が、偽物だと見破ったことから、大騒動となる。本物の竹股慶綱には、馬の毛を通すほどの小さな穴があったのだが、戻ってきた刀剣にはそれがないのが証拠とのことだった。これを聞いた景勝は、慶綱を京都に送り、本物の竹股兼光を探し出させたうえ、偽物を返した関係者を処罰したという。もっとも、この逸話、話としてはおもしろいが、事実であったかどうかは疑わしい。

天正《てんしょう》十年（一五八二）、本能寺《ほんのうじ》の変《へん》で織田信長《おだのぶなが》が倒れたあと、それまで信長と対立してきた景勝は、信長の後継者となった豊臣秀吉《とよとみひでよし》に臣従する。天正十四年（一五八六）、秀吉から竹股兼光を所望された景勝は、秀吉に献上するしかなかった。

秀吉の死後は、子の秀頼《ひでより》に伝わった。しかし、元和《げんな》元年（一六一五）の大坂夏の陣で行方不明になってしまう。徳川家康《とくがわいえやす》は小判三〇〇枚（約三六〇〇万円）を褒賞として行方を捜させたが、ついに見つからなかった。現在も行方不明のままである。

太刀

福島正則が寺院から入手

福島兼光《ふくしまかねみつ》

重要文化財

《銘》
備州長船住兼光
観応■年八月日

【刃長】二尺三寸四分（約71cm）

【刀鍛冶】備前国長船　兼光

南北朝時代

◉主な所有者 ― 福島正則

もともとは安芸国《あき》（広島県）の本覚寺《ほんがくじ》という寺院に納められていた。おそらくは、安芸国の戦国大名武田《たけだ》家によって、奉納されていたものではなかろうか。慶長《けいちょう》五年（一六〇〇）の関ヶ原《せきがはら》の戦い後、尾張国《おわり》（愛知県）清須《きよす》二四万石から安芸国広島《ひろしま》五〇万石を与えられた福島正則《ふくしままさのり》が、本覚寺から召し上げたため、福島兼光という。

正則は、元和《げんな》五年（一六一九）、広島城の無断修築を咎められて信濃国《しなの》（長野県）に移され、子の正利《まさとし》のとき、旗本《はたもと》となる。その後の経緯は不明であるが、江戸《えど》時代には、加賀《かが》藩主前田《まえだ》家に伝来した。そして、明治維新《めいじいしん》後に売り立てられ、現在は東京国立博物館《とうきょうこくりつはくぶつかん》が所蔵している。

福島正則：安土桃山～江戸時代初期の武将。豊臣秀吉子飼いの将で、賤ヶ岳の七本槍のひとり。慶長五年（一六〇〇）の「関ヶ原の戦い」では東軍に属し、安芸・備後（広島県）五〇万石を与えられた。

■所蔵情報
東京国立博物館
〒110-8712
東京都台東区上野公園13-9

大太刀

曲淵吉景が小牧・長久手の戦いで拝領

曲淵兼光《まがりぶちかねみつ》

《銘》無銘

【刃長】三尺三寸五分（約100cm）
【刀鍛冶】備前国長船　兼光
南北朝時代

◎主な所有者――
徳川家康←曲淵吉景

徳川家康《とくがわいえやす》が所持していたもので、天正《てんしょう》十二年（一五八四）の小牧《こまき》・長久手《ながくて》の戦いで戦功のあった曲淵吉景《まがりぶちよしかげ》に下賜《かし》。そのため、曲淵兼光とよばれるようになったという。

吉景は、もともと甲斐《かい》国（山梨県）の戦国大名武田信玄《たけだしんげん》の家臣であった。しかし、天正十年（一五八二）、信玄の子勝頼《かつより》の代に、武田家は織田信長《おだのぶなが》によって滅ぼされてしまう。本能寺《ほんのうじ》の変《へん》後、甲斐国を領有した徳川家康《とくがわいえやす》は武田家の遺臣を取り立てた。吉景も、このとき家康に仕えるようになったようである。

吉景は武勇にすぐれ、七十三歳で小田原《おだわら》攻めに参陣。文禄《ぶんろく》二年（一五九三）に死去し、子孫は江戸《えど》時代、旗本《はたもと》となった。

武田信玄：戦国時代の武将。甲斐国（山梨県）の守護。武田信虎の長男。隣国信濃（長野県）一円も制し、越後国の上杉謙信と五度に渡って戦った「川中島の戦い」が有名。元亀三年（一五七三）の「三方ヶ原の戦い」で徳川家康を破ったが、病死した。

打刀

黒田孝高が城井の宇都宮鎮房を暗殺

城井兼光《きいかねみつ》

《銘》無銘

【刃長】二尺二寸三分半（約68cm）
【刀鍛冶】備前国長船　兼光
南北朝時代

◉主な所有者—
黒田孝高

播磨《はりま》国（兵庫県）を本領としていた黒田孝高《くろだよしたか》は、豊臣秀吉《とよとみひでよし》による九州《きゅうしゅう》平定後、豊前《ぶぜん》国（大分県）中津《なかつ》一二万石を与えられた。天正《てんしょう》十七年（一五八九）、孝高は、秀吉による転封《てんぽう》の命令を拒否していた豊前国城井《きい》の宇都宮鎮房《うつのみやしげふさ》を居城の中津城に呼び寄せると、この刀で暗殺したという。そのため、城井兼光とよばれるようになった。

慶長《けいちょう》五年（一六〇〇）の関ヶ原《せきがはら》の戦い後、筑前《ちくぜん》国（福岡県）福岡《ふくおか》五二万石を与えられた子の黒田長政《ながまさ》は、長男忠之《ただゆき》に福岡四三万石を譲り、その弟長興《ながおき》に秋月《あきづき》五万石を分けた。城井兼光も、長興に譲ったが、長興の子長重《ながしげ》が宗家に献上。江戸《えど》時代は福岡藩主黒田家に伝来し、現在は福岡市博物館《ふくおかしはくぶつかん》が所蔵している。

黒田孝高：戦国～江戸初期、豊臣秀吉の側近として活躍した武将・大名。軍師黒田官兵衛、出家後の黒田如水の名が広く知られている。天正三年（一五七五）、織田信長より「へし切長谷部」を拝領。

宇都宮鎮房：戦国～安土桃山時代の武将。戦国大名。城井鎮房。豊臣秀吉の「九州攻め」では地の利を生かしてゲリラ戦で対抗したが、兵糧攻めにあって降伏した。

■所蔵情報
福岡市博物館
〒814-0001
福岡県福岡市早良区百道浜3-1-1

打刀

重要文化財

大兼光《おおかねみつ》

《銘》備前国兼光
本阿弥（花押）

【刃長】二尺七寸五分（約83ｃｍ）

【刀鍛冶】備前国長船　兼光

南北朝時代

◎主な所有者―
豊臣秀吉←藤堂高虎

　もともとは刃身が長大な大太刀《おおたち》であったため、大兼光という。豊臣秀吉《とよとみひでよし》が集めた刀剣のひとつで、慶長《けいちょう》三年（一五九八）に秀吉が死去した際、前田利家《まえだとしいえ》邸で行われた形見分けの場で、藤堂高虎《とうどうたかとら》に譲られている。

　その後、高虎から徳川《とくがわ》将軍家に献上された。そのころ、短く切り詰められたらしく、刀剣鑑定家として知られる本阿弥《ほんあみ》によって、「備前《びぜん》国兼光」「本阿弥（花押）」の金象嵌銘《きんぞうがんめい》がいれられている。ちなみに、短く切り詰められているため、本来の銘は存在していない。

　江戸《えど》時代を通じて徳川将軍家に伝来した。近代になって売り立てられ、現在は佐野美術館《さのびじゅつかん》が所蔵している。

■所蔵情報
公益財団法人　佐野美術館
〒411-0838
静岡県三島市中田町1-43

打刀

泳ぐ賊徒が真っ二つに

波《なみ》游《およぎ》兼《かね》光《みつ》

《銘》波およき末代劔兼光也
羽柴岡山中納言秀詮所持之

【刃長】二尺一寸四分半（約65cm）

【刀鍛冶】備前国長船　兼光

南北朝時代

◉主な所有者―

小早川秀秋

慶長《けいちょう》五年（一六〇〇）の関ヶ原《せきがはら》の戦いで徳川家康《とくがわいえやす》に転属した小早川秀秋《こばやかわひであき》が所持していたもの。秀秋は、その功により筑前《ちくぜん》国（福岡県）名島《なじま》三六万石から、備前《びぜん》国（岡山県）岡山《おかやま》五一万石に加増されている。そのころ、秀詮《ひであき》と改名したため、この刀にも「羽柴《はしば》岡山中納言《ちゅうなごん》秀詮所持之」と金象嵌銘《きんぞうがんめい》が入れられている。

軟弱とみなされる秀秋は、なかなかの勇将であったらしい。あるとき、賊徒に襲われた秀秋がこの刀で斬りつけたところ、賊徒は川を泳ぎきって逃げたあと、真っ二つになったという。そこから波游兼光とよばれるようになっている。秀秋の死後、小早川家は嗣子《しし》なく断絶《だんぜつ》。波游兼光は筑後《ちくご》国（福岡県）柳川《やながわ》藩主立花《たちばな》家に伝わった。

小早川秀秋：安土桃山時代の武将。豊臣秀吉の養子となった後、豊臣政権五大老のひとり、小早川隆景の養嗣子に。慶長五年（一六〇〇）の「関ヶ原の戦い」では西軍から東軍に転じ、東軍勝利の一因を作った。

太刀

重要文化財

一国兼光《いっこくかねみつ》

《銘》
備前国長船兼光
文和二二年乙未十二月日

【刃長】
二尺七寸五分
（約83cm）

【刀鍛冶】
備前国長船　兼光

南北朝時代

◉主な所有者―
山内忠義

慶長《けいちょう》五年（一六〇〇）の関ケ原《せきがはら》の戦い後、戦功により土佐《とさ》国（高知県）を拝領した山内一豊《やまうちかつとよ》の跡を継いだ忠義《ただよし》が秘蔵していた刀である。忠義は、一豊の弟康豊《やすとよ》の実子であり、一豊から譲られたものであったかもしれない。

藤堂高虎《とうどうたかとら》を介し、紀伊《きい》徳川家の徳川頼宣《とくがわよりのぶ》が忠義にこの刀を譲渡するよう求めてきたとき、忠義は、「土佐一国に換えても譲れない」と返事をしたのだという。頼宣は、徳川家康《とくがわいえやす》の一〇男であったが、その要求を拒むほどの価値を忠義は認めていたのである。

もっとも、この逸話が事実とは限らない。しかし、以後、この刀は、一国兼光とよばれ、さらに名声を得るようになったという。

山内忠義：江戸時代前期の大名。山内一豊の養子となり、土佐国（高知県）高知藩第二代藩主。儒学者野中兼山を起用し、藩財政の確立をはかった。

■ **所蔵情報**
土佐山内家宝物資料館
〒780-0862
高知県高知市鷹匠町2-4-26

短刀

三河吉田城主時代の池田輝政が所持

吉田兼光《よしだかねみつ》

《銘》備州長船兼光
延文二年十二月日

【刃長】九寸六分（約29ｃｍ）

【刀鍛冶】備前国長船　兼光

南北朝時代

◎主な所有者―
池田輝政
←
池田忠雄

三河《みかわ》国（愛知県）吉田《よしだ》城主であった池田輝政《いけだてるまさ》が所持していたことから、吉田兼光という。ちなみに、吉田という地名は、明治維新《めいじいしん》後に豊橋《とよはし》と改称されている。輝政は、織田信長《おだのぶなが》の乳兄弟であった池田恒興《つねおき》の子で、徳川家康《とくがわいえやす》の娘督姫《とくひめ》と結婚したため、家康の婿でもあった。慶長《けいちょう》五年（一六〇〇）の関ヶ原《せきがはら》の戦いでは、先鋒として活躍し、播磨《はりま》国（兵庫県）姫路《ひめじ》五二万石を与えられている。一族に与えられた所領を合わせると一〇〇万石に近くなったことから、「姫路宰相《さいしょう》百万石」とも称された。

吉田兼光は、輝政の三男忠雄《ただかつ》に譲られ、江戸《えど》時代は、その後裔にあたる因幡《いなば》国（鳥取県）鳥取《とっとり》藩主池田家に伝わった。

池田輝政：安土桃山～江戸時代前期の武将。織田信長・豊臣秀吉に使え、慶長五年（一六〇〇）の「関ヶ原の戦い」では、徳川方につき岐阜城を攻略するなどの戦功をあげた。初代姫路藩主。

打刀

刀身に彫られた大きな倶利伽羅龍

大《お》倶《お》利《く》伽《り》羅《か》広《ら》光《ひろみつ》

《銘》磨上無銘

【刃長】二尺二寸二分半（約67cm）

【刀鍛冶】相模国鎌倉　広光

南北朝時代

◎主な所有者―

伊達忠宗

もともとは三尺以上あった太刀《たち》を短く切り詰めている。作者は、相模《さがみ》国（神奈川県）の刀鍛冶正宗《まさむね》の弟子あるいは子とされる広光《ひろみつ》と考えられているが、本来の銘《めい》は削られているため、確実なものではない。刀身に大きな倶利伽羅龍《くりからりゅう》の彫物があることから、大倶利伽羅広光とよばれている。

仙台《せんだい》藩主の伊達《だて》政宗《まさむね》が、江戸《えど》城の石垣を普請《ふしん》した功により、元和《げんな》六年（一六二〇）、政宗の子忠宗《ただむね》が二代将軍徳川秀忠《とくがわひでただ》から、この大倶利伽羅広光を下賜《かし》された。以来、江戸時代を通じて、仙台藩主伊達家に伝わったが、近代になって売り立てられ、現在は伊達家の手を離れている。

伊達政宗：安土桃山～江戸時代初期の武将。伊達氏一七代当主。幼少時に右目を失明し、独眼竜と呼ばれた。豊臣秀吉に仕えて朝鮮に出兵したが、「関ヶ原の戦い」、「大坂の陣」では徳川方につき、仙台藩初代藩主となった。

徳川秀忠：江戸幕府第二代将軍。家康の三男。「大坂の陣」では総大将として家康とともに参加。武家諸法度などを発令して幕政の基礎を固めた。

伊達忠宗：江戸時代前期の大名。伊達政宗の次男。陸奥国（宮城県ほか）仙台藩二代藩主。藩体制の確立に努め、守成の名君といわれた。

大脇差

にっかり青江《あおえ》

《銘》羽柴五郎左衛門尉長

【刃長】一尺九寸九分（約60cm）	【刀鍛冶】備中国青江	南北朝時代

◉主な所有者—
丹羽長秀←丹羽長重←京極高次

備中国《びっちゅう》（岡山県）の青江《あおえ》では、平安《へいあん》時代末期から室町《むろまち》時代初期にかけて多くの刀鍛冶が活躍していた。この脇差は、その青江一門の作とされる。「にっかり」という奇妙な名は、近江《おうみ》国（滋賀県）の武士がある晩、「にっかり」と笑う化け物を切り捨てたところ、翌朝、石燈篭《いしどうろう》が真っ二つになっていたという伝説に基づく。石燈篭を切るほどの切れ味を比喩したものだろう。

伝来は不明ながら、金象嵌《きんぞうがん》で「羽柴《はしば》五郎左衛門尉長《ごろうざえもんのじょうなが》」と入っている。羽柴というのは、豊臣秀吉《とよとみひでよし》が諸大名に与えた賜姓《しせい》であり、「五郎左衛門尉」というのは、丹羽《にわ》長秀《ながひで》とその子長重《ながしげ》の通称であるから、丹羽長秀・長重父子のどちらかが所持していたことになる。短く切

丹羽長秀：戦国～安土桃山時代の武将。織田信長に仕え、近江国（滋賀県）佐和山城主となる。信長の死後は豊臣秀吉に従い、天正十一年（一五八三）の「賤ヶ岳の戦い」で功をあげ、越前・若狭と加賀半国を与えられた。

丹羽長重：安土桃山～江戸時代前期の武将。丹羽長秀の長男。豊臣秀吉に仕え、「関ヶ原の戦い」で西軍についたため所領を没収される。のちに許され「大坂の陣」に参戦。陸奥国（福島県ほか）棚倉藩、白川藩藩主となった。

京極高次：戦国～江戸初期の武将。織田信長に仕えた。「本能寺の変」では明智光秀についたが許された。「関ヶ原の戦い」では、徳川方につき、若狭国（福井県）小浜藩藩主となった。

り詰めた際に、金象嵌銘も削ってしまっているため、今となっては、「長秀」であったのか「長重」であったのかはわからない。

　長秀は、もともとは織田信長《おだのぶなが》の重臣で、天正《てんしょう》十年（一五八二）の本能寺《ほんのうじ》の変《へん》で信長が討たれると、豊臣秀吉《とよとみひでよし》に従い、最終的には越前《えちぜん》国・若狭《わかさ》国（ともに福井県）と加賀《かが》国（石川県）半国で一〇〇万石近い所領をもつ大名になった。しかし、その勢威を秀吉は恐れていたらしい。天正十三年（一五八五）に長秀が死去して長重が跡を継ぐと、秀吉は家臣統制の不行き届きを理由に、長重の所領をわずか四万石までに削減してしまったのである。にっかり青江は、このころ、長重から秀吉に献上されたものではなかろうか。

　慶長《けいちょう》三年（一五九八）に秀吉が死去したあとは、秀吉の子秀頼《ひでより》に伝わり、関ヶ原《せきがはら》の戦いの直前、秀頼から近江《おうみ》国大津《おおつ》城主京極高次《きょうごくたかつぐ》に下賜《かし》されたらしい。高次の正室である初《はつ》は、秀頼の母淀殿《よどどの》の妹であった。豊臣方としては、高次を味方にしたかったのだろうが、高次は関ヶ原《せきがはら》の戦いでは徳川家康《とくがわいえやす》に味方した。

　にっかり青江は、江戸《えど》時代、高次の後裔にあたる丸亀《まるがめ》藩主京極家に伝わり、現在は、丸亀市立資料館《まるがめしりつしりょうかん》に所蔵されている。

■所蔵情報
丸亀市立資料館
〒763-0025
香川県丸亀市一番丁

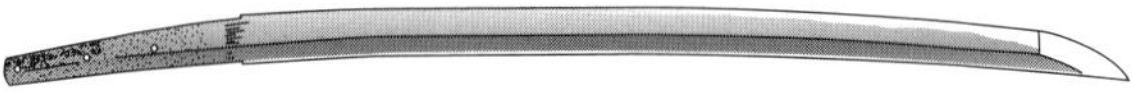

打刀

織田信長が棚ごと圧し切った伝説の刀

へし切《きり》長《は》谷《せ》部《べ》

国宝

《銘》長谷部国重本阿（花押）
黒田筑前守

【刃長】二尺一寸四分（約65cm）

【刀鍛冶】山城国五条　国重

南北朝時代

◎主な所有者―
織田信長
↓
黒田孝高

作者とされる国重《くにしげ》は、相模国《さがみ》（神奈川県）鎌倉《かまくら》の刀鍛冶国光《くにみつ》の子であったらしい。鎌倉幕府の滅亡後、京都の五条《ごじょう》に移り住んだとされる。

もともとは織田信長《おだのぶなが》が所持していたもので、あるとき、粗相のあった観内《かんない》という茶坊主を信長が手打ちにしようとしたとき、観内が御膳棚《ごぜんだな》の下に逃げ込んだ。そこで、信長はこの刀で御膳台ごと圧《へ》し切ったことから、へし切長谷部とよばれるようになったと伝わる。

天正《てんしょう》三年（一五七五）、播磨国《はりま》（兵庫県）御着《ごちゃく》城主小寺政職《こでらまさもと》の家臣黒田孝高《くろだよしたか》が、信長への臣従を誓うため、豊臣秀吉《とよとみひでよし》にともなわれて岐阜《ぎふ》城に赴く。そのとき、信長から孝高にへし切長谷部が贈られ

黒田孝高：戦国～江戸初期、豊臣秀吉の側近として活躍した武将・大名。軍師黒田官兵衛、出家後の黒田如水の名が広く知られている。天正三年（一五七五）、織田信長より「へし切長谷部」を拝領。

毛利輝元：安土桃山～江戸前期の大名。長州藩（山口県）の藩祖。豊臣政権五大老の一人。慶長五年（一六〇〇）の「関ヶ原の戦い」では西軍総大将を務めた。

たという。このころ、播磨国には、安芸国《あき》（広島県）の毛利輝元《もうりてるもと》も進出を図っており、孝高は信長に与《くみ》することを政職に訴えていたのだった。

その後、主家の小寺家は信長に反旗を翻して没落し、黒田家は独立大名となる。そして、本能寺《ほんのうじ》の変《へん》後、孝高は秀吉に従い、九州平定後、豊前国《ぶぜん》（大分県）中津《なかつ》一二万石を与えられた。さらに、孝高の子長政《ながまさ》は、慶長《けいちょう》五年（一六〇〇）の関ヶ原《せきがはら》の戦いで徳川家康《とくがわいえやす》に味方し、筑前国《ちくぜん》（福岡県）福岡《ふくおか》五二万石に加増された。

長政は、そのころ、刀剣鑑定家の本阿弥光徳《ほんあみこうとく》に鑑定を依頼したらしい。へし切長谷部にもともとの銘は存在しないが、「長谷部国重本阿（花押）」「黒田筑前守《ちくぜんのかみ》」と金象嵌《きんぞうがん》で入れられている。黒田筑前守というのが長政のことである。

以来、江戸《えど》時代を通じて黒田家の重宝として伝わり、現在では黒田家から福岡市に寄贈され、福岡市博物館《ふくおかしはくぶつかん》に収蔵されている。

■所蔵情報
福岡市博物館
〒814-0001
福岡県福岡市早良区百道浜3-1-1

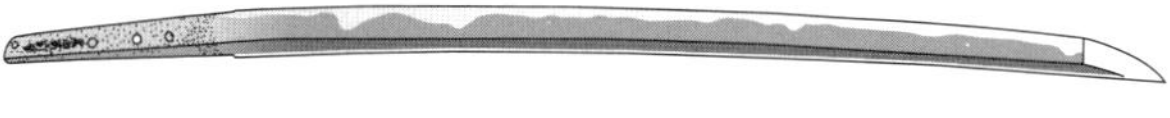

小太刀

松浦鎮信の重宝

松浦信国《まつらのぶくに》

《銘》源左衛門尉信国
応永二十一年二月日

【刃長】一尺九寸一分半（約58cm）

【刀鍛冶】山城国五条　信国

南北朝時代

◉主な所有者―
松浦鎮信←豊臣秀吉←徳川義直

もともと肥前《ひぜん》国（長崎県）平戸《ひらど》の戦国大名松浦鎮信《まつらしげのぶ》が所有していたことから、松浦信国といったらしい。また、倶利伽羅龍《くりからりゅう》が彫られているため、上《のぼ》り龍信国ともよばれる。

どのような経緯があったのかは不明ながら、細川忠興《ほそかわただおき》が豊臣秀吉《とよとみひでよし》に献上し、秀吉の子秀頼《ひでより》に伝わった。慶長《けいちょう》十六年（一六一一）、秀頼が二条《にじょう》城で徳川家康《とくがわいえやす》に対面したあと、家康は子の義直《よしなお》らを秀頼につけて大坂《おおさか》城まで送り届けさせた。このとき、秀頼から義直に松浦信国が贈られたという。

江戸《えど》時代を通じて、尾張《おわり》徳川家に伝わった。現在は、徳川黎明会《れいめいかい》が所蔵し、徳川美術館《とくがわびじゅつかん》に収蔵されている。

松浦鎮信：戦国～江戸時代前期の武将。肥前国（長崎県ほか）平戸藩初代藩主。平戸貿易を推進。豊臣秀吉に仕え、「朝鮮出兵」の際には大きな功績をあげる。慶長五年（一六〇〇）の「関ヶ原の戦い」では、大坂にいた長男久信が西軍についたが、自らは東軍について所領を安堵された。

徳川義直：家康の九男。江戸時代初期の大名。尾張藩初代藩主。慶長一九年（一六一四）の「大坂冬の陣」で初陣。翌年の夏の陣では後詰として参陣している。

■所蔵情報
徳川美術館
〒461-0023
愛知県名古屋市東区徳川1017

打刀

江戸城の紅葉山に祀られた宝刀

紅葉山信国《もみじやまのぶくに》

《銘》信国

【刃長】一尺五分（約32ｃｍ）

【刀鍛冶】山城国五条　信国

南北朝時代

◎主な所有者―

徳川家康

江戸《えど》幕府の本拠であった江戸城の紅葉山《もみじやま》に存在していたことから、紅葉山信国という。江戸城の本丸《ほんまる》と西《にし》の丸《まる》に位置する紅葉山には、江戸幕府を開いた徳川家康《とくがわいえやす》を祀《まつ》る廟所《びょうしょ》があり、紅葉山東照宮《とうしょうぐう》とよばれていた。この東照宮に菖蒲正宗《しょうぶまさむね》（172ページ）などとともに安置されていたのが紅葉山信国である。家康の忌日《きじつ》には、原則として将軍が紅葉山東照宮に参詣し、紅葉山信国などの遺品を拝むことになっていた。

江戸幕府の滅亡により、明治維新《めいじいしん》後、江戸城は皇居となる。このため、紅葉山東照宮は徳川宗家一六代を継いだ徳川家達《いえさと》によって撤去され、紅葉山信国は御物《ぎょぶつ》になった。

太刀

重要文化財

浅野幸長の試し切り

大三原《おおみはら》

《銘》大三原 二ツ筒 浅野紀伊守拝領
本阿弥光徳（花押）

【刃長】二尺六寸六分半（約81cm）	【刀鍛冶】備後国三原 正広	南北朝時代

◎主な所有者―
豊臣秀吉
←
浅野幸長

「古三原《こみはら》」とよばれる南北朝《なんぼくちょう》時代の刀鍛冶正広《まさひろ》の作とされ、刃が長大なため、大三原とよばれたらしい。豊臣秀吉《とよとみひでよし》が所持しており、秀吉が慶長《けいちょう》三年（一五九八）に死去したとき、形見分けとして浅野《あさの》幸長《よしなが》が拝領《はいりょう》している。幸長は、五奉行《ごぶぎょう》のひとりとして知られる浅野長政《ながまさ》の子で、慶長五年（一六〇〇）の関ヶ原《せきがはら》の戦い後、和歌山《わかやま》藩主となり、紀伊守《きいのかみ》を称している。

刀剣鑑定家の本阿弥光徳《ほんあみこうとく》によって「大三原 二ツ筒《ふたつづつ》 浅野紀伊守拝領」と金象嵌《きんぞうがん》で入れられている。「二ツ筒」は二つ胴、すなわち死体を二体重ねたということであり、幸長が自ら試し切りをしたのかもしれない。江戸《えど》時代を通じて広島《ひろしま》藩主浅野家に伝わった。

浅野幸長：安土桃山～江戸時代初期の武将。豊臣秀吉の側近。「小田原攻め」「朝鮮出兵」で功をあげ、甲斐一国（山梨県）を与えられた。「関ヶ原の戦い」では徳川家康につき、紀伊国（和歌山県ほか）和歌山藩初代藩主となった。

■所蔵情報
東京国立博物館
〒110-8712
東京都台東区上野公園13-9

打刀

敵を八の字に斬った「鬼義重」

八文字長義《はちもんじながよし》

《銘》無銘

【刃長】二尺五寸八分（約78ｃｍ）
【刀鍛冶】備前国長船　長義
南北朝時代

◎主な所有者
佐竹義重

常陸国《ひたち》（茨城県）の戦国大名で、「鬼義重《おによししげ》」の異名をとった佐竹《さたけ》義重《よししげ》が所持していた刀。義重は、太田城《おおた》を拠点に相模国《さがみ》（神奈川県）の戦国大名北条氏政《ほうじょううじまさ》と覇を競った。永禄《えいろく》十年（一五六七）、北条氏政が義重に従う常陸国下妻《しもつま》城主多賀谷《たがや》政経《まさつね》を攻めた際、義重は救援に赴く。このとき、義重がこの刀で北条方の騎馬武者を斬ったところ、兜《かぶと》もろとも真っ二つになって馬の左右に落ちたことから、八文字長義とよばれるようになったという。

義重は、天正《てんしょう》十八年（一五九〇）、豊臣秀吉《とよとみひでよし》による小田原《おだわら》攻めに従って本領《ほんりょう》を安堵《あんど》された。八文字長義は、江戸《えど》時代を通じて、佐竹家に伝来している。

佐竹義重：戦国～江戸時代初期の武将。常陸国（茨城県）太田城を本拠に勢力を拡大。北条氏や伊達氏と対立したが、はやくから豊臣秀吉に従い本領を安堵された。

打刀

神聖視された大久保忠世の刀

六股長義《むつまたながよし》

《銘》長義作

【刃長】二尺四寸一分半（約73cm）
【刀鍛冶】備前国長船　長義
南北朝時代
◎主な所有者―
大久保忠世

徳川家康《とくがわいえやす》の股肱《ここう》の臣で、三方原《みかたがはら》の戦いや長篠《ながしの》・設楽原《したらがはら》の戦いにも活躍した大久保忠世《おおくぼただよ》が所持していた刀で、当初は「老《おい》の杖」とよばれていた。天正《てんしょう》十八年（一五九〇）、豊臣秀吉《とよとみひでよし》によって相模《さがみ》国（神奈川県）小田原《おだわら》城の北条《ほうじょう》家が滅亡すると、武蔵《むさし》国（東京都）江戸《えど》城を居城とした家康から小田原四万五〇〇〇石を与えられた。

そのころ、忠世が、小田原城に忍び込んだ三人の盗賊の足をこの刀で斬り払ったことから、六股長義とよばれるようになったという。史実としての確認はできないが、それだけの切れ味を比喩したものであろう。以来、大久保家では重宝として扱われ、誓いを立てるときには、「長義の刀も御照覧《ごしょうらん》あれ」と誓言したと伝わる。

大久保忠世：戦国～安土桃山時代の武将。松平（徳川）氏の家臣。徳川十六神将の一人に数えられる。徳川家康に仕え、三河（愛知県）の一向一揆、「長篠の戦い」などで功をあげた。

大太刀

真柄直隆の大太刀

太郎太刀《たろうたち》

《銘》末之青江

【刃長】七尺三寸（約221cm）

【刀鍛冶】備中国青江

室町時代

◎主な所有者—

真柄直隆

追銘《ついめい》に「末之青江《すえのあおえ》」とあることから、備中《びっちゅう》国（岡山県）青江《あおえ》で活躍した青江一門の末流が作った太刀とみられる。越前《えちぜん》国（福井県）の戦国大名朝倉義景《あさくらよしかげ》の家臣真柄直隆《まがらなおたか》が所持していたとされ、直隆の弟直澄《なおすみ》の次郎太刀《じろうたち》に対し、太郎太刀とよばれる。

直隆は、のちに一五代将軍となる足利義昭《あしかがよしあき》が義景を頼って越前国に来たときには、九尺五寸の大太刀を振り回して見せるほど剛勇の士であったらしい。元亀《げんき》元年（一五七〇）の姉川《あねがわ》の戦いでは、朝倉軍の中心として活躍したが、徳川家康《とくがわいえやす》の家臣青木一重《あおきかずしげ》が持つ青木兼元《あおきかねもと》（305ページ）で討ち取られたという。太郎太刀は天正《てんしょう》四年（一五七六）、尾張《おわり》国（愛知県）の熱田神宮《あつたじんぐう》に奉納され、現存している。

真柄直隆：戦国～安土桃山時代の武将。朝倉氏の家臣。弟に真柄直澄。元亀元年（一五七〇）の「姉川の戦い」では奮闘するも弟直澄とともに討ち取られた。

■所蔵情報

熱田神宮

〒456-8585

愛知県名古屋市熱田区神宮1-1-1

大太刀

真柄直澄の大太刀

次郎太刀《じろうたち》

《銘》
千代鶴国安
元亀元年八月吉日
熱田大明神奉寄進御太刀
信長御内熊若夫婦之者也

【刃長】
五尺六分（約153cm）

【刀鍛冶】
越前国府中　国安

室町時代前期

◉主な所有者―
真柄直澄

作者は、越前国《えちぜん》（福井県）府中《ふちゅう》（武生《たけふ》）で活躍し、千代鶴《ちよづる》と号した刀鍛冶国安《くにやす》。越前国の戦国大名朝倉義景《あさくらよしかげ》の家臣真柄直澄《まがらなおすみ》が所持していたという。直澄の兄直隆《なおたか》の太刀を太郎太刀《たろうたち》（301ページ）といったため、直澄の太刀は次郎太刀とよばれている。

主君の義景は、織田信長《おだのぶなが》と対立し、元亀《げんき》元年（一五七〇）六月、近江《おうみ》（滋賀県）の浅井長政《あざいながまさ》とともに姉川《あねがわ》の戦いで信長・徳川家康《とくがわいえやす》連合軍と戦った。この戦いで直澄は討ち死にし、次郎太刀も奪い取られたらしい。「元亀元年八月吉日」「熱田大明神奉寄進御太刀《あつただいみょうじんきしんたてまつるおんたち》信長御内熊若夫婦之者也《のぶながみうちくまわかふうふのものなり》」との銘《めい》があり、尾張《おわり》国（愛知県）の熱田神宮《あつたじんぐう》に奉納されて現存している。

真柄直澄：戦国～安土桃山時代の武将。朝倉氏の家臣。兄に真柄直隆。元亀元年（一五七〇）の「姉川の戦い」では奮闘するも兄直隆とともに討ち取られた。

■所蔵情報
熱田神宮
〒456‐8585
愛知県名古屋市熱田区神宮1‐1‐1

薙刀

権藤種盛の薙刀

権藤鎮教《ごんどうしげのり》

《銘》
平鎮教
権藤

豊後国《ぶんご》（大分県）高田《たかだ》の刀鍛冶鎮教《しげのり》が作った薙刀である。日向国《ひゅうが》（宮崎県）縣《あがた》城主高橋元種《たかはしもとたね》の家老権藤種盛《ごんどうたねもり》が所持していたことから、権藤鎮教という。

慶長《けいちょう》五年（一六〇〇）の関ヶ原《せきがはら》の戦いで、主君高橋元種が西軍石田三成《いしだみつなり》に味方したため、権藤種盛の守る宮崎《みやざき》城は、東軍徳川家康《とくがわいえやす》についた日向国飫肥《おび》城主伊東祐兵《いとうすけたか》によって攻められることになった。種盛は寡兵《かへい》ながらも、この薙刀を振るって防戦につとめたが、豊前国《ぶぜん》（大分県）中津《なかつ》の黒田孝高《くろだよしたか》に支援された東軍を防ぐことはできずに自害。その後、権藤鎮教は、伊東家から孝高に贈られたという。以来、江戸《えど》時代を通じて、福岡《ふくおか》藩主黒田家に伝来した。

【刃長】
二尺二寸（約67cm）

【刀鍛冶】
豊後国高田　鎮教

室町時代中期

◎主な所有者―
権藤種盛
←
黒田孝高

黒田孝高：戦国～江戸初期、豊臣秀吉の側近として活躍した武将・大名。軍師黒田官兵衛、出家後の黒田如水の名が広く知られている。天正三年（一五七五）、織田信長より「へし切長谷部」を拝領。

■所蔵情報
福岡市博物館
〒814-0001
福岡県福岡市早良区百道浜3-1-1

槍

黒田長政、筑前一国の太守に

一国長吉《いっこくながよし》

《銘》長吉作
八幡大菩薩

彫物《ほりもの》を得意とした山城《やましろ》国（京都府）の刀鍛冶長吉《ながよし》の槍で、刀身には立派な三鈷剣《さんこけん》（利剣《りけん》）が彫られている。三鈷剣は、密教《みっきょう》の法具であり、災いを断ち切る武器と考えられていた。「八幡大菩薩《はちまんだいぼさつ》」という銘《めい》もあり、神仏の加護を得ようとしていたものと理解できよう。

所持していたのは、黒田長政《くろだながまさ》である。長政は、豊臣秀吉《とよとみひでよし》に近侍《きんじ》した黒田孝高《よしたか》の子で、武勇の士としても名高い。慶長《けいちょう》五年（一六〇〇）の関ヶ原《せきがはら》の戦いでは徳川家康《とくがわいえやす》に味方し、戦後、筑前《ちくぜん》国（福岡県）一国五二万石を与えられている。

一国長吉の号の由来についてはわかっていない。長政が、この槍で筑前一国の太守になったことを謳《うた》ったものなのであろう。

【刃長】一尺四寸一分（約43cm）

【刀鍛冶】山城国平安城　長吉

室町時代中期

◉主な所有者―
黒田長政

黒田長政：安土桃山～江戸時代初期の武将。黒田孝高の長男。父とともに豊臣秀吉に仕え、「賤ヶ岳の戦い」や「九州攻め」などで功をあげた。慶長五年（一六〇〇）の「関ヶ原の戦い」では、徳川方につき、筑前国（福岡県）福岡藩初代藩主となった。

■所蔵情報
福岡市博物館
〒814-0001
福岡県福岡市早良区百道浜3-1-1

打刀

青木兼元《あおきかねもと》

青木一重が姉川の戦いで活躍

《銘》兼光

【刃長】二尺三寸三分（約71cm）

【刀鍛冶】美濃国赤坂　兼元

室町時代後期

◉主な所有者—

青木一重

徳川家康《とくがわいえやす》の家臣青木一重《あおきかずしげ》が所持していたことから、青木兼元とよぶ。一重は、元亀《げんき》元年（一五七〇）、家康が織田信長《おだのぶなが》とともに浅井《あざい》長政《ながまさ》・朝倉義景《あさくらよしかげ》連合軍と戦った姉川《あねがわ》の戦いで、朝倉家の勇将真柄《まがら》直隆《なおたか》を討ち取ったという。このため、青木兼元は、真柄切《まがらぎり》兼元ともよばれる。その後、一重は家康のもとを出奔し、丹羽長秀《にわながひで》に仕えることになった。このとき、一重が青木兼元を献上したらしい。江戸《えど》時代を通じて、陸奥《むつ》国（福島県）二本松《にほんまつ》藩主丹羽家に伝わった。

いっぽう、一重は、慶長《けいちょう》十九年（一六一四）の大坂冬《おおさかふゆ》の陣《じん》では豊臣《とよとみ》方に属したが、翌年の大坂夏《なつ》の陣《じん》では方に転ずる。このため、戦後、摂津《せっつ》国（兵庫県）麻田《あさだ》一万二〇〇〇石の大名になった。

青木一重：安土桃山～江戸時代前期の武将。徳川家康に仕えて、元亀元年（一五七〇）の「姉川の戦い」で、真柄直隆を討ったと言われている。摂津国（大阪府）浅田藩初代藩主。

打刀

歌仙兼定《かせんかねさだ》

「三十六歌仙」にちなむ風流な名の影に

《銘》濃州関住兼定作

【刃長】一尺九寸九分半（約59cm）

【刀鍛冶】美濃国関　兼定

室町時代後期

◎主な所有者―　細川忠興

関《せき》の刀鍛冶で二代目兼定《かねさだ》の作。二代目兼定は、銘《めい》の「定」を「㝎」としているため、「のさだ」とよばれる。

寛永《かんえい》九年（一六三二）、細川忠興《ほそかわただおき》は子の忠利《ただとし》が肥後《ひご》国（熊本県）熊本《くまもと》藩主になると、自らは八代《やつしろ》城に入った。このとき、忠利に従わない老臣三六人を忠興が八代城に呼び寄せ、この刀で首を刎ねたことから、平安《へいあん》時代の歌人「三十六歌仙《さんじゅうろっかせん》」にちなみ、歌仙兼定とよばれるようになったという。ただし、史実としては確認できない。忠興の父は、平安時代の和歌集として著名な『古今和歌集《こきんわかしゅう》』の秘伝を受けた歌人であり、そうしたことから風流な名前がつけられたものであろう。細川家に伝わり、現在は永青文庫《えいせいぶんこ》が所蔵している。

細川忠興：安土桃山～江戸時代初期の大名。細川幽斎の長男。父とともに織田信長、豊臣秀吉、徳川家康に仕えた。慶長五年（一六〇〇）の「関ヶ原の戦い」で功をあげ、豊前国（福岡県ほか）小倉藩初代藩主となった。

■所蔵情報
永青文庫
〒112-0015
東京都文京区目白台1-1

打刀

篠《さ》ノ《の》雪《ゆき》

笹に積もった雪が落ちるような切れ味

《銘》不明

【刃長】二尺三寸三分（約71cm）

【刀鍛冶】美濃国関　兼定

室町時代後期

◉主な所有者—
池田恒興
←
永井直勝

織田《おだ》信長《のぶなが》の乳兄弟にあたる池田恒興《いけだつねおき》が、罪人の試し切りをしたところ、自分の刀では斬れなかった。しかし、名乗り出た家臣片桐《かたぎり》与三郎《よさぶろう》に斬らせたところ、見事に斬って土台まで達したという。そのため、恒興がその刀を片桐与三郎から召し上げ、篠ノ雪と名づけたと伝わる。篠ノ雪というのは、篠に積もった雪が落ちるように、切れ味がよいという比喩である。

天正《てんしょう》十年（一五八二）の本能寺《ほんのうじ》の変《へん》後、恒興は豊臣秀吉《とよとみひでよし》に従った。そして、天正十二年（一五八四）の小牧《こまき》・長久手《ながくて》の戦いで徳川家康《とくがわいえやす》と戦い、家康の家臣永井直勝《ながいなおかつ》に討ち取られてしまう。このとき恒興が所持していた篠ノ雪は、戦功により家康から直勝が与えられた。

池田恒興：戦国～安土桃山時代の武将。織田氏の家臣。「桶狭間の戦い」「姉川の戦い」などで活躍。信長の死後は豊臣秀吉に仕えて、美濃国（岐阜県）大垣城主となる。「小牧・長久手の戦い」で家康に敗れて討ち死にした。

永井直勝：戦国～江戸時代初期の武将。徳川家康の家臣。「小牧・長久手の戦い」で池田恒興を討ち取る功をあげた。のちに下総国（千葉県ほか）古河藩初代藩主。

槍

人間の骨を軽く突き通す

人間無骨《にんげんむこつ》

《銘》和泉守兼定作
人間　無骨

【刃長】一尺二寸五分（約38cm）
【刀鍛冶】美濃国関　兼定
室町時代後期

◉主な所有者—
森長可

十字の形をしたいわゆる十文字槍《じゅうもんじやり》で、織田信長《おだのぶなが》の家臣森長可《もりながよし》が所持していた。長可は、信長の小姓として仕えていた蘭丸《らんまる》の実兄で、この槍で数々の武功をあげたと伝わる。

名前の由来は定かではない。人間の骨がないに等しいほどに突き通すことができるという比喩からきたものであろう。刀身には、長可によって「人間」「無骨」と彫られている。

長可は、天正《てんしょう》十二年（一五八四）の小牧《こまき》・長久手《ながくて》の戦いにおいて、岳父《がくふ》の池田恒興《いけだつねおき》とともに豊臣秀吉《とよとみひでよし》に属して徳川家康《とくがわいえやす》と戦ったが、敗れて討ち死に。弟忠政《ただまさ》が家督《かとく》を継ぎ、人間無骨は、その後裔にあたる播磨《はりま》国（兵庫県）赤穂《あこう》藩主森家に伝来した。

森長可：戦国〜安土桃山時代の武将。織田信長の家臣。信長の死後は、豊臣秀吉に仕えたが、「小牧・長久手の戦い」で敗れて討ち死にした。

打刀

阿波国守護代三好家の重宝

岩切海部《いわきりかいふ》

《銘》阿州氏吉作

【刃長】二尺一寸九分（約66ｃｍ）

【刀鍛冶】阿波国海部　氏吉

室町時代後期

◎主な所有者―　三好長慶

名前の由来については定かではないが、岩をも切るほどの切れ味を比喩《ひゆ》したものであろう。阿波国《あわ》（徳島県）海部《かいふ》の刀鍛冶氏吉《うじよし》の作で、阿波国の守護代《しゅごだい》三好《みよし》家の重宝であったと伝わる。

応仁《おうにん》・文明《ぶんめい》の乱後、三好家は、主家にあたる阿波守護《しゅご》家の細川《ほそかわ》澄元《すみもと》が管領《かんれい》細川家の養子に入ったことを契機に、室町《むろまち》幕府と接点をもつようになる。三好元長《みよしもとなが》は、澄元の子晴元《はるもと》を管領に奉じて上洛《じょうらく》するものの、晴元と対立して自害に追い込まれてしまう。しかし、元長の子長慶《ながよし》は、晴元を追放して室町幕府の実権を握るに至った。長慶は、この岩切海部を佩用《はいよう》し、高名数度に及んだという。

江戸《えど》時代には、福岡《ふくおか》藩主黒田《くろだ》家に伝来した。

三好長慶：戦国時代の武将。管領細川晴元につかえたが、のちに対立。晴元から実権を奪って足利義輝らを京都から追放し、権勢を振るった。

打刀

江戸幕府に対するささやかな抵抗?

妙法村正《みょうほうむらまさ》

《銘》村正　妙法蓮華経
永正十年癸酉十月十三日

【刃長】二尺一寸九分（約66cm）
【刀鍛冶】伊勢国桑名　村正
室町時代後期

◎主な所有者―
鍋島勝茂
←
鍋島元茂

伊勢国《いせ》（三重県）桑名《くわな》の刀鍛冶の作で、「妙法蓮華経《みょうほうれんげきょう》」の題目が彫られているため、妙法村正とよばれる。「妙法蓮華経」は、日蓮宗《にちれんしゅう》が最も大切にしている経典《きょうてん》で、一般には「法華経《ほけきょう》」ともいう。村正自身も熱心な日蓮宗の信者であったらしく、銘《めい》の「十月十三日」は、日蓮の命日であった。

徳川家康《とくがわいえやす》の祖父松平清康《まつだいらきよやす》が村正の刀で殺されたという故事から、徳川一門・譜代《ふだい》の大名の間では、村正の刀剣を所持することが憚《はばか》られたという。妙法村正は、外様《とざま》大名の佐賀《さが》藩主鍋島勝茂《なべしまかつしげ》が所持しており、子の元茂《もとしげ》に譲られた。江戸時代には、元茂の後裔《こうえい》にあたる小城《おぎ》藩主鍋島家に伝わっている。

鍋島勝茂：安土桃山～江戸時代前期の武将。肥前国（佐賀県ほか）佐賀藩の初代藩主。慶長五年（一六〇〇）の「関ヶ原の戦い」では西軍の主力として安濃津城攻めに参加するなどしていたが、父直茂の知らせを受けて東軍に寝返った。黒田長政の仲裁で家康に謝罪し、本領を安堵された。

鍋島元茂：江戸時代前期の大名。鍋島勝茂の長男だが、勝茂が継室として徳川家康の養女を迎えたため、廃嫡された。祖父直茂の遺領を与えられ、肥前国（佐賀県ほか）小城藩初代藩主となった。

槍

瓶ごと敵を突き通した

瓶通《かめどおし》

《銘》三条吉広

【刃長】九寸一分（約28cm）
【刀鍛冶】山城国三条　吉広
室町時代後期

◉主な所有者―
酒井忠次

作者は、山城《やましろ》国（京都府）三条《さんじょう》の刀鍛冶吉則《よしのり》の門人吉広《よしひろ》である。吉広は、相模《さがみ》国（神奈川県）の出身であったが、山城国の三条一門に入り、作刀したらしい。銘《めい》にも「三条吉広」とある。

この槍は、徳川家康《とくがわいえやす》の重臣で、徳川四天王《してんのう》のひとりとして知られる酒井忠次《さかいただつぐ》が所持していたものである。ある戦いにおいて、忠次が敵を追い詰めたとき、瓶《かめ》の後ろに隠れた敵を瓶ごと突き通し、敵を倒したと伝わる。以来、瓶通という名でよばれるようになった。

忠次は、姉川《あねがわ》の戦い、長篠《ながしの》・設楽原《したらがはら》の戦い、小牧《こまき》・長久手《ながくて》の戦いなどで活躍。瓶通は、後裔《こうえい》の出羽《でわ》国（山形県）庄内《しょうない》藩主酒井家に伝わっている。

酒井忠次：戦国～安土桃山時代の武将。徳川四天王の一人。家康が幼い頃から仕え、「姉川、長篠、小牧・長久手の戦い」など、主要な戦いのほとんどに参戦し功をあげている。

槍

黒田節で有名な呑み取り槍

日本号《にほんごう》

《銘》無銘

【刃長】二尺六寸一分半（約79cm）

【刀鍛冶】大和国奈良？

室町時代後期

◎主な所有者―
豊臣秀吉←福島正則←母里友信

もともとは朝廷《ちょうてい》の御物《ぎょぶつ》で、正親町《おおぎまち》天皇から一五代将軍となった足利義昭《あしかがよしあき》が拝領し、さらに織田信長《おだのぶなが》、豊臣秀吉《とよとみひでよし》に伝わった。無銘《むめい》のため作者は不明であるが、大和《やまと》国（奈良県）奈良の刀鍛冶金房《かなぼう》一門の作ともいわれる。秀吉がこの槍を日本号と名付け、家臣の福島《ふくしま》正則《まさのり》に下賜《かし》した。慶長《けいちょう》元年（一五九六）正月、黒田長政《くろだながまさ》の名代《みょうだい》として正則のもとに年頭の挨拶に赴いた黒田家の家臣母里友信《もりとものぶ》が、つがれた大酒を飲み干して日本号を譲り受けたという。この逸話が、黒田家中で「筑前今様《ちくぜんいまよう》」として謡《うた》われ、民謡となったものである。

日本号は、明治維新《めいじいしん》後、黒田家に贈られ、現在は福岡市博物館《ふくおかしはくぶつかん》が所蔵している。

福島正則：安土桃山～江戸時代初期の武将。豊臣秀吉子飼いの将で、賤ヶ岳の七本槍の一人。慶長五年（一六〇〇）の「関ヶ原の戦い」では東軍に属し、安芸・備後（広島県）五〇万石を与えられた。

母里友信：安土桃山～江戸時代初期の武将。筑前国（福岡県）福岡藩、黒田家の家臣。槍術に優れ先手大将を務めた。黒田八虎の一人。「朝鮮出兵」「関ヶ原の戦い」などに従軍した。

■ **所蔵情報**
福岡市博物館
〒814-0001
福岡県福岡市早良区百道浜3-1-1

槍

蜻蛉切《とんぼきり》

穂先に留まった蜻蛉が切れた伝説

《銘》藤原正真作

徳川家康《とくがわいえやす》の重臣で、徳川四天王《してんのう》のひとりとして有名な本多忠勝《ほんだただかつ》の槍である。ある戦いにおいて、忠勝がこの槍を携えていたとき、蜻蛉《とんぼ》がこの槍の穂先に触れて真っ二つに切れてしまったことから、蜻蛉切とよばれるようになったという。

忠勝は、元亀《げんき》三年（一五七二）に甲斐国《かい》（山梨県）の武田信玄《たけだしんげん》が西上してきた際、遠江国《とおとうみ》（静岡県）の一言坂《ひとことざか》で武田軍を迎え撃ち、「家康に過ぎたるものが二つあり　唐《かしら》の頭《かしら》に本多平八《へいはち》」と謳《うた》われた。「本多平八」というのが忠勝で、「唐の頭」というのがヤクの毛で飾られた家康の兜である。蜻蛉切は、江戸《えど》時代を通じて、忠勝の後裔《こうえい》にあたる三河国《みかわ》（愛知県）岡崎《おかざき》藩主本多家に伝来した。

本多忠勝：戦国～江戸時代初期の武将。徳川四天王の一人。通称、平八郎。三河一向一揆、姉川の戦いなど、家康の主要な戦いで武勲をたてた。伊勢国（三重県）桑名藩初代藩主。

武田信玄：戦国時代の武将。甲斐国（山梨県）の守護。武田信虎の長男。隣国信濃（長野県）一円も制し、越後国の上杉謙信と五度に渡って戦った「川中島の戦い」が有名。元亀三年（一五七三）の「三方ヶ原の戦い」で徳川家康を破ったが、病死した。

【刃長】一尺四寸四分半（約44cm）

【刀鍛冶】伊勢国桑名　正真

室町時代後期

◉主な所有者―
本多忠勝

槍

御手杵《おてぎね》

《銘》義助作

【刃長】四尺六寸（約139cm）

【刀鍛冶】駿河国島田　義助

室町時代末期

◎主な所有者―

結城晴朝←結城秀康←松平直基

駿河《するが》国（静岡県）の刀鍛冶義助《よしすけ》の槍で、日本号《にほんごう》（312ページ）、蜻蛉切《とんぼきり》（313ページ）とともに、「天下三槍《てんかさんそう》」に数えられている。手杵《てぎね》というのは、餅つきの際に臼《うす》の餅米をつく杵のこと。鞘《さや》に収めた形が手杵のように見えたことから、御手杵とよばれるようになったという。

下総国《しもうさ》（茨城県）の戦国大名結城晴朝《ゆうきはるとも》が所持していたもので、晴朝の養子に入った徳川家康《とくがわいえやす》の次男秀康《ひでやす》を経て、秀康の五男松平《まつだいら》直基《なおもと》に譲られた。江戸《えど》時代には、直基の後裔《こうえい》にあたる上野国《こうずけ》（群馬県）前橋《まえばし》藩主松平《まつだいら》家に伝来したが、第二次世界大戦時の東京大空襲《とうきょうだいくうしゅう》で焼失してしまっている。

結城晴朝：戦国～江戸時代初期の武将。下総国（茨城県）結城城主。天正十八年（一五九〇）の「小田原攻め」では豊臣に従い所領を安堵された。

結城秀康：安土桃山～江戸時代初期の武将。徳川家康の次男。「小牧・長久手の戦い」の講和のために豊臣秀吉の養子に出された後、下総国（茨城県）結城城主、結城晴朝の養子となった。「関ヶ原の戦い」後、越前国（福井県）福井（北ノ庄）藩初代藩主。

松平直基：江戸時代前期の大名。結城秀康の五男。越前国（福井県）勝山藩、大野藩、出羽国（山形県ほか）山形藩、播磨国（兵庫県）姫路藩の藩主。

◉第四章

安土桃山・江戸時代

【一三口】

安土桃山・江戸時代の刀剣と刀鍛冶

■華麗な大坂新刀

およそ一〇〇年間にわたって続いた戦国の世は、織田信長《おだのぶなが》と豊臣秀吉《とよとみひでよし》による天下統一《てんかとういつ》で終わった。信長の居城安土城《あずち》と秀吉の居城伏見《ふしみ》（桃山《ももやま》）城にちなみ、この時代を安土桃山《あづちももやま》時代（一五七三〜一六〇三）という。

それまで、刀剣は主に山城国《やましろ》（京都府）・大和国《やまと》（奈良県）・相模国《さがみ》（神奈川県）・美濃国《みの》（岐阜県）・備前国《びぜん》（岡山県）・備中国《びっちゅう》（岡山県）のように限られた地域で生産されていた。それは、原料となる鉄が入手できる地域でしか生産できなかったためである。しかし、天下統一により流通網が広がり、どこにいても鉄を入手することが可能になった。地域の特性がなくなったことで、刀鍛冶《かたなかじ》が作る刀剣にも地域性がなくなったことは、いうまでもない。こうしたことから、慶長《けいちょう》年間（一五九六〜一六一四）が刀剣史上におけるひとつの画期《かっき》となり、これを境に、以前の刀剣を古刀《ことう》、以後の刀剣を新刀《しんとう》とよんでいる。

慶長年間には、政治の安定にともない、刀鍛冶が京都や大坂に集まるようになった。その先駆者となったのが、山姥切国広《やまんばぎりくにひろ》（319ページ）・山伏国広《やまぶしくにひろ》（320ページ）の作者として知られる国広《くにひろ》である。国広は、日向国《ひゅうが》（宮崎県）の戦国大名伊東《いとう》家の家臣であったが、天正《てんしょう》五年（一五七七）、主家は薩摩国《さつま》（鹿児島県）の島津《しまづ》家に敗れて没落してしまう。国広は、諸国を行脚《あんぎゃ》し、関ケ原《せきがはら》の戦い前後、京都の堀川《ほりかわ》に移り住んだという。このため、堀川国広《ほりかわくにひろ》とよばれることもある。国広門下の国貞《くにさだ》と国助《くにすけ》は、大坂に移住し、華麗な大坂新刀の祖となっている。

■豪壮な江戸新刀

慶長《けいちょう》五年（一六〇〇）の関ヶ原《せきがはら》の戦いをへて徳川家康《とくがわいえやす》が江戸《えど》に幕府《ばくふ》を開くと、刀鍛冶は江戸にも集まるようになった。それだけでなく、諸国の大名が城下町を整備して刀鍛冶を招聘《しょうへい》したことにより、各地に移住する刀鍛冶もあらわれたのである。こうして、安土桃山時代から江戸時代（一六〇三～一八六七）にかけて、刀鍛冶は江戸・大坂・京都のほか、陸奥《むつ》国（宮城県ほか）仙台《せんだい》、越前《えちぜん》国（福井県）福井《ふくい》、加賀《かが》国（石川県）金沢《かなざわ》、尾張《おわり》国（愛知県）名古屋《なごや》、紀伊《きい》国（和歌山県）和歌山《わかやま》、安芸《あき》国（広島県）広島《ひろしま》、肥前《ひぜん》国（佐賀県）佐賀《さが》などに広がった。

江戸で活躍したのは、越前国出身の康継《やすつぐ》である。康継の「康」の字は、三《み》つ葉《ば》葵紋《あおいもん》とともに家康から拝領《はいりょう》したもので、いかに重用されていたかがわかる。元和《げんな》元年（一六一五）の大坂《おおさか》夏の陣《じん》で、大坂城に保管されていた刀剣は、焼けてしまう。このとき、再刃《さいば》を命じられたのが康継である。康継は、このほか、古刀《ことう》の写しも作っている。

さらに、江戸では、越前国出身の兜《かぶと》鍛冶であった長曾祢《ながそね》虎徹《こてつ》が刀鍛冶として活躍し、切れ味にすぐれた剛刀を作り、人気を博した。

■新々刀の誕生

天下泰平《てんかたいへい》の時代を迎えるなか、元禄《げんろく》年間（一六八八～一七〇三）以降、刀鍛冶は激減する。それとともに、名のある刀剣も作られなくなった。

その後、文化《ぶんか》年間（一八〇四～一七）に活躍した出羽《でわ》国（山形県）出身の水心子《すいしんし》正秀《まさひで》が、鎌倉《かまくら》・南北朝《なんぼくちょう》時代の刀剣を範にして刀を作っている。この正秀以降の刀剣を、新々刀《しんしんとう》という。

新々刀は、会津《あいづ》藩の和泉守兼定《いずみのかみかねさだ》（331ページ）のように、各藩の刀鍛冶によって作られたが、明治《めいじ》九年（一八七六）に廃刀令《はいとうれい》が公布されたことで、帯刀は禁止となり、武器としての歴史的役割を終えた。

打刀

南北朝時代の山姥切を写す

重要文化財

山姥切国広《やまんばぎりくにひろ》

《銘》九州日向住国広作
天正十八年庚寅弐月吉日　平顕長

【刃長】二尺三寸五分（約71cm）

【刀鍛冶】山城国堀川　国広

安土桃山時代

◎主な所有者―

長尾顕長

天正《てんしょう》十四年（一五八六）、下野国《しもつけ》（栃木県）足利《あしかが》城主長尾顕長《ながおあきなが》が北条氏政《ほうじょううじまさ》から山姥切と号する刀を拝領《はいりょう》した。これは、南北朝《なんぼくちょう》時代に備前国《びぜん》（岡山県）の長船《おさふね》で活躍した刀鍛冶長義《ながよし》の作で、信濃国《しなの》（長野県）戸隠山《とがくしやま》の山姥を斬ったという伝承から、山姥切とよばれていたものである。

顕長は、この山姥切をひどく気に入ったらしい。天正十八年（一五九〇）、日向国《ひゅうが》（宮崎県）の刀鍛冶国広《くにひろ》が下野国の足利学校を訪れた際、山姥切の写しを作らせた。それがこの山姥切国広である。

その年の七月、主家の北条家が豊臣秀吉《とよとみひでよし》による小田原《おだわら》攻めを受けて滅亡。顕長も没落し、山姥切国広も人の手に渡ることになった。

長尾顕長：安土桃山時代の武将。長岡景長の養子となり、上野国（群馬県）館林城、下野国（栃木県）足利城の城主。北条氏政・氏直に従い、豊臣秀吉の「小田原攻め」の際は、小田原城に籠城。北条氏滅亡後、領地を没収された。

太刀

山伏時代の鍛冶工が作る

山伏国広《やまぶしくにひろ》

重要文化財

《銘》
銘日州古屋之住国広山伏之時造之
天正十二年
二月彼岸
太刀主日向国住飯田新七良藤原祐安

【刃長】	二尺五寸五分（約77cm）
【刀鍛冶】	山城国堀川　国広
	安土桃山時代

◉主な所有者―
飯田祐安

日向《ひゅうが》国（宮崎県）古屋《ふるや》を本拠としていた刀鍛冶国広《くにひろ》の作。天正《てんしょう》五年（一五七七）、国広が仕えていた伊東義祐《いとうよしすけ》は、薩摩《さつま》国（鹿児島県）の島津義久《しまづよしひさ》に本拠の都於郡《とのこおり》城を落とされ、滅亡してしまう。日向国を追われた国広は、山伏として諸国を廻っていた天正十二年（一五八四）、伊東家の遺臣飯田祐安《いいだすけやす》のためにこの太刀を作った。銘《めい》にも「銘　日州《にっしゅう》古屋《ふるや》之《の》住《じゅう》　国広山伏《やまぶし》之《の》時《とき》造之《これをつくる》」、「天正十二年二月彼岸《ひがん》」、「太刀主《たちのぬし》日向国住飯田新七良藤原祐安《しんしちろうふじわらのすけやす》」と刻まれている。

伊藤家は、その後、豊臣秀吉《とよとみひでよし》の九州平定に従って旧領を回復。いっぽうの国広は、京都の堀川《ほりかわ》に定住し、堀川国広とよばれるようになった。

脇差

新撰組副長土方歳三、幻の刀剣

堀川国広《ほりかわくにひろ》

《銘》不明

【刃長】一尺九寸五分（約59cm）
【刀鍛冶】山城国堀川　国広
安土桃山時代

◎主な所有者―
土方歳三

堀川国広は、刀剣の号《ごう》ではない。山城《やましろ》国（京都府）の堀川《ほりかわ》に居住していた国広《くにひろ》という刀鍛冶のことである。仕えていた日向《ひゅうが》国（宮崎県）の伊東《いとう》家が薩摩《さつま》国（鹿児島県）の島津《しまづ》家に敗れて衰亡したため、諸国を行脚《あんぎゃ》したという。そのころ、下野《しもつけ》国（栃木県）の足利《あしかが》で、山姥切国広《やまんばぎりくにひろ》（319ページ）を作ったようである。

この堀川国広を所持していたのが、幕末に新撰組《しんせんぐみ》副長として活躍した土方歳三《ひじかたとしぞう》である。新撰組局長の近藤勇《こんどういさみ》は、歳三の刀剣について「殊に刀は和泉守兼定《いずみのかみかねさだ》二尺八寸、脇差一尺九寸五分堀川国広」と書き残している。堀川国広は、和泉守兼定（331ページ）とともに歳三の愛刀であったが、惜しくも行方知れずとなっている。

土方歳三：江戸時代末期の武士。江戸幕府幕臣。新撰組副長。局長近藤勇とともに京都の治安維持、倒幕運動の警戒にあたった。函館「五稜郭の戦い」で戦死。

近藤勇：江戸時代末期の武士。江戸幕府幕臣。新撰組局長として、京都の治安維持、倒幕運動の警戒にあたった。「鳥羽伏見の戦い」に敗れたのち、下総国（千葉県）流山で新政府軍に捕らえられ、処刑された。

打刀

加藤清正が買い求めた新刀

加藤国広《かとうくにひろ》

《銘》国広

【刃長】
二尺二寸九分
（約69cm）

【刀鍛冶】
山城国堀川　国広

安土桃山時代

◎主な所有者—
加藤清正

　肥後国《ひご》（熊本県）熊本藩主《くまもと》であった加藤清正《かとうきよまさ》が所持していたことから、加藤国広とよぶ。作者の国広は、安土桃山時代《あづちももやま》に活躍した刀鍛冶であり、清正は、当時としては新刀を買い求めたことになる。

　慶長《けいちょう》十四年（一六〇九）、清正は娘の八十姫《やそひめ》を、徳川家康《とくがわいえやす》の子頼宣《よりのぶ》に嫁がせる約束をした。そして、八十姫は、清正と家康がともに亡くなったあとの元和《げんな》三年（一六一七）に嫁ぐ。このとき、加藤国広も、嫁入り道具として持参したのだった。

　その後、頼宣は紀伊《きい》藩主となり、江戸《えど》時代を通じて紀伊徳川家の家宝となる。近代になって売り立てられたとき、三井《みつい》家が購入したため、現在は三井記念美術館《みついきねんびじゅつかん》に収蔵されている。

加藤清正：安土桃山～江戸時代初期の武将。豊臣秀吉の家臣で賤ヶ岳の七本槍の一人として知られる。秀吉の死後は、徳川家康に仕え、慶長五年（一六〇〇）の「関ヶ原の戦い」の功績で、肥後国（熊本県）熊本藩を与えられた。

徳川頼宣：紀伊国和歌山藩藩主。紀州徳川家の祖。家康の十男。八代将軍吉宗の祖父。

■所蔵情報
三井記念美術館
〒103-0022
東京都中央区日本橋室町2-1-1

打刀

兜の試し切りに成功

同田貫正国《どうたぬきまさくに》

《銘》不明

【刃長】不明
【刀鍛冶】肥後国菊池　正国
安土桃山時代

◉主な所有者―
榊原鍵吉

同田貫《どうたぬき》とは、肥後国《ひご》（熊本県）菊池《きくち》の同田貫を本拠とした刀鍛冶の集団であり、正国《まさくに》は一門の祖とされる。同田貫正国という号の刀剣が存在したわけではない。正国は熊本《くまもと》藩主加藤清正《かとうきよまさ》に仕え、正国の名も清正の「正」の字を拝領《はいりょう》したものという。江戸《えど》時代に同田貫一門は、頑丈な作風で人気を博している。

明治維新《めいじいしん》後の明治《めいじ》十九年（一八八六）、明治《めいじ》天皇の御前《ごぜん》において刀剣で兜《かぶと》を切ることができるかどうかを試す「鉢試《はちだめ》し」が行われた。用意された兜は、頑丈で知られた兜鍛冶の明珍《みょうちん》が作った筋兜《すじかぶと》である。三人の剣術家が挑んだところ、榊原鍵吉《さかきばらけんきち》だけが成功した。このとき、鍵吉が手にしていたのが、同田貫正国であったという。

榊原鍵吉：幕末〜明治時代の剣術家。江戸幕府幕臣。直心影流男谷信友に剣術を学び、幕府講武所教授方や遊撃隊頭取を務めた。また、維新後は撃剣興行を行って困窮した士族を救済。「最後の剣客」と呼ばれた。

打刀

坂本龍馬、最期の刀

陸奥守吉行《むつのかみよしゆき》

《銘》不明

【刃長】	二尺二寸（約67cm）
【刀鍛冶】	摂津国大坂　吉行
	江戸時代初期
◉主な所有者―	坂本龍馬

陸奥守吉行は、摂津《せっつ》国（大阪府）大坂《おおさか》の刀鍛冶で、通称を陸奥守《むつのかみ》という。陸奥守吉行は刀鍛冶の名であり、刀剣の号《ごう》ではない。吉行は、のち、土佐《とさ》藩主山内《やまうち》家に招かれ、土佐国に移り住んだ。

幕末の志士として知られる坂本龍馬《さかもとりょうま》が佩用《はいよう》していたのが、陸奥守吉行の打刀《うちがたな》である。もともとは、坂本家伝来の家宝であったが、兄に頼み込んで譲り受けたものという。龍馬は、一五代将軍徳川慶喜《とくがわよしのぶ》が政権を朝廷に返上した大政奉還《たいせいほうかん》に尽力するなどしたが、慶応《けいおう》三年（一八六七）、京都《きょうと》の近江屋《おうみや》に中岡慎太郎《なかおかしんたろう》といるところを襲われ、殺害された。そのときに龍馬が所持していたのも、この陸奥守吉行であったと伝わっている。

打刀

蜂須賀家伝来の虎徹

蜂須賀虎徹《はちすかこてつ》

《銘》不明

【刃長】不明
【刀鍛冶】武蔵国江戸　虎徹
江戸時代前期

◎主な所有者―
蜂須賀綱通?

江戸《えど》時代前期に活躍した刀鍛冶虎徹《こてつ》の作。阿波国《あわ》（徳島県）徳島《とくしま》藩主蜂須賀《はちすか》家に伝来したことから、蜂須賀虎徹という。

蜂須賀家は、もともとは尾張国《おわり》（愛知県）蜂須賀郷《はちすかごう》を本拠とする領主であったが、正勝《まさかつ》（小六《ころく》）が織田信長《おだのぶなが》・豊臣秀吉《とよとみひでよし》に仕え、天正《てんしょう》十三年（一五八五）、秀吉による四国平定に功をたてたことで、正勝の子家政《いえまさ》が阿波一国を拝領したものである。その後、家政の子至鎮《よししげ》が大坂《おおさか》の陣《じん》での活躍により淡路《あわじ》一国も加増《かぞう》され、江戸《えど》時代には阿波・淡路両国あわせて二五万石余を領する大名となった。

明治維新《めいじいしん》後、蜂須賀家の伝来品の多くが売り立てられ、この蜂須賀虎徹も、現在は個人の所蔵となっている。

蜂須賀正勝：戦国～安土桃山時代の武将。通称小六。豊臣秀吉の主要な戦いに従軍して活躍。四国平定では、黒田孝高とともに高松城開城で功をあげた。平定後、阿波（徳島県）一国を与えられるも、辞して子家政に拝領させた。

蜂須賀至鎮：安土桃山～江戸時代初期の武将。阿波国徳島藩初代藩主。家政の長男。幼少から豊臣秀吉に仕えたが、死後は徳川家康に接近。慶長五年（一六〇〇）の「関ヶ原の戦い」では東軍の先鋒として活躍した。

脇差

浦島虎徹《うらしまこてつ》

世にも珍しい浦島太郎の意匠

《銘》長曽祢興里万治
三年十二月 同作彫之

【刃長】一尺一寸二分（約34cm）

【刀鍛冶】武蔵国江戸 虎徹

江戸時代前期

◎主な所有者──池田光仲？

刀身に浦島太郎《うらしまたろう》の像が彫られていることから、浦島虎徹とよばれている。浦島太郎は、丹後国《たんごのくに》（京都府）の漁師浦島太郎が亀を助けた縁で竜海中の竜宮《りゅうぐう》に赴き、のちに帰郷して玉手箱を開いたとたん、白髪の翁となったという説話の主人公である。ただし、実際には浦島太郎ではなく、中国の三国時代に母親への孝行を欠かさなかった孟宗《もうそう》を彫ったものと考えられている。

浦島虎徹は、因幡国《いなばのくに》（鳥取県）鳥取《とっとり》藩主池田《いけだ》家に伝来した。藩祖池田光仲《みつなか》は、数々の名刀を所持していた池田輝政《てるまさ》の孫にあたる。浦島虎徹は、そうした祖父の血を受け継いだ光仲が買い求めたものかもしれない。

池田輝政：安土桃山～江戸時代前期の武将。織田信長・豊臣秀吉に使え、慶長五年（一六〇〇）の「関ヶ原の戦い」では、徳川方につき岐阜城を攻略するなどの戦功をあげた。初代姫路藩主。

打刀

本物と信じていた近藤勇

長曽祢虎徹《ながそねこてつ》

《銘》不明

【刃長】不明
【刀鍛冶】武蔵国江戸　虎徹
江戸時代前期

◎主な所有者―
近藤勇

新撰組《しんせんぐみ》の組長として名高い近藤勇《こんどういさみ》の愛刀は、長曽祢虎徹である。ちなみに、長曽祢虎徹というのは、刀鍛冶の名前であって、この刀の号ではない。

虎徹は、もともとは近江国《おうみ》（滋賀県）長曽祢村に住む兜鍛冶《かぶとかじ》で、江戸《えど》に来て刀鍛冶となったものである。名は興里《おきさと》といい、のち剃髪《ていはつ》して虎徹と号した。虎徹の刀剣は、切れ味が鋭いことで高く評価され、江戸時代を通じて作られた贋作は数知れない。

近藤勇がどのような経緯で虎徹を入手したのかはわかっていない。本物ではなかったといわれることもあるが、少なくとも、勇自身は本物と信じていたようである。

近藤勇：江戸時代末期の武士。江戸幕府幕臣。新撰組局長として、京都の治安維持、倒幕運動の警戒にあたった。「鳥羽伏見の戦い」に敗れたのち、下総国（千葉県）流山で新政府軍に捕らえられ、処刑された。

打刀

勝海舟が大事にした虎徹

海舟虎徹《かいしゅうこてつ》

《銘》長曽祢興里真鍛作之

【刃長】二尺二寸五分（約68cm）

【刀鍛冶】武蔵国江戸　虎徹

江戸時代前期

●主な所有者―

勝海舟

勝海舟《かつかいしゅう》の愛刀であったことから、海舟虎徹という。海舟は江戸《えど》幕府の幕臣で、万延《まんえん》元年（一八六〇）、日米修好通商条約《にちべいしゅうこうつうしょうじょうやく》の批准書《ひじゅんしょ》を交換するために遣わされた遣米使節に随行した咸臨丸《かんりんまる》の艦長として太平洋《たいへいよう》を横断したことでも知られている。

慶応《けいおう》三年（一八六七）、江戸幕府の一五代将軍であった徳川慶喜《とくがわよしのぶ》は政権を朝廷に返上し、幕府は消滅。明治《めいじ》元年（一八六八）の戊辰《ぼしん》戦争に際しては、旧幕府を代表して新政府の西郷隆盛《さいごうたかもり》と会見し、徳川家の存続を条件に江戸城の無血開城《むけつかいじょう》を成し遂げている。

海舟虎徹が海舟の手に渡った経緯についてはよくわからないが、長年の功績により、慶喜から贈られたものであろうか。

打刀

切れ味するどい沖田総司の愛刀

大和守安定《やまとのかみやすさだ》

《銘》不明

【刃長】
不明
【刀鍛冶】
武蔵国江戸　安定
江戸時代前期

◉主な所有者―
沖田総司

　大和守安定は、刀鍛冶の名前である。安定の生まれは紀伊国《きい》（和歌山県）であったが、江戸《えど》にでて和泉守兼重《いずみのかみかねしげ》に入門したとされる。安定《やすさだ》の作った刀剣は切れ味がするどいことで知られており、試し切りの名人山野永久《やまのえいきゅう》は、罪人の死体を五体重ねた「五つ胴《いつどう》」を切り落としたという。その作風は、のちの長曽禰虎徹《ながそねこてつ》（327ページ）にも影響を与えたとされている。
　大和守安定は、加州清光《かしゅうきよみつ》（330ページ）と同じく、新撰組一番隊組長《しんせんぐみいちばんたいくみちょう》の沖田総司《おきたそうじ》の愛刀でもあった。切れ味がするどいことから、武士に人気があり、同じ新撰組隊士のなかでは大石鍬次郎《おおいしくわじろう》も愛用している。

沖田総司：江戸時代末期の武士。新撰組一番隊組長。剣技に優れ、「池田屋事件」では目覚しい活躍をみせたが、のちに持病の肺結核が悪化して亡くなっている。

打刀

池田屋事件で沖田総司が使用

加州清光《かしゅうきよみつ》

《銘》不明

【刃長】二尺四寸（約73cm）

【刀鍛冶】加賀国金沢　清光

江戸時代前期

◎主な所有者―
沖田総司

加州《かしゅう》というのは、加賀《かが》国（石川県）のことである。加賀国金沢《かなざわ》に住んでいた刀鍛冶清光《きよみつ》の作であるため、加州清光という。あるいは、加賀清光とよばれることもある。いずれも、刀鍛冶の名前であり、刀剣の号《ごう》を意味するものではない。

新撰組一番隊《しんせんぐみいちばんたい》組長として有名な沖田総司《おきたそうじ》の愛刀が、この加州清光であった。元治《げんじ》元年（一八六四）、総司は新撰組の一員として、長州《ちょうしゅう》藩や土佐《とさ》藩などの尊皇攘夷派《そんのうじょういは》志士《しし》らが潜伏していた京都《きょうと》の池《いけ》田屋《だや》を襲撃。このとき、総司はこの加州清光を所持していたという。そのころから肺結核を患《わずら》っていたらしく、戊辰《ぼしん》戦争が始まった明治《めいじ》元年（一八六八）に総司は病死している。

打刀

新撰組副長土方歳三の愛刀

和泉守兼定《いずみのかみかねさだ》

《銘》不明

【刃長】二尺八寸（約85ｃｍ）

【刀鍛冶】陸奥国会津　兼定

江戸時代末期

◎主な所有者―

土方歳三

和泉守兼定は、室町《むろまち》時代に美濃《みの》国（岐阜県）関《せき》で活躍した刀鍛冶の名で、同名の刀鍛冶が複数存在した。なかでも、歌仙兼定《かせんかねさだ》（306ページ）を作った二代兼定が特に著名である。

幕末に新撰組《しんせんぐみ》副長として活躍した土方歳三《ひじかたとしぞう》の愛刀は、一一代兼定の作である。一一代兼定は、陸奥《むつ》国（福島県）会津《あいづ》を本拠としており、京都守護職《きょうとしゅごしょく》となった会津藩主松平容保《まつだいらかたもり》に従って京都で作刀していた。新撰組が会津藩の配下で活動したことにより、歳三は藩主松平容保から、この和泉守兼定の刀を拝領したらしい。

なお、歳三は、複数の和泉守兼定を所有していたらしく、この一一代兼定とは異なる一口が、土方歳三資料館《ひじかたとしぞうしりょうかん》に所蔵されている。

土方歳三：江戸時代末期の武士。江戸幕府幕臣。新撰組副長。局長近藤勇とともに京都の治安維持、倒幕運動の警戒にあたった。函館「五稜郭の戦い」で戦死。

◉索引

刀剣目録

２０１５年６月22日　初版発行

【著者】
小和田泰経（おわだ やすつね）

【編集】
新紀元社編集部

【デザイン＆ＤＴＰ】
荒川 実（アトリエ・アンパサンド）

【印刷・製本】
株式会社リーブルテック

【発行者】宮田一登志

【発行所】株式会社新紀元社
〒１０１－００５４
東京都千代田区神田錦町１－７
錦町一丁目ビル２Ｆ
ＴＥＬ　０３－３２１９－０９２１
ＦＡＸ　０３－３２１９－０９２２
http://www.shinkigensha.co.jp/
郵便振替　００１１０－４－２７６１８

ISBN978-4-7753-1340-4

定価はカバーに表示してあります。

Printed in Japan